1分钟说服他人

影响人心的实用技巧

武永梅　编著

中国纺织出版社

内 容 提 要

任何人要想取得成功，都要经历说服且不断地说服别人的过程，但说服不是口头上的压制，不是与人争得面红耳赤，而是思维上的认同、心理上的接纳，并巧妙地赢得他人好感。

本书以完整的体系框架，针对不同的情境、场景，结合经典案例的分析，告诉人们如何用心理逻辑去说服他人，从而能够快速建立起逻辑架构，为自己说服能力的提升奠定理论基础，最终用恰当的语言实现完美沟通。

图书在版编目（CIP）数据

1分钟说服他人：影响人心的实用技巧 / 武永梅编著. -- 北京：中国纺织出版社，2017.5（2024.5重印）

ISBN 978-7-5180-3198-6

Ⅰ. ① 1… Ⅱ. ①武… Ⅲ. ①说服—语言艺术—通俗读物 Ⅳ. ① H019-49

中国版本图书馆CIP数据核字（2017）第016718号

责任编辑：闫　星　　　　责任印制：储志伟

中国纺织出版社出版发行

地址：北京市朝阳区百子湾东里A407号楼　邮政编码：100124

销售电话：010—67004422　传真：010—87155801

http：//www.c-textilep. com

E-mail：faxing@c-textilep. com

中国纺织出版社天猫旗舰店

官方微博 http://weibo.com/2119887771

德富泰（唐山）印务有限公司印刷　各地新华书店经销

2017年5月第1版　2024年5月第7次印刷

开本：710×1000　1/16　印张：19.25

字数：230千字　定价：48.00元

凡购本书，如有缺页、倒页、脱页，由本社图书营销中心调换

前言

众所周知，人是活在社会和集体中的生物，人与人之间最主要的沟通方式就是语言。口才的重要性在当今社会已经不容分说，正如日本的池田大作所说的："语言是我们所知道的最庞大最广博的艺术，是世世代代无意识地创造出来的无名氏的作品。"这阐明了说话水平的高低，已成为一个人的生活及事业优劣成败的关键因素。

一个人的口才表现在很多方面，其中重要的一个方面就是其说服能力。在现代社会中，无论你处于什么地位，都需要与他人合作才能达到自己的目标。在很多情况下，你需要别人接受自己的想法、观点，然后与你共同采取一致的行动，那么，这就需要你具备说服他人的本领。

那么，什么是说服呢？我们希望把自己的观点、想法、思路准确有效地传达给对方，并且使对方接受我们的意见或建议，然后付诸实施，这个过程就是说服。

可以说，一个不善于说服他人的人，他的一切成功就无从谈起。19世纪美国著名黑人领袖弗里德里克·道格拉斯说："如果我能说服别人，我就能转动整个宇宙。"从道格拉斯的话中可以看出，说服能力在社会中拥有着怎样的地位和作用。既然说服力这么重要，那么，我们就要尽可能地使自己的说服成功。当然，要想自己成功地说服别人，就需要掌握说服的技巧。

我们发现，同样是开口说话，目的同样是说服他人，效果却各不相同。怎样才能让自己的语言起到我们所期望的效果呢？怎样才能让他人听从我们的意见和接受我们的观点呢？很简单，直指人心的语言才是最有效的。谁能够在有限的时间中，采取最合理的方法打动对方的内心，用语言控制对方、控制周遭的一切，谁就能拥有非凡的影响力。为此，一定要"攻心"。

从心理学的角度来说，不论你是谁，你的口才技巧如何，你是否给对方带来足够的利益，就看你的话是否在对方的心里产生了反应和共鸣，如此，你就足以拥有说服对方的资本，让对方心甘情愿地接受你的语言，放弃自己的观点，接纳你的意见。

可见，一个人如果能真正把话说到对方心里去，真正打动了对方，那么，他绝对是生活中、工作中、交际中最受欢迎的人。他们能在三言两语间就拉近人与人之间的心理距离，即使那些陌生人也希望成为他的朋友；他似乎拥有一根语言的魔术棒，那些精神萎靡、消极待世的人也能在他的鼓励下重新振作、拼搏奋斗；发生人际冲突时，只要他在场，就能化干戈为玉帛；总是有那么多支持他和帮助的人；他能掌握住自己的命运，甚至能够改变他人的人生轨迹。

可能你也想成为这样有威信、能打动他人的人，那么，就好好阅读这本书吧，只要你真正掌握说服的艺术，你就能就像道格拉斯所说的那样——说服他人，去转动整个宇宙！

编著者

目 录
CONTENTS

上篇　无处不在的说服之道

无处不在的说服之道

第1章

言之有据，让人信服的表达必须有理有据

在现代社会中，无论你处于什么位置，都需要与人沟通，需要别人接受自己的想法、观点，然后与你共同采取一致的行动，那么，这就需要你具备说服他人的本领。可以说，一个不善于说服他人的人，他的一切就无从谈起。然而，真正能打动人心的话语，才称得上是有效的，而只有能真正让人信服的语言才能打动人心，为此，沟通时我们需要做到言之诚恳、言之有据，有理可依，只有这样，你的说服语言才能真正对对方起到作用。

态度要诚恳，对方才会认真听取意见

我们都知道，人活于世，我们每天都要与周围的人沟通和交流，无论是谁，每天都在不停地说服别人以达到自己的目的。正如艾森豪威尔总统说过的，“说服是一门艺术，让人们做你想让他们做的事情，并且令其乐此不疲。”因此，如何提高自己的说服能力就成为很多人需要思考的问题。常言道，巧辩不如攻心。同样，说服一个人，光有嘴皮子功夫是不够的，我们还必须态度诚恳，这样才能让对方认真听取我们的意见，从而又快又准地达到说服的目的。

我们来看看下面这位应届毕业生的面试经历：

学生在面试时，考官在问了一系列问题后，突然问：“你在本科阶段为什么学习成绩平平，是否也赞同‘及格万岁’？”

面对如此棘手的问题，这名学生不紧不慢地回答：“我自小父母双亡，只有爷爷姐姐与我相依为伴。在党和政府以及众多热心善良的人的帮助下，我才能够长大成人。考上大学后，为了不再给所有关心我的人添麻烦，我坚持着各种社会实践，用自己的劳动帮助自己完成学业。成绩不好，是我本科生活中最大的遗憾，但我相信只要我有足够的时间，甚至只要有普通学生的一半学习时间，我的学习成绩一定能非常优秀。”

这名学生在本科阶段学习成绩不佳，这一点，他供认不讳，他是诚实的，最难能可贵的是，他并未给自己找借口，而是认为，如果自己有更多的时间，学习成绩一定会非常优秀。另外，他并不是以自己的人生经历来博得考官的同情，真正感动考官的是他身处逆境却不气馁，顽强奋斗的精神。他的自强不息、他的自信，在他真诚的话语中坦然流露。

的确，真正的说服，并不是口若悬河、滔滔不绝，而是将话说到对方心里，让对方不知不觉认可你。其实，你不妨诚恳、清晰地表达你的观点，话语不可过多，注意说话方式，诚实、中肯地说话就能让对方感觉到你是一个可信之人。相反，如果你眉飞色舞、唾沫横飞，就会给对方留下一种华而不实的印象，进而也会对你的意见心存疑虑。

那么，在说服他人时，我们该如何做到诚恳表达呢？

1. 自信地与对方握手

有研究人员曾通过实验研究了握手的效果，结果证明：身体的接触行为能增强人与人之间的亲近感，即使是初次见面的人，也有同样的效果。为了强化这种效果，有人会伸出双手与人握手，这样的人大多非常热情。

英国著名动物学和人类行为学家德斯蒙德·莫里斯说："握手是表现热情的一个动作。"用一只手握手已经能表达热情了，如果用两只手，甚至握住对方的手腕，再拍拍他的肩膀，则更能表现出你的热情，同时还能表现出自己的诚意。

2. 交谈时眼神诚恳

在说服别人时，目光要集中注视对方；听对方说话时，要看着对方眼睛，这是一种既讲礼貌又不易疲劳的方法，更是对对方的一种尊重。为了让对方对谈话感兴趣，需要用柔和友善的目光正视对方的眼睛，要知道注视他。

3. 不可过分与对方套近乎

一些人会认为，与人套近乎，会拉近彼此之间的距离，为自己成功说服对方加分，其实未必，人与人之间都存在一定的心理戒备，过分套近乎，只会让你的语言的真实性大打折扣。

4. 少讲客套话

无论你和交际对方的关系如何，都不能过分客气，客套也需要有个度，开始见面时寒暄几句并不为过，但说个不停就不太妥当了。谈话的目的在于沟通和说服对方，而太过客套，则难免会阻碍双方"掏心窝子"地说话，如果谁都客客气气，那还有什么可谈？

5. 心理置换，多从对方的角度说话

人与人之间的情感要达到一种共鸣，就必须做到倾听，然后认同，唯有认同，才能拉近人与人之间的距离，在说服他人时也是一样。

我们若表现出从对方的立场出发，认同对方的感受，就会站在双方共同的利益上客观地审视双方面临的问题，这就更易于打动对方。

总之，真正能打动人心的话语，才称得上是有效的说服，而只有能表达真挚的感情的语言，才能打动人心。说服他人时，如果你能用得体的语言表达你的真诚，你就能很容易赢得对方的信赖，与对方建立起信任关系，对方也可能因此喜欢你说的话，并愿意接受你的意见。

在讲道理之前，要尽量调动对方的感情

人与人之间，是存在一定的沟通屏障的，也是存在一定的戒备心理的，这就造成我们说服别人的困难。古人云：感人心者，莫先乎情。对于说服别人，在很大程度上，可以说就是情感的征服。只有善于运用情感技巧，动之以情，以情感人，才能打动人心，以至说服别人。

很多善于说服他人的人，大都是富有活力和精神抖擞的人，他们更善于从对方的角度说话，把对方内心的情绪激发出来。因为人们都有这样的心理，在与人交谈的过程中，如果对方能感同身受，人们是愿意接纳对方的。因此，在说服他人过程中，如果你想你的话能发生效力，且非要一吐为快时，你在谈话的时候就不应该单是陈述一些事实，还该把自己的情感注入其中，并站在对方的角度说话，只有真情实感才能打动对方。

某电话公司曾碰到一个凶狠的客户，这位客户对电话公司的有关工作人员破口大骂，威胁要拆毁电话。他拒绝付某种电信费用，说那是不公正的。他写信给报社，还向消费者协会投诉，到处告电话公司的状。电话公司为了解决这一麻烦，派了一位最善于沟通的倾调解员去会见这位麻烦的客户。这位调解员静静地听着那位暴怒的客户大声地“申诉”，并对其表示同情，让他尽量把不满发泄出来。

调解的3个小时中，调解员一直非常耐心地倾听他的牢骚。此后，他还两次上门继续倾听他的不满和抱怨。当调解员再次上门去倾听他的牢骚时，那位已经息怒的顾客把这位调解员当作最好的朋友看待了，并主动把所有该付的费用都付清了。

这则故事中，调解员为什么能成功说服这位麻烦的客户并与之成为好朋友？这是因为他动用了情感的力量，并利用了倾听的技巧，友善地疏导了暴怒顾客的不满，于是这位凶狠的客户也通情达理了，矛盾冲突就这样彻底解决了。

我们都知道，牧师布道宣传的是唯心主义的宗教，但因以情动人，往往能在催人泪下的同时，不露痕迹地对听众施加思想影响，使人不知不觉地接受其教义。这就是情感的力量。

的确，感情是沟通的桥梁，要想说服别人，必须跨越这一座桥，才能打破对方的心理堡垒，征服别人。在劝说别人时，应推心置腹，动之以情，讲明利害关系，使对方感到我们的劝告并不带有任何个人目的，没有丝毫不良企图，而是真心实意地帮助被劝导者，为他的切身利益着想。那么，对方是愿意相信你的。

那么，具体来说，我们在说服他人的过程中，如何做到以情动人呢？这需要你掌握以下三部曲：

第一步，动之以情。这需要我们在说话的时候，以事比事，将心比心，运用其自身或熟人的经验教训，再加上感情色彩浓厚的语言，去进行绘声绘色的诉说，以令人感到亲切可信，引发情感上的共鸣，从而为接受道理扫清障碍，铺平道路。

第二步，晓之以理。动之以情是说服别人极为常用的说服方法。而晓之以理，就是讲道理。简单的事情，小道理，一两个典型事例，再加上简明扼要的分析，道理就足以讲清楚，讲明白。

第三步，衡之以利。对于那些实惠观念很强的人，情难动他，理难服他，唯有“衡之以利”是切实有效的一招。且不论对国家、对社会的利害如何，就是只从个人实实在在的得失考虑，他也应趋利避害、以接受你的说服为上策。

当然，复杂的事情以及大道理涉及多方面的因素，触动一点就牵动全局，必须全方位、多层次、多角度地进行一系列的说服工作，从多方面展开心理攻势，并以严密的逻辑推理，水到渠成地得出结论。

总的来说，说服别人动摇、改变、放弃己见或信服、同意、采纳你的主张，实质上是一场从精神上征服人心的战斗，但又不能使对方有丝毫被迫接受的感觉。因此，动之以情，晓之以理，还要结合衡之以利，才能真正做到通情达理，让对方接受你的说服。

站在对方的角度劝服，才更贴合人心

生活中，我们希望对方接受我们的观点时，是否已经习惯了从自身的角度考虑问题呢？是否已经习惯了只顾把自己的观点传达给对方？这无可厚非，但当你慷慨陈词的时候，你是否注意到交际对方情绪的变化呢？当你针锋相对反驳对方的时候，你是否发现对方的脸色由晴转阴了呢？当你一句扫兴的话给对方泼了冷水的时候，你是否发现对方已经兴致全无并有意终止交谈呢？

有个著名的心理测策略——换位思考，换位思考就是完全转换到对方的角度思考，从而更理解人、宽容人，就是要求在观察处理问题，做思想工作的过程中，把使自己从对方的角度对事物进行再认识、再把握，以便得到更准确的判断，说出的话也才能真正说到别人的心窝里。

陶行知，在中国的教育界几乎无人不知无人不晓。陶行知在育才学校任校长的时候，有一个叫王友的学生，是学校中有名的“孩子王”，经常惹是生非，屡生事端。一天，陶行知看见王友用土块砸一个同学，当即制止了他，并叫他放学后到校长室来。

放学之后，陶行知从外面办事回来，远远地看见王友在校长室门

前徘徊等候，于是，他赶紧把王友请进校长室。王友以为要挨训，谁知陶行知却掏出一块糖果送给他，并说：“这是给你的，因为你按时来到这里，而我却迟到了。”王友惊疑地接过糖果。随之，陶行知又掏出一块糖果放到他手里，说：“这块糖果也是奖给你的，因为我不让你再打人时，你立即就住手了，这说明你尊重我，我应该奖励你。”王友更惊疑了，他眼睛睁得大大的。陶行知又掏出第三块糖果塞到王友手里，说：“我调查过了，你用土块砸那些男生，是因为他们不守游戏规则，欺负女生；你砸他们，说明你很正直善良，有跟坏人做斗争的勇气，应该奖励你啊！”王友感动极了，他流着眼泪后悔地说道：“陶……陶校长，你……你打我两下吧！我错了，我砸的不是坏人，而是自己的同学呀！”

陶行知满意地笑了，他随即掏出第四块糖果递过去，说：“为你正确地认识错误，我再奖给你一块糖果，可惜我只有这一块糖果了，我的糖果用完了，我看我们的谈话也该完了吧！”说完就走出了校长室。

这就是陶行知与四块糖的故事。这小小的“四块糖”，折射出了陶行知高超的批评艺术。在整个过程中，陶行知自始至终没有直接提及王友的错误，而是将对他的关心、热爱与期望融入宽松和谐、幽默诙谐的情景之中，通过循序渐进、启发诱导、激励表扬，让王友充分认识到自己的错误。整个批评过程自然流畅，“水到渠成”。陶行知的“四块糖”的确起到了“此时无声胜有声”的批评效果。

事实上，那些明事理、重情义的人，他们在说服他人的时候，总是能设身处地地充分考虑对方的切身利害、实际困难。因为，在此基础上进行说服，才称得上是真正的通情达理，也更令人心悦诚服。而如果丝毫不考虑对方的情感和需要，双方交谈就没有共同的语言，说服就无从谈起了。

“己所不欲，勿施于人”，其中的意思也就是推己及人，设身处地地为别人着想，就是从别人的角度去想问题。从这个角度出发，我们就能知道如何说话了，把握好说话的度了。对此，我们需要记住以下几条原则：

1. 凡事多询问对方的意见和想法

询问与倾听，不仅能防止我们为维护自己的利益而侵犯他人，还能帮助我们鼓励对方说出真正的想法，了解他们的愿望与感受。一个懂得沟通艺术的人，都是善于通过倾听来获得好感的。

2. 说话要有耐心

说话时保持耐心，不仅有助于对方理解你话里的含义，更能让我们在说话时厘清思绪。其实，我们也不难发现，不少人正是因为说话没头绪而让自己陷入糟糕的谈话中的。

3. 本着为对方考虑的本意

一些人在说服他人的时候目的性太强，这无疑会加重对方的疑虑，所以，我们要更多地站在对方的立场上考虑问题，要让对方明白你是在诚心诚意地替他着想。

4. 说话顾及对方的面子

与人相处，需要相互平等尊重。在说话时要注意顾全他人的面子，关注及照顾对方感受，考虑方式方法，做到将心比心，而千万不要只图自己一时痛快而逞口舌之快。

总之，如果与人对话时我们多从对方的角度出发，多一点将心比心的理解，多说一点善解人意的话，那么，语言表达就容易引起对方的共鸣，一种独特的亲和力也就寄寓其中了，而接下来，成功说服对方也就容易得多。

不要把“你”挂在嘴边，尽量多说“我”

我们都知道，要想成功说服他人，就要让对方放弃自己的观点，接受自己的建议，而在开始说服他人的时候，对方难免心存戒备，对我们的话心有疑虑，然而如果你是对方的朋友，那么，他接受起来就比较快和容易了。所以，成功说服他人的第一步，就要努力消除对方的疑虑，多从对

方的角度出发。在具体的语言表达上，我们要记住，不要把“你”挂在嘴边，尽量多说“我”，这样，对方会明白你是为了他好，那么，便能更容易获得他的好感，接下来的交流也就容易得多。

1858年，林肯在竞选美国上议院议员的时候，在伊利诺斯州南部进行演说。那时蓄养黑奴的恶霸们平时对废奴主义者就非常仇恨，当然对林肯到此做反对奴隶制的演说恨之入骨，并发誓只要他来就置他于死地。演说之前，林肯说：“南伊里诺州的同乡们，肯特基的同乡们，听说在场的人群中有些人要和我作对，我实在不明白为什么要这样做，因为我也是一个和你们一样爽直的平民，那我为什么不能和你们一样有着发表意见的权利呢？好朋友，我并不是来干涉你们的人，我也是你们中间的一人，我生于肯特基州，长于伊里诺州，正和你们一样是从艰苦的环境中挣扎出来的，我认识南伊里诺州的人和肯特基州的人，也想认识密苏里的人，因为我是他们中的一个……”

这里，林肯说了很多个“我”，他通过简短的几句话就将自己和听众的情况联系在一起，进而让听众产生“认同感”，他的话竟把可能面对的敌对怒视变为大声喝彩，据说还有本打算与他作对的听众后来成了他的好朋友。

其实，说“我”而不是“你”，是利用了心理学上的“自己人效应”，这里，林肯运用的正是此法。所谓“自己人”，是指对方把你与他归于同一类型的人。“自己人效应”是指对“自己人”所说的话更信赖、更容易接受。

因此，在说服他人过程中，如果你能主动表明你和对方在价值观、态度、兴趣以及其他某些方面相近或者相同的话，那么，就会让对方感觉到你们是同一类人，进而能拉近彼此间的心理距离，最终形成良好的人际关系。

为此，与人交谈中，你可以这样制造“自己人效应”：

首先，善于观察，捕捉对方的信息，把握真实的态度，寻找其积极的、你可以接受的观点。

其次，寻找时机，恰到好处地向对方说明你们是自己人。

1. 多强调你们之间的共同爱好和兴趣

若与对方有共同点，就算再细微的也要强调，人与人之间一旦有了共同点，就可以很快地消除彼此间的陌生感，产生亲近的感觉。这样不但可以使对方感到轻松，同时也具有使对方说出真心话的作用。

如果对方喜欢集邮，那么你可以对客户说："我对邮票也非常有兴趣，可是一直不知道如何收集和分类，您能给我一些好的建议吗？"如果对方也是个时尚女性，那么，她对服饰和妆容也应该会感兴趣。如此一来，当你在跟对方沟通时就不怕没有话题，也比较容易拉近关系。

2. 多说"我"，少说"你"

为了能让对方觉得你和他是站在统一战线、是为了他好，你在说话的时候，不要总说"你应该……"而应常说"我会很担心的，如果你……"

3. 分享对方的感受

无论对方是向你们报喜还是诉苦，你们最好暂停手边的工作，静心倾听。若边工作边听，也要及时作出反应，表示出自己的想法或感受，倘若只是敷衍了事，对方得不到积极的回应，他也就懒得与你交谈了。

4. 多关心对方，从细节入手

懂得关心他人的人最容易获得好感。从另一个角度看，认同感的产生，表明你已经赢得了对方的好感。通常情况下，如果你将这种好感搁浅，你们会返回到陌生人的状态，因此，你不妨多关心对方，这种关系自然会深化。

实际上，即使是刚认识的陌生人，彼此也会有许多相同的地方，或者是共同的兴趣爱好，或者是在籍贯、经历方面有相似的地方。总之，共同的话题可以有很多很多，只要你多花些心思，多一些锻炼，肯定能够找得到。只要找到共同话题，就能为你接下来的说服工作打开通道。

善于打比方，你的话更能让人信服

中国是一个语言文化知识底蕴丰厚的国家，自古以来，人们就善于将平淡无奇或晦涩难懂的语言经过修饰后变得形象生动或易于理解等。然而，不少人在说服他人的过程中都抱怨："这年头，说话难，让别人认可我们的话更难。"的确，那些不会说话的人，在说服他人的时候，语言干涩无味，让人听之昏昏欲睡，更没有继续交谈的欲望，听者听完以后，也没有将话真的听进去，而如果我们能在语言中多打比方的话，就能立刻让你的表达精彩起来，也让你的言辞更具说服力。

其实，所谓说服，就是用理由充分的话使对方心服。说服工作，主要是做人的思想工作，是做调动人的积极性、接受自己观点的工作。而说服别人，如能从被说服对象的心理角度入手，往往能取得事半功倍的效果。作为被说服的一方，他可能并不相信你，但他绝不可能不相信充分的事实证据。

"二战"初期，美国一些科学家得悉德国正在试制原子弹，请爱因斯坦写了一封信，托罗斯福的私人秘书萨克斯转交总统，希望罗斯福同意试制原子弹。但罗斯福断然拒绝。萨克斯就讲述了一段历史，说：英法战争期间，在欧洲大陆上不可一世的拿破仑，在海上却屡遭失败。美国发明家富尔顿劝他撤去船上的风帆，装上蒸汽机，把木板换成钢板，这样可提高战斗力。可拿破仑固执地认为船没风帆不能航行，木板换成钢板会下沉，未予理睬。当时，如果他多动一下脑筋，18世纪的历史就得改写了。听了萨克斯的话，罗斯福若有所思，最后终于同意了科学家们的建议。

在这个故事中，萨克斯巧借历史知识成功地说服了总统。古今中外，此类事例不胜枚举。说服别人接受自己的观点、意见、办法等，是一种复杂而困难的行为。而人类社会交际中又时时处处离不开说服。而要想成功说服对方，打比方、多举现实例证是最有用的方法。

任何人都具有精明、理智的一面，如果你能够通过有力证据、有说服力的方案而获得客户的认可，一段时间后，别人对你的信任仍然不会消失。在条件合适的情况下，提供有力的数据支持，甚至提供书面资料，会使说服变得非常轻松。所以在说服中尽可能地运用数据、事例绝对是种行之有效的好方法。

可见，用打比方、摆事实的充分交流法进行说服，可以打破僵局，增进了解，使说服更加有力。因为事实本身可以使领导者言重如山，取信于人。采用事实充分交流法进行说服，要求领导者在说服前准确地把握事实，说服中巧妙地运用事实。为此，我们可以从以下几个方面努力：

1. 摆事实

你的观点是否可信，在于你的证据是否可信，你的论证是否符合逻辑。这需要你列举出一些有说服力的证据，通过论证的方式，将各种方案的优劣、长短逐一比较分析，并从中优选出最佳的方案来。

2. 适当插入一些个人经历

有时候，为了证明某个观点，适当地提出一些个人经历来进行补充说明。而在这种情况下，自己的经历最有说服力，因为亲身经历，所以给人的信任度很强。如果你这样讲，“我昨天接待了一批外国客户，他们给我们建议……”“今天我看见……”“我看到这个月，大家表现得很不错……”，这样讲，肯定会有说服力。许多人用个人的经历和听众建立融洽的关系，或者进一步印证论点，效果很好。但是要注意，你所引用的经历必须是对方感兴趣并能对听众造成影响的事。

3. 巧妙运用典故

讲话中适当运用一些典故，或引用伟人经典著作，或引用历史典故、古诗、格言、民谚等，也可以引用上级文件、领导讲话的重要观点，来增强讲话的深刻性。

总之，在讲话的过程中，我们要善于选用一些比较有代表性的事例来阐述问题，这样可以为你的观点增加分量，并且能够表明你的陈述是比较

客观的。如果缺乏事实依据，你的讲话就没有信用度可言。当然，也要注意，不要引用过多事实，避免听者厌烦。

凝练专业的语言，降低对方疑虑

现实生活中，我们常说，语言是思想的外衣，的确，一个人是否沉稳，是否值得信任，是可以通过语言来观察的。通常情况下，人们对那些言辞中肯、措辞严谨有致的人更容易产生信任感。同样，我们在说服他人的过程中，一定要使用稳当、专业的语言，绝不用那些模棱两可的词，才能有效降低对方的疑虑。

从另一个方面说，现代社会，人们的时间观念都很强，没有人愿意花费太多的时间来听你的长篇大论。所以，我们在说话的时候，切忌绕圈子，而是把话说到点子上。有话则说，长话短说，无话不说，这样才能更准确地传达你的思想。

1863年7月1日，对于美国人民来说是个非常有意义的日子，因为这天在美国发生了一件惊天动地的事——美国南北战争在华盛顿附近的葛底斯堡打响了。三天激战后，北方部分大获全胜。

战后，美国的宾西法利亚等几个州商讨决定把战争中逝去的烈士合葬在国家烈士公墓。

公墓在1863年11月19日举行落成典礼，美国总统林肯也理所当然地被邀请前去。除了林肯之外，演讲者还有美国的前国务卿埃弗雷特，而林肯只是因为总统的身份，才被邀请在埃弗雷特之后讲几句形式上的话。这种情况下，林肯非常清楚自己的处境，在他前面演说的是在美国历史上最有演说能力的人，而自己如果说不好的话，无疑会被在场的人笑话，使得自己颜面尽失。

在典礼上，埃弗雷特那长达两个小时的演讲，洋洋洒洒，确实非常精彩，也获得了听众的掌声。令人意想不到的是，林肯的演说虽然只有十分钟，但这十分钟的演讲，不仅仅赢得了当时在场的一万多名听众的热烈掌声，而且还在全国引起了轰动。

当时有报纸评论说："这篇短小精悍的演说简直就是无价之宝，情感深厚，思想集中，措辞精练，字字句句都很朴实、优雅，行文毫无瑕疵，完全出乎人们的意料。"就连埃弗雷特本人第二天也写信给林肯说："我用了两个小时总算接触到了你所阐明的那个中心思想，而你只用了十分钟就说得明明白白。"林肯这次出色的演讲的手稿被收藏到图书馆，演讲词被铸成金文存入了牛津大学，作为英语演讲的最高典范。

林肯在这次演讲中靠的什么取胜？那就是简洁的语言，他那简短有力的讲话比长达两个小时的精彩演讲更深入人心。很多时候，言简意赅的讲话比那些长篇大论更容易被人们所接受，所谓"浓缩的就是精华"，因为简洁，所以它所阐明的思想会更有深度；因为简洁，它所表达的意思更加清晰；因为简洁，它所彰显的内容会更有力度。

那么，从这个角度看，在说服他人时，我们该如何表达，才能体现语言的准确性，让对方对我们产生信任感呢？

1. 语言流畅

语无伦次、前后矛盾、结结巴巴、吞吞吐吐是沟通的大忌，说服他人，我们一定要克服这种情况。掌握清晰、流利的说话技能，同时做到表述连贯，逻辑合理，前后衔接，原因结果叙述清楚，才能成功说服他人。不然的话，对方不仅会轻视你，还会怀疑你说话的真实性。需要注意的是，语言流畅并不是要滔滔不绝地说个不停，那样会带来负面作用。

2. 陈述简洁，不可啰唆

简洁的语言最容易让人理解，也最有力，让人信任，所以要求陈述简洁是我们说服他人过程中对语言的第一要求。

所以，要想获得对方的信任，就不要说话啰唆，而应该尽可能在较短的时间内，简单明了、干净利落地把比较重要的信息传达给对方。

3. 表述准确，说话要有条理、有重点

我们都知道，我们说服他人的目的是使对方接受我们的观点，因此，我们在与对方沟通时，不要一味空谈。要知道，对方在面对你时原本的态度和观点是与你不同的，如果你说话总是进不了主题，不仅耽搁了双方的时间，还容易让对方产生不耐烦的情绪，导致沟通失败。说话有重点，才会让人觉得你办事有效率，精明、干练，是值得信赖的对象。

另外，准确、中肯的表述还需要在说话时也有条有理。说话有条理才会让人觉得言之有物，有重点可言。有的人在说话时东拉西扯，颠三倒四，对方听了半天却一头雾水，失去了继续交谈的兴趣。说话有条理和有重点是相辅相成的，缺一不可，只有条理性才能突出说话的重点，也只有说重点才能让人觉得你说话有条有理。

反驳对方的时候，记得先肯定对方

我们在说服他人的时候，要想成功说服对方，首先就必须了解对方的内心世界，如果一开始就针锋相对，那么，对方就会产生逆反心理，我们也很难达到说服的目的。所以我们在反驳他人之前，最好先肯定对方，打消对方的逆反心理，才能真正让对方接受你的观点。

然而，事实上，人们往往都很喜欢争论，特别是在聊天的时候，不论大事小事，为了说服对方，都喜欢争辩一番。从某种意义上说，争论是人的一种天性。因为思想、认识的不同，其中一方为了说服另一方，往往会发生争论，而这也正是人们认识的一个误区：只有争论才能说服别人。人又都喜欢显示自己的聪明，在争论中击败对方，就是一种难得的精神享受。而事实上，心理学知识告诉我们，人们更愿意在愉快与和谐的过程中接受他人的意见，而这也是很多人能否成功说服他人的一个关键所在。

一位太太马上就要过生日了，往年，她的丈夫都会送她鲜花、巧克力或者香水等，但今年她希望丈夫能送自己一枚钻戒。

这天，等丈夫回家后，她直接对丈夫说："过几天就是我生日了，我想要一枚钻戒，你送我行吗？"

"什么？"丈夫很吃惊。

接着，这位太太说："每年的礼物都是那些花啊、巧克力啊什么的，那些东西都不能长久保存，我就想要一枚钻戒，钻戒是永恒的呀。"

"鲜花和巧克力才浪漫嘛，而钻戒，什么时候买都可以啊。"

"可是，我现在就想要一枚钻戒，你看我朋友张太太、邻居吴太太手上都戴了钻戒，就我没有，就我没人爱……"最后，夫妻俩因为一个生日礼物而吵了起来。

而另一个与之相似的故事，与上面那个故事形成鲜明的对比：

一位太太，第二天就是她的生日了，她对下班后回来的丈夫说："亲爱的，今年我过生日就别再送我礼物了，好不好？"

丈夫很吃惊地问她："为什么？肯定要送的。"

她没有说具体原因，反而继续说："明年也不要送了。"

听完这话，丈夫更奇怪了。那位太太接着说："我想把每年你给我买礼物的钱存起来，以此存一点，积少成多，然后存到后年。"然后这位太太羞怯地对丈夫说，"后年我想让你送我一枚小钻戒……"

丈夫说："噢！原来是这样啊！"不过最后结果呢，她的丈夫还是在她的生日当天给她买了一枚大大的钻戒。

不难比较出来，在以上两个例子中，后面例子中的这位太太更懂如何让爱人答应自己的要求。

我们先来看第一位太太，她着实不大懂得说话，一开始，她就否定了丈夫之前送的礼物，不难想象，谁也不想被否定，她的丈夫肯定会为此而感到不悦。接着，她又拿自己与其他人比较，称自己"没人爱"，这不但大大伤害了她丈夫的自尊心，更否定了彼此的爱。当然，即使最后她的丈夫在一气之下给她买了钻戒，这样硬讨的礼物，就算拿到，又有什么意思呢？她已经给丈夫留下了不好的印象！

至于另一例中的那位太太，同样是希望得到一枚钻戒，但她的做法就聪明多了。她没有直接说出自己的目的，而是反着来，先说不要礼物，最后才把真正的目的说出来。她称自己现在不要礼物是为了存钱，希望到后年拥有钻戒这一礼物，这样，她的丈夫当然会提前满足自己太太的愿望，这是多么美妙的事。这可谓是高超的说服之术。

而通常，人们都没有意识到说话用词给人以形象的极端重要性。实际上，聊天讲话如果能让对方眼前浮现出各种各样的形象，听众就会感到轻松、惬意，并愿意继续听下去。而如果话题含糊笼统，语言无色无彩，那么，恐怕只会让对方昏昏欲睡，提不起聊天的兴趣，甚至对你产生厌倦的情绪。

心理学的研究指出，轻易地说出“不”字，容易造成谈话双方情绪的对立。一个否定的反应是最难克服的障碍。那么，劝人的过程中，我们该使用什么样的战术呢？对此，美国著名学者霍华曾经提出让别人说“是”的30条指南，现在摘录了10条，供说服者们参考：

（1）要照顾对方的情绪。

（2）要以充满信心的态度去说服对方。

（3）找出引起对方注目的话题，并使他继续注目。

（4）切忌以高压的手段强迫对方。

（5）直率地说出自己的希望。

（6）尽量以简单明了的方式说明你的要求。

（7）要表现出亲切的态度。

（8）要给对方证明，为什么赞成你是最好的决定。

（9）让对方了解你，并非是“取”，而是在“给”。

（10）让对方知道，你只要在他身旁，便觉得很快乐。

可见，说服别人，是讨论而非争论，用和谐与讨论更能让对方信服你的观点；而与对方争论，就会让对方从心理上产生一种敌意，无论你怎样说，对方心里都会有抵触情绪，在这种情况下，想要说服他人是很困难的。

第2章

掌控主动：人性弱点是说服他人最好的突破口

我们都知道一个道理，人无完人，也就是人都有弱点，人性的弱点有很多，心理学家表明，每个人内心都有一种被需要，都希望被尊重、赞赏，希望获得别人的重视，不喜欢被责备、被否定等，掌握这些人性的弱点，我们就能找到说服他人最好的突破口，因为毫无疑问，最好的说服其实是自我说服。

人们都以自我为中心——表达你对他的重视

我们都知道，说服的根本就是让对方从内心接受我们的建议，所以，说服当中，攻心为上。真正会说话、懂说服技巧的人都会从人性的弱点入手，其中重要的一点是：表达重视，让对方感到自己很重要，这样便满足了对方以自我为中心的心理，也就打开了说服工作的大门。

心理学家指出，人性中都有这样一个弱点：人们都希望得到他人的认同，那些能力突出的人，还希望得到他人的崇拜。因此，在说服过程中，如果我们能表达对对方的重视和崇拜之情，就一定能打破对方的心防！

小唐今年刚毕业，毫无工作的经验的她很幸运地被一家小公司录用，到现在已经工作两个多月了，但最近她才发现，与自己共事的一个男同事实在不好相处。

“刚来公司上班感觉还可以，加上大家都是年轻人，在一起话题很多。我觉得这个男同事挺优秀的，除了专业知识外，他懂得挺多的，我这人就是欣赏那些比我懂得多的人。”小唐这样讲述道。

然而，令小唐感到烦恼的是，这个男同事实在太清高了，表面上看，他答应小唐，说大家以后在工作和生活中就是朋友了，但实际上，他依然是独来独往，小唐一个女孩子也不好总是主动找他。后来，小唐找到一个方法，多去请教他，让他感到有优越感，就不相信他不吃这一套。

果然，平时工作中，只要小唐一有空，她就拿着问题去找他，小唐一边听对方给自己讲解，一边说：“你真是太厉害了，你说我们都读了大学，读的一个专业，你为什么就懂这么多呢？”小唐发现，这个男同事总是绷着的脸上好像终于浮现了一丝笑容。

故事中，小唐的这位男同事自视清高，很难相处，但小唐却找到了攻

破对方心防的方法——恭维法，针对具体的问题表达自己的崇拜之情，让对方感受到优越，是结交友谊、赢得朋友的一个很好的方法。

的确，我们每个人都希望获得重视，希望被人认可，希望成为焦点，同样，在说服他人的过程中，我们也应满足对方的这一心理，具体说来，我们应做到：

1. 说话时态度不妨诚恳一些

每个人都有戒备心理，尤其在没有确定对方的友善之前，这时候如果你太过高调，往往堵住了和别人建立平等互信的关系的大门，更别指望对方接受你的观点和建议了。

2. 不要轻易卖弄自己的才华

也许你确实是一位出类拔萃者，你的学历高，技术硬，因而感觉自己鹤立鸡群，也许你所要说服的人无法与你比肩，但即便如此，在说话的时候也不要卖弄你的才华，否则你根本不可能让对方真的认同你的想法。

3. 重视对方说的每一句话

说服他人的目的在于交流意见、达成共识，只有重视对方说的每一句话，才能同样赢得尊重。

4. 重复对方的话和对方的名字

可能有些人会问，这是为什么呢？其实很简单，重复对方的话，表明你很在意对方的感受，听进去了他的想法。而不断地称呼对方的名字，往往会使刚刚才认识的人产生彼此已经认识了很久的感觉。

5. 承认对方的能力

这是一种心理策略，因为任何人都爱听赞美与肯定的话。为他人叫好，并不代表自己就是弱者。为他人叫好，非但不会损伤自尊心，相反还会让对方接纳你，进而接纳你的想法。

6. 委婉表达你与之不同的想法

你的目的是说服对方，所以表达对对方的重视也是为了让对方接受你的观点，而如果在沟通过程中你得理不饶人，只会事与愿违。为此，你不妨采取一些委婉的方式，来表达自己的观点。当然，言语委婉并不容易做到，它不仅需要懂得如何运用语言，比如，语气、词汇、句式等，还需要你做到思维敏捷，根据具体的语言环境运用不同的语言。总的来说，把话说得动听一点、委婉一点，往往比直言快语更能起到效果。

人们都喜欢自我吹嘘——鼓励对方多说

生活中，在与人沟通这一问题上，很多人存在这一心理误区，他们认为，说得多就是有口才的表现，同时，为了使他人接受自己的观点，他们总爱侃侃而谈，口若悬河，殊不知无休止的话只会让别人反感。我们真正要做的，是尽可能多地让对方说，给对方创造说话的机会，把自己变成以听为主的听众，因为每个人都有自我吹嘘的弱点，鼓励对方多谈论自己，这样才能把握真正的话语主动权。

因此，让对方多说话，并不会让我们丧失交流的机会，反而会有助于我们达到说服目的。

曾经有一名法官，他是个善于倾听他人说话的人，在他调节的纠纷中，人们总是愿意听取他的意见。

一次，一个老作家和一个出版社因为报酬问题出现了纠纷，闹上了法庭。根据案情，法官认为调解对双方特别是对老作家有利。因为打官司费钱又费力，个人不能与单位比。但他多次建议双方调解，都没有效果。老作家对出版社怨气很大，但很明显，他是个法盲，开庭时只是反复就一两个问题进行阐述。尽管他遣词造句与他的职业很匹配——颇具诗歌或散文的味道，可车轱辘话谁听着都烦。旁听席上渐渐有人打起瞌睡，有人起身离去。可那位法官一直静静听着，不打断老作家的话。

庭审进行了3个多小时，直到双方再无话可说，法官才又向双方解释了出版合同的法律规定，指出双方在合同履行中的不当之处，并再次提出调解的建议和基本方案。

老作家听完法官的话，半晌没说话。最后，他突然表示愿意接受调解。

“法官大人，矛盾发生以后，你是第一个完完整整听完我讲话的人。”老作家诚恳地说，“你对我的尊重让我信任你，你说怎么办就怎么办。”

这则故事中，这名法官就是个善于通过倾听解决问题的人。表面上看，一直是老作家在侃侃而谈，法官一直在静静地听着，但最终，老作家却因为感受到了来自法官的尊重而接受调解，这就是法官所要达到的沟通结果。

那么，具体来说，我们应该如何鼓励对方多说话，进而满足其自我吹嘘的心理呢？

1. 集中精力，专心倾听

这是要达到良好的沟通效果的基础，当然，要做到这一点，你就应该做足充分的准备，这不仅包括身体上的，还包括心理上的，在交谈中表现得无精打采、情绪消极都会使得倾听收效甚微。

2. 不随意打断对方谈话

任何一个人，都不希望自己说话情绪正高的时候被人打断，一旦打断对方说话的积极性，那么，沟通可能就会陷入瘫痪状态，无论你说什么，对方也很难听进去了。

3. 注意对方的反馈

所谓对方的反馈，是指对方发出的、能给我们识别的信号。比如，对方的某些动作，摇头、皱眉等，都带有一定的含义，需要我们认真观察和感觉，在此之后，我们便能调整自己的话题，相反，如果我们没有识别出对方的这些信号，就会造成沟通障碍。

4. 适当发问

对方说话时，原则上不要去打断，可是适时的发问，比一味的点头称是更为有效。一个好的听众既不怕承认自己的无知，也不怕向说者发问，因为他知道这样不但会帮诉说者理出头绪，而且会使谈话更具体生动。

可以提些诸如“你认为这就是问题所在”“你的意思是……”“你能

说得明白一些吗”等问题。这些提问有助于你获得更多信息，并理解问题的各个方面。

5. 澄清对方的谈话

在倾听完对方的谈话后，我们要加以反馈，向对方阐明你是如何理解他的意图的。你可以使用这些话语：“我刚才听你说……”“我理解你主要关心的是……”或者“……我说得对吗？”

虽然大多数人认为好的说服口才就是拥有一副三寸不烂之舌，但他们忽视了作为一名合格听众的重要性。如果我们不善于倾听，就容易造成误解。更为严重的是无法把握对方的真实需求，而与对方的真实意图背道而驰！

当然，要想真正说服对方，最好还应在沟通前花费一定的时间和精力对对方的具体情况进行研究，这样在说服过程中才能有的放矢。

人人都自以为是——“故意”与之辩论并让其获胜

心理学家指出，喜欢争辩是人的天性，因为人们都希望自己的意见被认可、观点被认同，自以为是也就成了人类的弱点。这为我们参与人际沟通、说服他人提供了心理学依据，也就是说，要想真正说服他人，我们不妨放低姿态，“故意”让对方在争辩中做个赢家，满足其虚荣心，这样，说服工作便能顺利进行。

小刘是某商场奶粉专区的销售员，一天，一位顾客来购买奶粉。小刘对客户推荐了货架上的某种奶粉。谁知，这位顾客撇撇嘴，冷笑一声：“你就别提这奶粉了，上周我才听了报道，这种奶粉被查出有××成分，这个生产厂家因产品出现质量问题，差点被告上法庭。你说，这种奶粉，我敢要吗？”

小刘一听，知道遇到内行了，她立刻改变策略，恭维道：“是吗？我

真是孤陋寡闻，没听说这事儿，您真行！这种内幕的事都能知道，跟您相比，我们真是井底之蛙了。”

顾客：“那是！我以前也代理过很多婴幼儿用品，奶粉行业的这点破事，哪能逃过我的耳朵。”顾客得意扬扬。顾客这样回答，小刘立马知道了，原来这是个爱听软话的顾客。于是，她接着说：

“原来是老前辈！刚才我还跟你推荐产品，真是班门弄斧了。那您觉得买什么样的奶粉才放心？”

顾客：“告诉你，××品牌的奶粉就不错，我亲戚家的几个孩子都是喝这奶粉长大的，我们家宝宝出生后，我一直买的也都是这种奶粉，价格也合理。”

小刘趁机说道：“跟您聊一会，真长见识！你要几罐？我给您拿去。”听罢，顾客痛快地要了两盒。

顾客离开前，小刘还不忘恭维道：“以后，您可要常来我们商场啊，您的指导对我很有用！”

我们发现，案例中的奶粉销售员小刘是精明的，在她向顾客推荐奶粉遭拒后，她便立即改变策略，改用恭维的方式，故意让顾客认为自己在争论中获胜了，事实证明，这位顾客确实被小刘“降服”了，最后，顾客心甘情愿地购买了产品。

那么，在具体的说服过程中，我们该如何让对方赢得争辩呢？

1. 处变不惊，冷静应对

一般来说，人们在争辩中都会表现出一副盛气凌人的姿态，都希望通过滔滔不绝的陈述来压倒对方，但此时，你一定要冷静，绝不能畏首畏尾，不与之辩论，要知道，一开始就承认自己失利，会让对方质疑你的动机。当然，我们依然要把握与对方辩论的度，我们的最终目的是说服对方接纳我们的观点，如果惹恼了对方，那么，接下来的说服工作就很难开展了。

2. 适时放弃“观点”，让对方认为自己辩论成功了

正如案例中的销售人员小刘一样，当我们发现谈话趋势明显偏向对方时，便可告诉对方：“好吧，我认可你的想法。”当然，这里，我们放弃

的“观点”，只是一个诱饵，并不是我们的最终目的。

3. 表达认同，但要先停顿一下

当对方讲完以后，你不要凭自己一时高兴，想到什么就说什么，而应该先暂停几秒，以确保对方已经讲完你再说话，否则，如果对方只是暂时停顿整理思绪，那么，很明显，你只会让对方心生反感。这样做，还有另外两个好处，一个好处是你的沉默表示你对对方刚刚所说的话非常重视。对对方的言论表示慎重，这是一种最大的恭维。另一个好处就是给自己留下思考的空间，可以准备如何应对对方的发话。

4. 巧说恭维话

当对方赢得辩论后，我们可以对他渊博的学识表现出敬佩的样子，这不仅让他们的虚荣心得到满足，更能打开其心理防备，进而有利于我们开展说服工作。

5. 适当采用讨教的语气求教

我们可以降低姿态，以讨教的语气进行交流，比如，你可以问对方：“请问，您刚才说的电脑配置，指的是哪些方面呢？”如此讨教，一来会体现出你在认真倾听，二来可以满足对方好为人师的心理，以此来促成销售。

西方有句格言是：“请用花一样的语言说话。”自以为是是人性的弱点，在说服他人时，如果我们以说教的方式劝对方接受我们的意见、放弃自己的想法，恐怕是不起作用的，如果你想获得成功，就不妨让对方在辩论中胜出，并多说些甜言蜜语，使你的语言像花一样绽放，让对方心情愉悦起来，与你进行一个很好的交流，为说服成功奠定一个好的基础。

谁也不喜欢承认错误——委婉指出他人的错误

心理学家研究表明：人的内心有一个自我评断的机制，当犯了错误时，会受到良心的谴责。这时候，内心更渴望别人的谅解，以及迅速地走

向正确的路。在指出他人的错误时，如果你能点到为止，则会让对方觉得你很尊重他，相反，你的指责会引起对方内心的抵触和对抗，还有可能在逆反心理的作用下，继续坚持自己的错误。这与批评教育的目的大相径庭。因而，我们在表达批评的时候，应做到间接委婉。

伽利略年轻时立志在科学研究方面有所成就，因此他希望得到父亲的支持和帮助。

一天，他对父亲说："父亲，是什么促成了您同母亲的婚事？"

父亲说："你的母亲十分吸引我。"

伽利略说："那是因为您爱的是她，我现在除了科学以外，什么都能放弃，我对科学的爱，就如同对一位女子的倾慕。"

他接着说："亲爱的父亲，您有才干但没有力量，而我却能兼而有之。为什么您不能帮助我达成自己的愿望呢？我一定会成为一名杰出的学者，以此为生，而且比别人生活得更好。"

父亲为难地说："可是我没有钱供你上学。"

伽利略激动地说："父亲，很多穷学生都能领取奖学金，我为什么不能去领一份奖学金呢？我们只需要告诉公爵的老师就行了，他了解我，知道我的能力！"

父亲被说动了："嗯，这是个好主意。"

伽利略抓住父亲的手，开心地说："父亲，求您尽力而为。我保证自己成为一个伟大的科学家！"

伽利略并没有批评父亲的世俗，而是从父亲的情况入手，再引到自己的身上，从而提出了中肯的建议，说服父亲，获得了他的同意，献身于科学。

在生活中，这样的例子非常多。

小丽是一名商场的销售主管，她每天都要在商场里巡视。一天，她在例行巡视时看到一位顾客站在柜台外面，面前却没有售货员招待她。原来售货员们都在不远的地方说笑，没有注意到这位顾客。小丽没有责怪售货员，而是默默走到顾客面前招待起她来。小丽的这种做法使那些售货员注意到了自己的失职，她们马上过来积极地招待顾客。没有直接严厉的批评，也没有因为逆反心理而产生对抗情绪，相反，委婉的指正让下属认识到了自己的错误。可见，委婉的指正胜过直接的批评。

那么，在批评别人的时候，如何才能做到委婉一些呢?

1. 夸赞对方还没有形成的优点

夸奖对方还没有形成的优点，是一种不满情绪的表达，是一种赞扬性的批评。因为你在这方面没有优点，甚至是严重的失误，是不可弥补的缺点。本应该受到批评，但是却受到了表扬，而且缺点成了优点。乍一听是在赞扬，实际上传递的却是不满。别人只是在强调这些方面，希望能引起你的注意。

2. 肯定对方的积极态度

不管对方是犯了错误，还是失败了，别人的努力付出是抹杀不掉的。这时候，与其去指责别人，倒不如积极肯定对方的积极态度，让他更加有信心。比如，代表班级参加比赛的同学没有拿到名次，不要怪罪他能力不行，而要肯定他的努力付出。这样，对方内心的愧疚和难受也会得到适当缓解。

3. 批评同类错误来加以影射

如果别人犯了错误，又不好意思直接指责和批评的时候，不妨批评和对方所犯的错误同类性质的错误，把你的不满和指责委婉地传递给别人。因为没有所指，所以没有针对性，即使对方不愿意听，或者是有想法，也不会有直接的反击。但是，由于所批评的错误和对方有同类性，所以即使没有直接指出，也能感受得到这份责备。

4. 把你的希望表达出来

尽管别人的表现与你期望的还有一段距离，但是这时候不要责任别人，在肯定对方的同时，把你的希望和寄托说出来，让对方明白自己还有多远的距离。比如，孩子的字写得很难看，你与其指责，不如说："你已经写得不错了，要是再耐心一些，认真一些，效果会更好。"这样，你的鼓励会让孩子更加有信心。

有位心理学家曾说过，“一个批评与被批评的过程是批评者与被批评者在思想、感情上的相互交流与认同的过程。”这种情况下，如果不小心，可能会使对方很难堪，破坏了交流的气氛和基础，并因此带来一系列严重的后果。所以，要指出别人的错误，也不可太过直接，间接委婉地表达或许更能让对方认识到错误。

谁都希望获得尊重——对他的意见不论对错先尊重

在我们身边，你可能看到过这样的事例：一个男孩和女孩约会，结果男孩临时有事给耽误了，当他匆匆忙忙地赶到约会地点的时候，女孩非常的生气，她严厉地说：“你怎么现在才来啊？”男孩一个劲地道歉，女孩不依不饶。男孩有些不高兴地说：“我不是给你打过电话了吗？”见男孩辩解，女孩气呼呼地说：“你说话不算话，你还是不是男人啊？”男孩狠狠地把为女孩买的冰糖葫芦砸在了地上，扬长而去。很显然，女孩的话严重伤害了男孩的自尊。

心理学家分析了这种现象：通常，人对受到的批评有一个“限度”，在这个限度之内，一般不会做出反抗，一旦超出这个限度，就会激起受批评者的反击。这个限度包括言语的激烈程度，时间的长短及尊严与人格不受伤害。基于人的这种心理，我们在说服他人、提出意见时，一定注意不要超过这个“限度”，适当保护对方的情感和尊重他们的人格和自尊。

20世纪60年代，日本的经济陷入低迷状态，当时的松下电器也遇到了其他企业都遇到的问题。为此，松下决定调整整个销售体制，但这却遭到了所有人的反对。

随后，为了倾听大家的想法，松下召开了集体会议。会议开始，松下就说：“今天我召集大家来这里，就是现在知道关于改变现下的状况有什么具体的想法，请大家各抒己见吧。”

说完，松下就请那些原本持反对意见的人带头出来发表意见，他则什么都不说，只是静静地坐着倾听。

当所有人的发言都结束时，他才缓缓地站起来，开始陈述自己的观点，也就是新的销售方法、推行目的等。当他说完以后，那些原本持反对意见的人居然都沉默了，接下来，他们鼓起了热烈的掌声。

应该说，松下之所以能解决这次经济问题，完全得益于这次会议，而会议的成功也得益于他善于倾听。他把说话的机会交给这些下属，让他们感受到了被尊重，从而很快消除了反对者的不满，最终成功推行了自己的改革措施。

俗话说："树怕剥皮，人怕伤心。"人都有自尊心，人们不但怕受到批评，更怕自尊心受到伤害，由此可见，批评别人的时候一定要把握好这个度，不要随便去伤害别人的自尊。

那么，如何做才能让你的批评不会伤害到别人的尊严呢?

1. 对事不对人

往往很多时候，我们能接受自己不会做事，但是却不能介绍不会做人。在批评别人的时候，很多人不注意，稍不注意有了人身攻击的言语，结果遭到对方的反击。因而，言语上一定要注意，要针对对方犯的错误，不要针对人进行。比如，你可以说"你不应该这么草率"或者是"这样做大错而特错了"，不要说"你是白痴"等。

2. 注意场合

人都好面子，都希望能在别人面前留个好的印象。因而，在批评别人的时候，一定要注意场合。一般情况下，在人多的时候不宜表达批评，即使表达也要单独进行。尤其是批评男人，在人多的场合，即使再平和，也会受到对方的反击。对方受到的伤害不仅是你的批评，更主要的是别人的嘲笑和议论。

3. 讲求实事求是

如果一个人真的犯了错误，那么受批评也是情理之中的事。但是如果你没有任何的证据，就对别人进行大呼小叫，试想，谁愿意受这个冤枉

呢？因为对于大多数人来说，受批评是小事，被冤枉却是大事。比如，你的钱包丢了，你怀疑是舍友拿的。在没有人证的情况下，最好别询问和指责他人。

心理学专家研究表明：每个人内心都希望自己得到别人尊重，即使是犯了错误也不例外。这时候，倘若能委婉一些，把尊重传达出去，别人内心多会因为感激而顺从，而不是因为不满而对抗。因而，在表达批评的时候，要委婉一些，避免伤害对方的自尊。

内心总有点英雄情结——为他制造一个高尚的动机

自古至今，英雄神话中寄托了人类对超越自身的美好期望。生活中也有许多的不足甚至是缺陷，很多人在遭遇不幸的时候，总希望英雄的出现，生活中，人们就会通过各种衍生方式扮演英雄角色。可以说，我们每个人都或多或少有点英雄情结。正因为如此，在说服他人的过程中，我们可以利用人性的这一特点，想要让对方接受我们的意见，不妨激发他产生一种高尚的动机，这也是一种恭维。比如，我们可以给对方一个超出事实的美名，让其产生良好感觉。这样在跟他说话时他就会自认为自己是很值得人尊敬的人，对于你的请求，他又怎么好意思拒绝呢?

一位妇女抱着小孩上火车，车上位子已经坐满，而这位妇女旁边，一位小伙子却躺着睡觉，占了两个人的位子。孩子哭闹着要座位，并指着要他让座。小伙子假装没听见。这时，小孩的妈妈说话了：“这位叔叔太累了，等他睡一会儿，他就会让给你的。”

几分钟后，小伙子起来客气地让了座。

这位妇女无疑处于“求人”的地位，她能靠一句话求人成功，聪明之处正在于以一个“礼”字把对方架在了很高的道德位置：他应该休息，而且他是个好人，因为如果他不“睡”了，他会主动让给你的。显然，一个再无礼的人面对这样的礼貌也不会无动于衷。

可见，所谓的给对方一个高尚的动机，其实就是“抬高对方”，就是“捧”，当然，这种“捧”是恰到好处、实事求是的称赞，而不是那种漫无边际、肉麻的吹捧。

下面是某工程机械制造厂的科长与其部属的对话。

“小李，你看起来气色蛮好的嘛，听说最近挺清闲的？你看人家小张，多忙！在这个社会上，总是能者多劳的。听说你的英文很棒，反正闲着也是闲着，帮我翻译一下这篇稿子吧，这个礼拜就要！”

“这礼拜？我恐怕要跟你说声抱歉。下周一我有一个会议，必须准备一些相关资料，所以可能没时间为你翻译，科长不也是大学毕业的吗？我看根本不用托我嘛，反正我正职的工作都做不好，更别说翻译这么重要的事情了。”

“啊，我知道了，算了，不求你也罢。”

这里，这位科长求人办事的方式实在不对，找部属替自己翻译，是要去说服而不是贬低他。拿对方同别人相比，言辞间流露出批评之意，甚至还批评对方工作没做好。如此一来，对方哪还会想替你做事，这实在是糟糕透顶的谈话。事实上许多人都是这样子，在求人办事的时候，不懂得抬高对方，反而伤害了他人的自尊，却还一副若无其事的样子。碍于是上司与下属的关系，对方即使受到伤害，也不至于当场和你翻脸，但是长期下来，部属心中对上司的不满久而久之也会忍不住溢于言表了。

如果这位科长像下面这样说话，就不会碰壁了：“小李，你最近有空吗？听说跟你同期的小张最近很忙。知识经济时代，真是能者多劳啊。下周又要开会，你现在一定也很忙吧！我曾听人说你的英文不错，不知能否抽空帮我翻译一下这篇文章呢？是非常重要的资料，急着要的，行吗？”

如此和气的请托，谁会忍心拒绝呢？为什么换一种说法小李的情绪就和前例迥然不同呢？这是因为他的英雄情结被挖掘出来了，上司如此需要自己的帮助，自己怎能忍心拒绝呢？无论是谁，其对自身的东西都会有一种自豪、珍惜之情。如果我们能从这方面捧高对方，一定能达到说服

目的。

那么，我们该怎样捧高对方呢？

1. 了解对方，给对方戴一顶最适合的“高帽子”

每个人都有其最自豪的地方，我们抬高别人之前，就要先找出对方最值得赞扬的地方，然后加以赞赏，必然会得到他的好感，要说服他或者请他帮忙也就不再是难事了。

2. 不着痕迹地夸大别人的优点

抬高别人，难免要说一些奉承话、恭维之辞，把对方的优点加以拔高、放大。这样的话有明显讨好之意，因此，我们在抬高别人的时候，一定要说得巧妙，最高明的做法是自然而然，不露痕迹。

3. 示弱法激发对方的保护欲

英雄主义情结浓厚的人都希望自己能充当英雄的角色去帮助和保护他人，为此，我们可以适当示弱来让对方伸出援助之手，比如，我们可以用商量的口吻向对方说出自己要办的事，可以装作自己没有任何把握，将建议与请求等慢慢表达出来，给对方和自己留下一条退路。比如说：“这件事我办起来很困难，我听说您在这方面很擅长，您试试如何？”

心理学家证实：心理上的亲和，是别人接受你意见的开始，也是转变态度的开始。由此可知，我们在说服他人时，如果能激发对方的英雄情结，让其喜不自胜，在此基础上，你再提出自己的请求，对方自然就会爽快地答应下来。

人人都渴望被赞赏——真诚地赞赏对方

社会心理学家指出，真诚的赞美能够迅速地缩短人与人之间的心理距离。因为人都长着一双爱听赞美之言的耳朵，都希望自己被认同、赞赏，这是人性的弱点。同样，在我们说服他人时，如果能真诚地赞赏对方，让对方心情愉悦的话，达到说服的目的也就没那么难了。

唐朝“安史之乱”，安禄山攻陷京城长安，在皇宫中捉到了一名乐工，正准备推出午门问斩之时，那乐工大叫道：“你不能杀我啊！”

安禄山坐在唐明皇的龙椅上，笑道：“我为何不能杀你？”

“我有一技之长，你杀了我会后悔的。”

安禄山大笑：“你不就是会吹吹打打吗？杀了你何悔之有？”

“我还会占梦啊！”乐工忙道。

“你会占梦？那好，我问你，昨晚我做了一个梦，你若能解，我就不杀你。否则……”

“将军请说，我一定能解！”

“我梦见自己的衣袖筒很长，手臂无论如何也伸不出来。你说说这个梦是什么意思？”

乐工听后，沉思片刻，便拱手相答：“这是大吉之梦，衣袖不能出手，意味着将军可垂衣而治天下啊！”

安禄山听得心中乐滋滋的，便放了乐工。

由此可见，赞美用得好，即便是在凶险万分的情况下，一句妙语，就会化解凶险。

事实上，不少人早已认识到运用赞美这一策略在说服过程中的作用，但他们在传达赞美之情时，却没有收到预期的效果，究其原因，是在于他没有掌握真正的赞美艺术。在我们的现实生活中，这样的例子也非常多。

有一个外科名医，小时候非常调皮，功课很差，经常惹是生非，差一点被勒令退学。尽管父母和朋友经常夸他很聪明，但是他觉得他们都是在说客套话，听烦了。但有一位老师的赞美和鼓励触动了他的心，到现在他还清晰地记得，“你有一双了不起的手，将来你会靠这双灵巧的手出人头地的。”事实上，也正是老师的这番话让他改变了一生。可见，独特的赞美往往能沁人心脾，起到不一样的效果。因此，在生活中，我们要想运用赞美来达到说服目的，一定要掌握技巧，把话说到别人的心坎上。要想让赞美起到作用，我们需要记住几点：

1. 赞美前要多了解对方

赞美别人的时候要提前多了解别人，这样你才能把赞美的话说到点子上。例如，你要赞美一个人工作很努力，你要赞美他废寝忘食，要赞美他的业绩，等等。如果你不了解，明明对方工作时很有想法，你却赞美他很努力，与别人的心理期待甚远，你的赞美自然会被当成客套。

2. 赞美别人忽视的优点

如果你总是在赞美很多人都提及的优点，别人听得多了，就提不起兴趣了。这时候不妨赞美别人忽视的优点，会达到意想不到的效果。比如，很多人都在赞美刘德华的歌唱得好，戏演得好，殊不知他的书法也是非常地优秀，这时，如果你赞美他的书法，势必会引起关注。

3. 赞美的话要说得独特

在表达赞美时，如果你说很多人都说过的话，别人听得多了，觉得你表达的并非真情实意，尽管你很诚恳，别人给你的也仅仅是礼貌性的一句谢谢。同一个意思，不妨表达得独特一些，比如：你赞美一个人穿着打扮很漂亮，不要说“你很漂亮”，要说“出现了一道亮丽的风景线”。你的赞美很独特，容易引起别人内心的情绪。

4. 赞美对方的成就

希腊有句谚语：“使人幸福的不是体力，也不是金钱，而是正义和多才。”最能打动他人的赞美，莫过于对其才能的认可和高度评价。而通常情况下，人们的才能几乎都是通过成就展现出来的，因此，对方的成就就是我们赞美的重要方面。

5. 赞美别人时要局部细化

表达赞美要尽可能局部地细化，让对方知道他的什么地方值得你欣赏，值得你夸奖，这样别人才会觉得你是真的在关注他，而不是对他只是大概的印象和感觉。比如，你在赞美一个女孩，与其说她的笑容很灿烂，不如说她笑起来酒窝很迷人。

总之，说服他人时，赞美也必须讲求技巧，只要运用得法，必能让对方由衷的高兴，我们也才有可能成功说服对方，达到我们的目的。

第3章

寻找共鸣：与对方观点一致更容易被认可

我们都知道，说服工作要达到的目的就是让对方认可和接纳我们的观点、建议等，然而，谁都不喜欢被否定，人们也更愿意接纳的是那些自己认可的人或者事，对此也会投入更多的精力和时间，所以，那些口才好的人往往都懂得略施小计，先寻找共同的话题，激发对方的谈话兴趣，进而让对方产生共鸣。其实，要想成功说服他人尤其是那些关系不深的人，主要是要让对方觉得自己亲切而留下好印象。而这个好印象的获得，也主要是从心理认同感的获得，当然，这需要我们做好准备工作，发挥自己的口才，才能投其所好。

从对方身上找到共同的话题

生活中，人们都有这样的心理，对于那些关系一般或者不熟识的人都是心怀戒备的，而一旦对对方产生好感，并愿意与之结交后，对于对方给出的意见、提出的请求也就欣然答应了。因此，在说服他人的过程中，倘若对方是与你关系特别要好或熟悉的人，可以直截了当、随便一点。但若对方是与你关系一般的人、生人或社会地位较高的人时，则常常需要一个“导入”的过程，我们首先要做的就是寻找共同话题、消除对方心里的芥蒂。

德国实业家哈根想向银行贷一笔款开发公寓，遂拜访了银行经理肖夫曼。

哈根：“肖夫曼经理，您好，今天温布尔敦网球赛停赛，我就猜到在办公室准能找到您。”

肖夫曼：“哈哈，哈根先生对网球也有浓厚兴趣？”

哈根：“好汉不提当年勇喽。年轻时，我还参加过温网赛呢，可惜第一回合就被淘汰了。”

肖夫曼：“哦，原来是温网英雄啊。”

两人自然扯到网球球星的许多逸事来，这让肖夫曼觉得两人十分投缘，大有相见恨晚之感。最后，哈根如愿以偿，与银行达成了利率优惠的贷款协议。

哈根之所以能从银行顺利贷到款，是因为他预先了解到肖夫曼有个嗜好：网球。于是来了个“投其所好”，巧妙地打开了肖夫曼的话匣子，双方都是网球迷，后面的业务问题就自然好谈得多。

面对不熟悉的人，一开始最好避免开门见山地直述自己要达到的说服目的，迂回地谈些其他事情，比如天气、足球、服装、电影，等等，从中

找到共同兴趣点，然后才在共同感兴趣的话题上不露痕迹地、自然地转到正题上去。这样可以取得很好的效果。

那么，我们该怎样从对方身上寻找共同话题呢？

1. 从对方关心的对象谈起

交谈时如能从对方十分关爱的对象切入，也是一种投其所好的方式，有利于打开交谈局面。

2. 从对方最深切的情缘谈起

人是有情感的。交谈时，能从对方最深切的情缘切入，情深意切，往往能使其打开话匣子，达到交谈的目的。

在印度，有个叫贝尔纳·拉迪埃的销售员，他不同于一般的销售员，他的工作是推销空中客车飞机，当他被推荐到空中客车公司时，面临的第一项挑战就是向印度销售飞机。

这是一件很让人头疼的任务，因为这笔交易已经被印度政府初审并被否决了。也就是说，这笔交易是否有希望，关键就要看谈判这一关了。作为销售代表，拉迪埃担任了此次谈判的任务，他深知自己的担子之重，准备一番后，他就飞去了新德里。接待他的是印度航空公司的主席拉尔少将。拉迪埃到印度后，见到他的谈判对手后说的第一句话是："正因为你，使我有机会在我生日这一天又回到了我的出生地，谢谢你！"

这句开场白是别开生面的，这个话题的选定，迅速拉近了与谈判对手的距离。这句话虽然只有短短的几十个字，但是却蕴含着丰富的内容。它表达了好几层意思：感谢主人慷慨赐予的机会，让他在自己生日这个值得纪念的日子来到贵国，而且贵国是他的出生地。而实践证明，拉迪埃的印度之行取得了成功。拉迪埃靠着娴熟的销售技巧，为空中客车公司创下了辉煌的业绩：仅在1979年，他就创纪录地销售出230架飞机，价值420亿法郎。这当中，应该说也少不了他善于"拉拢人心"的功劳。

3. 从对方"在行"的话题谈起

常言道，三句话不离本行。人们都喜欢谈论自己在行的话题，因为它关系一个人的成败与荣辱。因此，我们与人交流时，要接近对方，可以从他最精通的话题谈起，常常能够引发对方的谈话兴趣，唤起对方的成就感，让他觉得与你有共同语言，有“话逢知己千杯少”的感觉，交谈就会有好的结局。而对于你所熟悉的专门学问，对方不懂，也没有兴趣，就请免开尊口了。

当然，要寻找共同话题，需要我们懂得倾听，倾听的目的在于了解对方的想法和要求，事实上，任何一个善于说话的人都知道倾听在沟通中的重要性。而在交谈中，如果对方是主角，我们更应该让对方多谈，自己多听，从而更能掌握对方。

另外，我们还需要注意的是，还要尽量防止自己的话无意间冒犯了对方。所以，在有求于人时应事先对对方有所了解，否则无意中冲撞了对方，岂非前功尽弃？

人们对于自己不熟悉的人或事，往往都持有一种排斥的心理。因此，任何请求，如果直截了当，会显得突兀，让对方难以接受，而如果我们能巧妙铺垫，然后再导入主题，对方会更易接受。

制造共鸣，让对方感到与你“一见如故”

我们在与人打交道、希望成功说服对方的过程中，面对初次见面的说服对象，最终能否达到说服目的，取决于我们和对方心理距离的远近，处理得好，可以与对方一见如故，相见恨晚，成功打动对方；处理得不好，只能导致四目相对，局促无言。

事实上，任何两个初次见面的人，都处于一定的心理戒备状态，彼此之间都会存在心理芥蒂，而说服成功的第一步就是必须勇于打破这种心理隔膜，建立友谊从而达到更深层次的说服目的。而如何拉近彼此之间的距离，需要我们制造出惺惺相惜的心理磁场，从而达成一种心理认同感。

刘先生最近公司资金状况出了点问题，他原本想通过向银行贷款解决

这一问题，但无奈，却被银行拒绝了，随后，他想到了某大老板张先生。但问题又出现了，据说，张先生是个出了名的铁公鸡，从不愿意借钱给别人，怎么办呢？

刘先生深知用一般的方法来向他借钱，绝无成功的可能。他经过片刻思考后，就下定了决心，打电话给张先生，约好见面的时间和地点。这天，刘先生并没有开车，而是搭乘公共汽车前往，然而在离张先生家还有150米时，他就下车开始全速跑向张先生家。

那时虽是春天，但天已经开始热起来了，刘先生跑到的时候，已经是大汗淋漓，张先生见到他非常诧异地问："你怎么回事？怎么一身汗！"

"我怕赶不上时间嘛，只好跑着来！"

"你怎么不打车呢？"

"其实，我很早就出发了，上了公共汽车后，却又遇到堵车，没办法，我看时间不够了，就只好下车跑过来了！"

"像你这种人也会坐公共汽车吗？"

"怎么？您不知道我这个人很注重节约的，不过别人都说我吝啬，我怎么会坐计程车呢？坐公共汽车既便宜又方便，而且自己没有私车的话，也省了请司机的开销。其实，还是用双脚最好，碰到赶时间的时候，只要用它们跑就可以，既不花钱，又可强身，多好啊！我这种吝啬的人哪会像你们大老板一样有自己的私车呢。"

"我也很小气啊！所以，我也没有自家的车子。"张先生谦逊地说。

"您那叫节俭，我这叫小气，所以才有'小气鬼'的绰号。"

"但是我从来没听说过你是这种人。其实，我才真的被人认为是吝啬鬼。"

"张先生，人不吝啬的话，是无法创业的，所以，人不能太慷慨。我们做事业的人都是向银行或他人贷款来创业的，当然是应该节俭，千万不能随便地浪费钱啊！我们要尽量地赚钱，好报答投资的人。钱财只会聚集在喜欢它、节俭它的人身上……我经常对下属这么说。"

刘先生的这些话使张先生产生了共鸣，于是很痛快地借钱给这个相见恨晚的刘先生。

刘先生求人办事的这一套手法着实很耐人寻味，面对一个吝啬的人，他一反常人的做法，说明吝啬的好处，引起了对方的同感，继而成功借到对方的钱，挽救了他的事业。

说服他人时，对方最终能不能接纳你的想法，能不能答应你的要求关键在什么？关键在他心里是怎么想的。他的心里怎么想问题，就决定了他对你提出的想法是认可还是不认可，一般来说，如果你和所说服之人是陌生人或关系不熟，那么，你就不能急于切入正题，而应该先制造共鸣，拉近双方的距离，一切则水到渠成。

那么，我们该怎样通过制造共鸣来达到自己的说服目的呢？

1. 适时切入，看准情势，不放过应当说话的机会

任何沟通，都是双向的，单纯地了解他人，而不给对方了解我们的机会，同样起不到什么良好的沟通效果。因此，你应该选择时机，适时地表现自己，把内心敞开让对方了解，是有助于实现彼此的“互补”的。

2. 寻找“牵线搭桥”的媒介

比如，如果对方手中有一件东西，你可以借机询问：“这是什么……看来你在这方面一定是个行家。正巧我有个问题想向你请教。”对别人的一切显出浓厚兴趣，通过媒介物表露自我，交谈也会顺利进行。

3. 重复对方的话和对方的名字

可能有些人会问，这是为什么呢？其实，很简单，重复对方的话，表明你很在意对方的感受，听进去了他的想法。而不断地称呼对方的名字，往往会使刚刚才认识的人产生彼此已经认识了很久的感觉。

4. 多强调你们之间的共同爱好和兴趣

如果你发现和对方存在一些共同点，那么，就是这一共同点再微不足道，也要强调。因为人与人之间，只有具备相似性，才有继续沟通的愿望，才能消除彼此间的陌生感。但随着时间的推移，这种“热乎劲儿”很快会过去，因此，你必须经常强调，这也有助于加深对方的心理认同感。

当然，制造共鸣的方法还有很多，只要我们做个有心人，就能让对方产生认同感，达到我们的说服目的。

不仅要附和对方的观点，更要配合其心理状态

我们知道，人都有一个共性的弱点，那就是被人认同。因此，在说服他人前，我们应该先放低自己的姿态，承认对方正确，神不知鬼不觉地给对方戴上“高帽子”，那么，这就满足了人的这一心理。当然，我们表达认同，不仅要附和对方的观点，更要配合其心理状态，要让对方真正感受到你的态度：“我明白你的意思，我很理解你。”当我们与交际对方达成一种心理共识的时候，我们在开展说服工作也就容易多了。

一次，张婷去拜访一个客户。据说这个客户非常难缠，很多销售员都在他面前灰溜溜地被赶出来了。

所以，张婷这次去也没有抱太大的希望。当他敲开了这位客户的办公室大门之后，客户对她非常地热情，又是端茶倒水，又是嘘寒问暖。这反倒让张婷有些不习惯。但是毕竟客户是真心地关心她，因此张婷内心还是非常的感动。

坐定之后，还没等张婷介绍产品呢，客户就开始说了，说自己的家庭生活，妻子多么贤惠，孩子多么懂事。说到高兴处，客户眉飞色舞，手舞足蹈。而张婷只是静静地听着，偶尔点点头微笑一下，表示认可和肯定。

一个小时过去了，两个小时过去了，客户说完了家庭，说事业。说这些年自己如何一步步地走来，经历了多少的艰难和困苦，如何将公司一步步地做起来。说到难过处，客户黯然泪下，张婷适当地说了几句安慰话。

整整3个多小时，客户一直都在不停地说，张婷只是静静地听着，偶尔问几个简单的问题。最后，客户说不动了，该倾诉的都倾诉了，转过头来问张婷：“你这次来的目的是什么啊？”

张婷将产品的介绍书放到了桌子上，客户看了，二话没说，就下了订单。

从这个故事中，我们可以了解到客户需要的只是你的认真聆听，而不需要你说多少。事实上，生活在这个世界上的人，谁没有故事呢？遭遇了太多生活的磨难，总希望能够说出来，有人分担，获得了成功的喜悦，总希望有人来分享。任何人都有想要表达的欲望。只要你满足了对方的这种心理，别人就觉得你善解人意，无疑你就赢得了对方的心，占据了主动。也就很容易达到自己说服的目的。

具体说来，我们可以这样做。

1. 要把说话权利让给别人

因此，在生活中，别人貌似在和你交流，其实是想满足自己的表达欲望，只是希望你能充当一个倾听者。这时候你一定要保持沉默，即使你不想听对方的那些陈芝麻烂谷子的事，也要假装在倾听，这样对于别人来说就是莫大的尊重。因此，要想掌握交流的主动权，就要把说话权让给对方，让对方的表达欲得到最大限度地满足，从而对你产生好感。

2. 用点头来表达肯定对方

交流的双方都希望对方能倾听自己，肯定自己。即使在对方表达的同时，也希望能获得你的认可和肯定。尽管对于你来说，可能并不赞同他的一些想法和看法。但是对于他来说，因为你没有反驳和辩解而认定你是支持和肯定他的，因此而认同你为自己人。因此，要想获得他人的好感，就要通过不断地点头来肯定对方的说法有一定的合理性。

3. 眼睛要认真注视着对方

人与人之间的交流是从心开始的，而眼睛又是心灵的窗户，所以交流的双方基本上是用眼神互动的。在倾听别人说话的时候，一定要用眼睛注视着对方，这样会让对方觉得你在认真地倾听，从而感受到你内心的那份真诚。

4. 关键时刻表达观点

如果一味认同对方，难免有奉承之嫌，也会显示出你的软弱。因此，

要想真正说服对方，我们最好能在关键时刻表达自己的观点，要么摆出一个权威性的证据，要么列举事实，但即便要说服对方，也要保持良好的态度，最好先肯定对方的意见。比如，我们可以这样说：

“说句真话，我从事电脑销售好几年，像你这样如此关心本公司产品性能的客户，我见的不多，像你这样了解本公司产品的客户，更是少之又少，而且，您的建议对我们很有用，所以我衷心地感谢你。正如你所说，我们的产品现在还存在一定的问题，不过现在它的市场销量很好，说明还是有不少益处的。您看，这是我们去年的销售情况一览表……承蒙您这样的客户关照，我们会更注意改进产品的性能。您买了我们的产品，如果在使用的过程中，有什么问题，欢迎您继续给我们提出来。”这样说，客户一定能接受。

所以，一味地用语言表达认同，并不能真正让对方产生心理认同感，还需要我们考虑到对方的心理状态，将认同和倾听的艺术运用其中。

避开话题禁忌，寻找共鸣

在日常生活中，我们说服别人的一个重要方式就是语言沟通。开门见山谈及自己的观点和想法，未必能让对方接受，为此，从合适的话题入手，不仅能增进感情，还会为对方带来愉悦的情绪，进而认可和接受我们的看法。因此，选择合适的话题便十分重要。如果选择的话题能被对方接受，谈话便会顺畅地进行下去。如果选择了不适宜的话题，引不起对方的兴趣，没有人做出反应，交谈便失败了。而选择话题的前提就是，不能踏入话题禁忌。

可能你曾经有这样的经验，当你夸夸其谈，认为自己的话题很有趣时，却发现对方已经变了脸色，为什么呢？此时，你可能触犯到了某些话题禁忌。

有一天，几个同事在办公室聊天，李小姐提起她昨天配了一副眼镜，于是拿出来让大家看看她戴眼镜好不好看。大家不愿扫她的兴都说很不错。这时，同事老王想起了一个笑话，便立刻说出来：

“有一个老小姐走进皮鞋店，试穿了好几双鞋子，当鞋店老板蹲下来替她量脚的尺寸时，谁知这位老小姐是个近视眼，看到店老板光秃的头，以为是她自己的膝盖露出来了，连忙用裙子将它盖住！”

接着是一片哄笑声，谁知事后竟从未见到李小姐戴过眼镜，而且碰到老王后再也不和他打招呼了。

其中的原因不说自明。说者无心，听者有意，在老王看来，他只联想起一则近视眼的笑话。然而，李小姐则感觉到自己被侮辱了。

有些人认为，要想说服他人、增加好感，谈话时只有那些不平凡的事才值得谈。因此开口时往往满脑子都在苦苦思索，企图找到一些怪诞、惊奇的事件或相当刺激的新闻来当话题。但实际上，我们的生活是朴实的，这类话题毕竟是少数。而且，如果我们每天与对方谈新闻，则毫无新鲜感可言。

事实上，我们都是普通人，所关心的问题也比较普通，比如，孩子大了，到哪个学校读书比较好；花卉被虫子咬了，该用什么药；养个什么宠物比较好；猪肉又涨价了，等等。

话题的选择最好能就地取材，依照当时所处的环境选取话题。比如，如果你和对方相遇在朋友家里，不妨与对方聊一聊与主人的关系：“听说您和某先生是战友？”这样，无论问得对与不对，都不会引起不愉快。

但有一些话题，却会让对方脸色大变。那么，这些禁忌的话题都有哪些呢？不合适的话题主要有以下几种类型。

1. 以“自我为中心”的话题

有的人谈来谈去总是围绕着自己的生活，开始人们也许还有兴趣听，时间久了人们便失去了兴趣甚至躲着这样的谈话者了。

2. 无趣的话题

我们也应当避免问一些令人扫兴、无趣的话题。尤其是说服对方是

陌生人或者与我们关系不熟时，彼此各自都有一定的意图，所以纯属个人生活的事情不要多谈，可能没有人会对你生活中的那些琐事感兴趣，诸如饮食、宠物、孩子和菜谱、自己的健康、高尔夫球，以及家庭纠纷之类的事。但可以对时下的人所共知的社会现象、热点问题等谈谈看法。

3. 否定别人的话题

你希望说服对方，自然与其观点不同，也许你特别想说服对方接受你的观点时，那么你最好不要一上来就否定对方的观点，说他的观点是错误的、荒谬的，这样你一定不会获得你想要的结果。相反，如果你能机智、委婉地说出你的观点，然后将对方引导到其他话题上来，从而让他们忘记自己原来的观点，则是将话题继续下去的明智之举。

比如，在与对方交谈中，他指责你所熟悉的一个朋友："他这个人实在是太暴躁了，那次，我们去某酒店谈业务，结果与对方负责人还没谈到业务问题，就吵起来了，差点没打架。"此时，你知道这个话题不宜多谈，你可以趁机转移话题："哦，是吗？哪家酒店呢？"对方回答后，你便能就这家酒店的饭菜、服务等问题聊一聊。

4. 避开别人的痛处

事实上，我们每个人都有别人不想提及的痛处，在我们谈话的时候，也要尽量避免这类话题，把握分寸，不要伤害到别人的自尊心。

如夫妻关系、家庭成员之间的矛盾、不愿谈及的疾病，等等。如有的人不愿意别人打听自己的经济来源或经济状况等。所以这些话题除非对方主动提及，最好不要触及。

5. 假话题

假话题是指那些无法继续下去的话题，如果你用"今天天气很好"来开始谈话，对方便没有什么话来回应。

如果您发现周围的人不愿意与你交谈，那你就要检查一下你在选择话题方面是不是存在问题了。

卡耐基说："好口才是社交的需要，是事业的需要，是生存的需要。它不仅是一门学问，还是你赢得事业成功常变常新的资本。"但是，能说话不等于会说话，说服他人的重点并不在“说”，而在“服”，话还要说得有分寸。只有把握好说话的分寸，才能把话说到人的心坎儿上，达到“一语惊起千层浪”的效果！

从对方的兴趣爱好入手，拉近彼此距离

有个笑话说：某君以伶牙俐齿见长，有人向他请教有什么诀窍，他说：“其实非常简单，就看他是什么人，对什么东西感兴趣，然后和他谈他感兴趣的东西就可以了。比如，对方是屠夫，你就和他谈猪肉；如果对方是厨师，你就和他谈菜肴。”请教者又问：“那如果屠夫和厨师都在场怎么谈？”他说：“那我就谈红烧肉。”这一笑话告诉我们，谈论别人的兴趣，更能带动谈话氛围。同样，在说服他人前，如果我们也能多提及他人的兴趣爱好，以此引起心理共鸣，则更能达到说服目的。

事实上，人与人之间在兴趣上并不是完全不同的，还存在一定的共同性。不难理解的是，相同则相通，人们更愿意与自己兴趣爱好相通的交往。所以，说服别人，尤其是关系不深的人，假如我们也能从共同兴趣这一点入手，让彼此产生共鸣，那么，也会产生一见如故的感觉。

王月大学毕业后，找到了一份不错的工作。可是由于自己初来乍到，经济也不宽裕，所以选择与了别人合租。

刚搬进新家不久，王月发现隔壁的李爽是个不善言辞的人。对方爱看电视，而且总是看韩剧，喜欢着装打扮。而对于王月来说，她更喜欢看国内的都市剧，更喜欢朴素淡雅一些。两人没有共同的兴趣爱好，所以尽管住在一个屋檐下，但是却很少交流。

时间久了，王月感觉非常难受。她试图和对方交朋友，可是接触了几次之后，因为话不投机而不得不放弃。但是她真的想和对方像朋友一样交流。

一次，王月打开电视刚好是韩剧，她找遥控器想换台，可是找来找去就是找不着，不得不看韩剧，几分钟之后，觉得还挺有意思。那晚，她没有再换台，一直在看韩剧。第二天，李爽主动找她说话："昨晚，我听你也在看韩剧《大长今》，我都感动得哭了。"

王月笑了笑说："是啊，情节挺感人的。"那天，李爽还表示出了对王月的关心。王月渐渐明白了。要想获得李爽这个朋友，那么就要向她的爱好靠近，这样双方有了共同的话题，才能交流感情。

从那以后，王月也每天盯着看韩剧，而且有时候叫李爽一起看。她也慢慢地喜欢上了打扮自己，两人共同交流心得，喜欢逛超市买衣服，隔三差五拉着李爽一起去。

就这样，王月和李爽成了形影不离的好朋友，后来成了好姐妹，正可谓是有福同享，有难同担。在这个陌生的城市里，王月再也不是孤单一人了。

其实，最后王月和李爽之所以成了好朋友，是因为她通过从李爽的兴趣入手，拉近彼此之间的距离，获得了对方的好感。如果王月不是主动从李爽的兴趣爱好着手，那么她可能没有办法让李爽接纳自己。

所以，我们若想达到自己的说服目的，要先了解对方喜欢什么，厌恶什么，然后通过从对方的兴趣爱好入手，跨越两人之间交流的障碍。为此，我们可以这样做：

1. 细心观察，发现对方的兴趣爱好

每个人都有自己的喜欢和爱好，有的人喜欢看书，有的人喜欢踢球。不管是谁，只要你细心观察，你一定能发现他的兴趣爱好。因此，你要想获得对方的好感，打开说服的大门，就要捕捉到对方的兴趣所在，这是靠近对方的前提和条件。如果你掌握不了对方的兴趣所在，那么说从别人的兴趣入手，获得好感便是在说大话。

2. 花点心思，多了解掌握相关知识

当你了解了对方的兴趣爱好之后，就要花点心思，去了解和掌握相关的知识。因为别人喜欢它，对它的了解和掌握一定很多。如果你不掌握相关的知识和信息，在与人进行交谈时，你就会露出马脚，引起对方的不悦。所以，我们要细心一些，尽可能多掌握一些对方兴趣所在的信息，为赢得好感做准备。

3. 将对方的兴趣爱好表现成自己的

在了解和掌握了别人的兴趣爱好之后，要想办法培养自己对这种爱好的兴趣。比如说，对方爱踢球，那么要想获得对方好感，就要培养对踢球的极大的兴趣，这样，别人才会觉得你是真的喜欢，否则就会被别人看穿。因为喜欢与否不是嘴上说的，而是会从表情和言谈举止中表现出来的。

4. 放低姿态，表达自己的请教之意

通常情况下，爱什么懂什么，比如，一个人爱好数学，必定有丰富的逻辑思维；一个人爱好书法，一般也会有一定的书法造诣；一个人爱好钓鱼，钓鱼经验必定丰富。

沟通中，当你想让对方对你产生好感时，不妨主动放低姿态，表达自己希望获得对方指教的心情。比如，在你得知对方也很爱好足球时，甚至对足球很狂热，而你也有这方面的天赋，如果你对对方的某些观点并不同意，此时，你不妨称自己的想法不如对方“知识渊博”“劲头不足”等，这样一说，就会表露自己的兴趣，但造诣不深，这样，很快能引起对方的兴趣。

总之，在说服他人前，两人即使是萍水相逢，如果我们能从对方的兴趣爱好入手，也可能一见如故。当然，这还需要我们明白一些技巧，才能投其所好。

看准时机表达观点，才能更有效

中国有句俗语：“最后的赢家才是真正的赢家，要笑就要笑到最后。”这话一点也不假。同样，与人沟通，要想真正说服对方，就要懂得

看时机，在关键时刻阐明观点，才能出奇制胜，让对方心服口服。

孔子在《论语·季氏》里说："言未及之而言谓之躁，言及之而不言谓之隐，不见颜色而言谓之瞽。"这句话包含三个层面的含义：第一指的是在不该说话的时候管不住自己的嘴；第二指的是在该说话的时候却低头不语；第三，不看具体的情况乱说话。

以上三种说话的毛病都是人们在沟通中经常出现的，归根结底是因为没有看准说话的时机、没有注意说话的对象和说话的技巧。为什么需要注意这些呢？因为沟通不是单方面的活动，而是互相的，不能只考虑到自己而忽视了对方。如果该说的时候不说，那么你很可能就失去了说话的机会；如果你不注意对方当时的心情，那么你可能会说错话；如果你抢着说，那么对方会认为你不尊重他，甚至会引发对方的反感。

我们先来看看下面的一段销售对白：

销售员："您好，李小姐，我是平安保险的高级顾问，您的奖品需要投保吗？不知道您周末可有时间，我给您送保单过去好吗？"

李小姐："你是谁？我的奖品？你怎么知道我的电话？"

销售员："您的电话是我们公司内部数据库中的。知道您联系方式的人一定很多。给我15分钟的时间就行，您看可以吗？"

李小姐："什么奖品啊，到底是谁给你的电话？对不起，我很忙！"李小姐就这样挂断了电话。

案例中的销售员犯的一大错误就是直入主题而没有创造机会，这会给对方一种感觉，"我凭什么跟你做生意？我凭什么信任你！"客户会觉得有疑问，"为什么要给你两分钟？陌生人打我电话有什么好的事情？"好的开场白就是成功的一半，心里有困惑，这样成功的一半就没有了，不能取得客户的信任，销售根本无法进行下去。在客户愿意听下去时迅速切入正题，电话销售人员若太快切入谈话正题，会冒犯客户。一定要看准时机。

同样，我们在与人交谈的时候，也要选择合适的时机阐述观点，阐述观点的时候要有理有据，同样也能达到成功交谈的效果。对此，你需要做到：

1. 让事实说话

若你希望对方接受你的观点、意见，就要让事实说话，事实充分就使你言重如山。“百闻不如一见”，事实胜于雄辩。在使你的观点深入人心，要善于运用事实造势。这种方法根本的一点就是唯实、唯事，尊重客观事实，用事实说话。运用事实进行说服最能打动人心，最能使人信服。如果从心理学的角度来分析，人们的心理趋向是求真、求实。只有真实的东西，才是人们最信任的东西。

2. 把握时机，到事情顺风顺水的时候亮出你的观点

以打牌为例，在含有技术成分的打牌中，当你的运气很差时，对手往往会察觉到并且玩得更好。他们不再把你视为一个威胁，你已经输了气势。在这些时候，你应该更加保守。不到关键时刻，不要亮出最有分量的牌。

同样，陈述观点也是如此，在关键时刻亮出你的观点，才能让人印象深刻。

3. 选择对方心情愉悦的时候表达观点

无论是给人提建议还是批评指正，有很重要的一个方面，那就是一定要注意时机和场合，以便使对方更能用心领会你的意见，而不会对你产生反感。

有见识的下属，大都会在与上司随意交流，甚至是休闲娱乐时，逐步启发、诱导领导，使自己的种种想法得以实现，并使自己成为领导者不可或缺的“宠幸”之人，发挥着巨大的甚至是无可替代的影响力。

现代心理学证明：人在情绪不佳、心有忧惧等低落状态下，较之平常更容易悲观失望、思维迟钝且惰于思考，情感波动大并易产生过激行为。因此，千万不要在对方情绪不佳时说服；同时，这也启示我们，在对方心绪高涨、比较兴奋时提出建议则会取得更好的效果。

当然，要想做到让对方接受你的观点，在谈话过程中，我们还应该适时地卖卖关子，为此，你必须谨记：

（1）隐藏好自己的情绪。

你要让自己的声音和身体语言听起来客观一点，不要带有太多情绪。在亮出观点前做好准备，锻炼自己的心智。

（2）话不能太多。

当人们滔滔不绝时，就是给人评价的机会。长篇大论的报告，会让对方清楚你的立论根据，更容易找出你的弱点。

要想把话说得恰到好处，让对方接受，最重要的一点就是把握说话时机。这个过程需要有充分的耐心，也需要积极进行准备，等待条件成熟。

第4章

列举实例：用故事引导对方的思路进行说服

在现实生活中，我们可以发现，有时候，当我们直接说出自己的意见或想法时，对方会拒绝接受，而当我们提出一个具体的故事或者事例，对方二话不说就接纳了。可见，在说服他人的过程中，我们要善于列举实例来增强说服力，这里，我们对实例的要求是隐晦且需要有代表性的，这样做，一方面可以帮助我们避免直接表达带来的弊端；另一方面使我们的话语更具说服力，继而帮助我们成功影响和说服对方。

如何用一句话令他兴趣盎然

俗话说，良好的开端是成功的一半。我们在说服他人的过程中，精彩的开场话语可以起到创造良好气氛，激发对方的兴趣，帮助我们达到说服目的的作用。我们都知道，文章开头难写。同样的道理，如何开口说话也不易把握。这是因为如果我们在第一句话内毫无吸引力，没有在一两分钟内“抓住”对方的心，后面的说服工作也就难有理想的效果。

其实，我们说服的目的本身就是将所陈述的观点深入人心，引发共鸣，以达到震慑人心的作用。开场中任何技巧的运用，都不如以事实开头更能获得听者的信任与认同。我们先来看下面这样一个推销故事：

在一个周末的早上，托尼准备为那些为家庭卫生和清洁苦恼的主妇们送上“福音”。他来到第一家。

门铃响了，一个干净的男人出来开门，这个男人比较木讷，半天不知道如何开口。托尼就主动开口了：“请问您家里有高级的吸尘器吗？”男主人怔住了。这突然的一问使主人不知怎样回答才好。这时，女主人满手油污地从厨房出来，回答：“我们家有一个吸尘器，不过不是特别高级的。”听到这一回答，托尼马上说：“我这里有一个高级的。”说着，他从车子的后备箱里拿出一个吸尘器，然后三下五除二地为女主人解除了周末早上的苦恼，把满屋子打扫得一尘不染。接着，不言而喻，这对夫妇接受了他的推销。

这则故事中，为什么这位推销员成功地将吸尘器推销了出去？因为他在开口说的第一句话就激发了客户的兴趣，让客户根本无法拒绝他。

假如这个推销员改一下说话方式，一开口就说：“我是×公司推销员，我来是想问一下你们是否愿意购买一个新型吸尘器。”你想一想，这种说话的推销效果会如何呢？

可见，说服过程中，用形象性的语言讲述一个故事作为开场会引起对方的莫大兴趣。领导者演讲开始讲一个亲切感人的逸闻趣事，以此造成悬念吸引听众的注意力，所讲故事如果是亲身经历的，效果会更好。可供使用的故事一般有两类：幽默的故事和一般的故事。但使用幽默的故事一定要注意，讲话者需有幽默的禀赋，切不可平淡，呆板；而后一类故事，可以是现实生活中的逸事趣闻，也可以是中外历史上有影响的事件。无论使用哪一类故事，都应注意和自己的谈话内容相衔接。

具体来说，我们可以这样具体操作：

1. 用令人震惊的事实开头

它可以使对方从一系列触目惊心的事实中醒悟过来，造成一种“悬念”，使听者急于了解更多的情况。

某著名演讲教育家在《爱情与美》的演讲中这样开场：“我不是研究爱情的，为什么会想到要讲这么一个题目呢？”接着他讲了一个事情：一家公司的领导再三邀请自己去演讲，主要因为公司所属工厂有的年轻人因恋爱问题处理不好而无视生命，做了不该做的事。“所以，我觉得很有必要与大家谈谈这方面的问题。”

这个故事一下子让听众的注意力集中起来，使他们感到问题的严重性和紧迫性。

同样，我们在说服他人时，也可以选用这些令人震惊的事实，意在引起听者的注意、赢得他们的认同。

2. 讲述与说服目的相关的故事

如果我们在谈话中能对听众讲述与主题有关的背景知识，那么，不仅能体现出主题的重要性，更能用事实说服听众。

美国空军少将鲁弗斯·L.比拉普斯在夏努特空军基地的一次宴会上作演讲时，就对“黑人遗产周”的有关背景知识及其对美国空军的重要性作了介绍：

我很高兴来到此地，同时我也很感谢应邀和在座各位讨论有关美国黑人问题。为保持和增进民族间的理解，美国各大州又开始纪念“黑人遗产周”。在这夏努特空军基地，我们庆祝它可以对美国空军进行完整无缺的教育。我们民族的主旋律是：“黑人历史，未来的火炬。”

这个已成为美国人民生活一部分的纪念活动，是弗吉尼亚州纽坎顿市卡特·G.伍德森最先提出并计划的，他现在被誉为美国“黑人历史之父”。伍德森先生于1915年成立了“美国黑人生活和历史协会”。后来，他又于1926年发起了“黑人遗产周”纪念活动……

3. 幽默的故事

心理学家凯瑟林告诉我们：“如果你能使一个人对你有好感，那么，也就可能使你周围的每一个人，甚至是全世界的人，都对你有好感。只要你不是到处和人握手，而是以你的友善、机智、风趣去传播你的信息，那么空间距离就会消失。”幽默能一下子拉近人与人之间的感情距离。但说服中使用幽默的故事一定要注意，我们需有幽默的禀赋，切不可平淡、呆板。

当然，我们在说服开口陈述事实时，还有很多途径，这需要我们根据具体的场景和主题进行论述，但无论任何陈述，必须建立在真实可信的基础上，一切有失真实的言辞都有可能被听者识破而使你的努力前功尽弃。

借力打力，故事和例子更易让对方明白你的用意

在生活中，你可能有过这样的经验：有时候，直接表达自己的想法或意见，对方可能会拒绝接受。此时就需要我们掌握婉转表达的方法。这种表达方法很多，其中就有讲故事和举例子。无论是讲故事，还是举例子，都是通过一些事例来传达自己的观点。我们先来看看下面故事中的林先生是如何让儿子接受自己的教育的：

林先生的儿子小小今年5岁，很可爱，周围的朋友和家人都对小小呵护有加。

一次，朋友小张带着女儿过来玩，林先生和小张在书房讨论工作上的问题，当他们聊得正开心时，突然哇的一声，林先生听到朋友女儿哭了。两人赶紧跑到客厅，此时的小女孩正趴在地上，林先生赶紧问小女孩怎么回事，原来是小小为了一个玩具将小女孩推倒了。林先生立即意识到，应该对儿子进行礼让教育了。

于是，这天晚上，和往常一样，在儿子入睡前，林先生来到儿子床边，给他讲故事。

“小小，今天我们来讲孔融让梨的故事吧。那么，谁是孔融呢？孔融是孔子的第二十世孙，他是泰山都尉孔宙的第二个儿子。

在孔融7岁的时候，有一次，正好是他祖父的寿辰，来访的客人很多。宾客到齐后，便开始上菜，这时，端上来一盘酢梨，放在寿台上面，母亲叫孔融把它分了。于是，孔融就开始按照长幼的次序来分，而轮到自己时，他给自己挑了一个最小的。父亲很奇怪地问：‘为什么你给其他小孩分的都是大的，却独独给自己留了个小的？’

孔融从容答道：‘人们都说，树有高低，人有老小。我们往辈，自然要尊敬长辈，这是做人的道理。’父亲听到这番话很是欣慰。

有一次，父亲的朋友来看望父亲，顺道带了一盒梨子，便叫孔融跟兄弟们分了吃。孔融又挑了个最小的梨子，其余按照长幼顺序分给兄弟。父亲问，这又是为什么呢？

孔融说：‘我年纪小，应该吃小的梨，大梨该给哥哥们。’父亲听后十分惊喜，又问：‘那弟弟也比你小啊。’孔融说：‘因为弟弟比我小，所以我也应该让着他。’”

听完爸爸的故事，儿子小小羞愧地说：“妈妈，我错了，我不该和妹妹抢玩具，我以后也会和孔融一样懂事的。”

这则故事中，很明显，林老师对儿子的教育起到作用了，这里，他运用的就是讲故事的方法，让儿子明白了做人应该礼让的道理。

事实上，自古以来，那些颇具智慧的大臣在向君王进谏的时候，都会采用这样的表达方式。比如，在“邹忌讽齐王纳谏”中，邹忌并没有直接说出自己的建议，而是通过举例子来表达自己的想法“臣诚知不如徐公美。臣之妻私臣，臣之妾畏臣，臣之客欲有求于臣，皆以美于徐公。今齐地方千里，百二十城，宫妇左右莫不私王，朝廷之臣莫不畏王，四境之内莫不有求于王：由此观之，王之蔽甚矣”。所以，在交谈过程中，若是遇到不好说的话或者不好表达的意见，我们也可以巧妙地通过讲故事、举例子来传达给对方，让他明白自己的用意。

当然，运用这一方法，你还应注意以下几点：

1. 选择代表性的故事或例子

在谈话中讲故事或者举例子，都可以起到使谈话内容具体、增强说服力的作用。但是，我们在选择故事或例子的时候，需要注意其代表性。如果你讲了一个很长的故事，但却因为不具备代表性而使对方不知所云，这样就无法达到沟通的效果。

2. 注意故事或例子的适当性

我们在讲故事或举例子的时候，还需要注意其量的适当性，不能老是在谈话中讲故事、举例子。偶尔在谈话中穿插一个故事或例子，这样让人很新鲜，但经常使用也会使人心生厌烦。

3. 注意表达的隐晦性

我们在选择讲故事或者举例子时，肯定是想避免直接表达带来的弊端。因此，即便是在讲故事或者举例子，我们也要适当注意表达的隐晦性，不能过于直白地在故事中阐明自己的想法。我们所需要表达的想法和意见，完全可以借助于故事或例子去作婉转表达，这样才能更好地影响对方的心理。

当然，我们所选择的故事和例子必须来源于生活，是客观存在的，具有普遍意义，我们对故事的准确性也要有把握，不能用模糊的词语，让人不敢确定，因此，这就要求所叙述的事实和故事必须建立在广泛的调查研究上，建立在平时的丰富积累上，听得多了，看得多了，想问题、讲话就容易贴近生活、贴近实际，讲话的时候才能信手拈来，才不至于有“书到用时方恨少”的感慨。

说服不是辩论赛，不必逞口舌之快

生活中，在与人交往的过程中，我们可能遇到过这样的场景：你苦口婆心地劝说对方，而却毫无效果，或者滔滔不绝地表述你的观点，而对方依然坚持自己的观点，此时，你单单指出了一条事实，却立即获得了对方的认同。这就是生活中人们常说的事实胜于雄辩，用事实说话，更能说服他人。可见，说服他人我们要讲究策略，多用事实说话而不必逞口舌之快。

有一个事例：政府准备建立心脏病研究基金会。在听证会上，对它的可行性进行调查。其中一位医生的发言与专家们的严密论证不同，他对参加听证会的政府官员们说：你们正处在人生、事业的顶峰，却是最易患心脏病的人。由于这个医生的发言抓住了官员们的切身利益，所以取得了较好的效果，他们欣然采纳了建议。

可见，人际交往中，想说服他人，就要懂得摆事实，用事实说话，才能让那些怀疑你的人彻底相信你。诚然，我们不否认讲道理在说服他人的过程中的重要性，但有时候事实讲多了，并不见得有多少说服力，而摆出一两个与所说之理相适应的鲜明而具体的事实却有难以辩驳的说服力。说服别人，要记住用事实说话。

几年前在南京报纸上刊载了一篇骇人新闻："一台沙松冰箱爆炸"，并配以现场照片。这一突发的意外事件，对沙松冰箱厂来说无疑是一个沉重打击，如果不能得到很好的处理，会严重地影响企业的形象和产品的信誉。

而沙松冰箱厂领导在处理这一事件时，并不是单纯地向用户解释道理，而是采取用事实交流的方法，即电冰箱门炸破了而冰箱仍在制冷，是用户将乙烷气瓶放入冰箱而引起爆炸，从而赢得了广大用户的信赖，企业也因此而摆脱窘境。

任何人都具有精明、理智的一面，如果你能够通过有力证据、有说服力的方案而获得对方的认可，一段时间后，别人对你的信任仍然不会消失。在条件合适的情况下，提供有力的事实证据，会使说服变得非常轻松。所以在说服中尽可能地运用数据、事例绝对是种行之有效的好方法。

当然，用事实说话，我们需要注意以下两点：

1. 摆事实

你的观点是否可信，在于你的证据是否可信，你的论证是否符合逻辑。这需要你列举出一些有说服力的证据，通过论证的方式，将各种方案的优劣、长短逐一比较分析，并从中优选出最佳的方案来。

2. 针对对方心理“对症下药”，为其提出新主张

提出你的新主张，才能让对方更彻底地放弃自己的旧主张。

总之，摆事实，讲道理，这是说服他人最有效的方法。

酝酿氛围，用感性故事打动人

我们都知道，在说服过程中，掌握对方的心理活动极为重要，如果对方对我们所叙述的内容有极大兴趣，便会采取积极、主动的合作态度；反之，则会采取冷漠甚至敌视的态度，我们的说服工作就会失败。所以，真正口才良好的人都善于营造好的谈话氛围，这里讲的“气氛”，就是要带动对方的情绪，和对方达到一种情感的共鸣。而他们通常采用的方法是讲故事，尤其是那些感性的故事，当对方真正被我们的话打动时，我们的说服工作也就成功了一半。

我们先来看下面的故事：

曾经有名希望工程的发起者到北京某贵族学校演讲。还没等他开讲，台下这帮养尊处优的孩子便叽叽喳喳地吵成一片，乱成一锅粥。

此时，他见情形不妙，便大声喊了几句，但这种方法似乎根本不见效，于是，他叫来一个在现场的老师，将电闸关掉，礼堂便突然漆黑一片，现场随之也安静了下来。

这时候，这位发起者啪的一声打开了幻灯机，银幕上顿时出现了那张有名的“大眼睛”照片。这些孩子们顿时也睁大了眼睛，看着幻灯片上的照片。

“同学们，你们家里有没有照相机啊？”发起者此时突然提问道。

“有！”下面齐声回答。

“你们会不会照相？”

“会！”

这时，发起者便指着下面的一位同学问：“请你说说看，照相有什么样的意义？”

“留着做纪念呀。”

“好！作为留念，那就请大家看看，老师给这些山里的孩子们拍的照片吧！”

然后，他每放映一张照片，就介绍一个有关失学儿童的故事。

在这里，这位演讲者就是利用讲述照片来历的故事，既抓住了同学们的注意力，又营造出一种与演讲内容相适应的肃然气氛，使同学们很快进入“规定情景”之中，激发了他们对贫困学生的关注和同情心。

在现代社会，“以情动人”胜于“以钱动人”。感情的因素可使一个人从“要我做”变为“我要做”。的确，感情是沟通的纽带，要想说服别人，必须先衔接起这一纽带，才能突破对方的心理堡垒，征服别人。所以，在正式进行沟通前，应先营造氛围，为此，我们可以用感性故事来温暖对方的心房，以此展开话题，增强语言的感染力。具体来说，我们可以这样做：

1. 先让你自己变得快乐起来

每天起床时，你都应该暗示自己：“我要变得快乐！”并让这个自我激励渗入你的潜意识里，这样，当你出现精神不振的时候，这句话就会激发你身体里快乐的因子，让你变得积极。

2. 表达你的热情

我们不要指望冷漠的态度会起到感染他人的作用。热情与快乐是一对连体婴儿。对方在感受到你的热情的时候，自然也就对你敞开心扉，也会逐渐接受你传达给他的情绪。

3. 举一些感性事例

在讲话的过程中，我们要善于选择一些比较有代表性的事例来阐述问题。这样可以为你的观点增加点分量，并且能够表明你的陈述是比较客观的。如果缺乏事实的依据，你的故事再感人，也没有信用度可言。当然，也要注意，不要引用过多事例，避免听众厌烦。

4. 讲一些关于自己的事

有时候，为了证明某个观点，适当地讲一些关于自己的事，会让我们的谈话变得更富有真情，用自己的故事来说话，也更容易打动人。

不得不说，说服他人最重要的就是激发对方的认同感，讲感性的故事，能使你的话热烈起来，能够打动人，当然，作为讲话者的你，首先要搜集这类故事，并要保证故事的真实性，否则，一旦对方识破了你的谎言，我们便会因小失大。

注意方法，有事实依据的赞美才有效

我们都知道，语言是人际交往的基本工具，那人们都爱听什么话呢？很简单，人性的弱点告诉我们，人们都爱听恭维的话，人类都是经不住恭维的动物。在这个社会上，会说恭维话的人，肯定比较吃香，办事儿顺利也顺理成章了。当一个人听到别人的恭维话时，心中总是非常高兴，脸上堆满笑容，口里连说："哪里，我没那么好"，"你真是很会讲话！"听完你的赞美后，对你的请求，他必当难以拒绝。

因此，说服他人的过程中，我们不妨也采取这一方法，一旦被认定其价值时，总会喜不自胜，在此基础上，你再提出自己的想法，对方自然就很容易接受。心理学家证实：心理上的亲和，是别人接受你意见的开始，也是转变态度的开始。

当然，运用赞美的语言来达到我们的目的，我们还必须要注意一些问题，空泛的赞美谁都会，仅仅是几句好话而已，但这起不到赞美的作用。赞美别人，必须确认你所赞美的人“确有其事”，并且要有充分的理由去赞美他。倘若只是为了赞美而赞美，那么，对方就会觉得你的赞美空洞、虚假，进而认为你是个虚伪、油嘴滑舌的人。比如，你若夸奖一个十分肥胖的女人：“你的身材真好。”那么，对方肯定会觉得你虚情假意，但如果你能把赞美的点放在她的发型、服饰等方面，那么，她一定会高兴地接受。

小小是一名打字员，她所在公司的经理是个性格阴晴不定的女人，在工作中也夸奖过下属，但却空泛，让很多同事不明就里，小小就曾因为被她表扬而不知所措。

有一天，小小刚走进办公室，恰遇上总经理，总经理称赞她“是一名优秀的职员”，小小还以为自己的努力被经理看到了。但事实上，过了一会儿，女经理就问一份错误的报告是谁打的，小小主动承认了自己的失误。而下班时，女经理又赞扬她“你工作得很好”。这些都使小小感到很困惑。接下来的几天，小小都受到了女经理这种莫名其妙的表扬。在几经折腾下，小小一纸辞呈，离开了公司。

在这个事例中，这位女经理深知赞扬对员工的作用，但她却不知道赞美的方式方法，让员工陷入了困惑而辞职。

可见，赞美他人需要技巧，而不是简单地夸赞他人几句就能起到良好的效果，胡乱吹捧也只会适得其反。同时，赞扬应从事实出发，不能虚假，只有真实的赞扬才会使人心情舒畅，否则就会使人感到难堪、反感或觉得你在拍马屁。

那么，我们该怎样从细处着眼赞美别人呢?

1. 态度要真诚

赞扬的目的是激励，是褒扬真善美。抱有某种不可告人的目的，以溢美不实之词，极尽吹捧逢迎，只会引起别人的反感。比如，当对方恰逢情绪特别低落，或者有其他不顺心的事情，过分的赞美往往让对方觉得不真实，此时一定要注重对方的感受。

2. 要留心观察，细心思考

从现在起，我们要做一位有心人，善于发现赞美的体裁，这就要留心观察，细心思考。比如，你是否发现办公室有位同事，总是为其他人冲咖啡？对此，你可以赞美道："你为我们每个人节省了五分钟的时间……"

3. 让更多的人知道

人们都希望得到更多人的认同，如果你满足对方这种心理，那么，对方必将予以回报。比如，你还可以选某个时机，当众感谢这位冲咖啡的同事，放大其这一助人为乐的品质并大家赞扬，该同事一定会对你心存感激。

4. 破除固定思维，尽量"对事不对人"

例如，当你见到一位其貌不扬的女士，却偏要对她说："你真是美极了。"对方立刻就会认定你所说的是虚伪之至的违心之言。但如果你着眼于她的服饰、谈吐、举止，发现她这些方面的出众之处并真诚地赞美，她一定会高兴地接受。

5. 别一味地赞美

适量的赞美，会让对方听着很舒服，也会很受用，可是，赞美过量则会显得做作和虚伪，所以，抓住重点赞美，避免赞美之言泛滥，也是我们在赞美他人时应该注意的。

可见，有事实依据的赞美，不仅会给别人出乎意料的惊喜，而且可以使你给人留下关心、体贴他人的印象。

总之，成功操控他人内心，就得把握好对方的脾气爱好和欲望所需，揣其所思，投其所好，让对方感到自然愉悦，对方才肯接受你的观点、想法，为你的事儿付出行动，这时，你就能达到说服目的了。

几类实用和简便的说服他人的方法

现实生活中，一些人在说服他人的过程中，通常都会犯这样的错误，要么是绞尽脑汁、想方设法和对方辩论，要么是一副长辈的口吻去教训对方，这样无疑会把对方推到和自己对立的一面，这样的说服效果并不好，甚至经常起不到作用。其实，说服别人的方法和技巧有很多，只要我们善加运用，就能达到自己的说服目的。

莉莉与小齐初中毕业后就一起来到城里的一家餐馆打工，她们关系很好，可谓是无话不谈的朋友。但两人的做人行事风格却有所差异。

一次，莉莉在收拾餐桌的时候，发现了一部手机，知道肯定是客人落下的，莉莉早就渴望有一部手机，于是，她想悄悄据为己有。可不巧，这被小齐看见了，让她上交，可莉莉说："什么呀，我没拿什么手机啊。"

小齐说："莉莉，你知道什么叫'不劳而获'吗？"

"不知道！"莉莉嘟着嘴回答。

小齐说："你看，不劳而获是不经过劳动而占有劳动果实。确切点说是占有别人的劳动果实！"

"我可不懂那么多。"莉莉有点不耐烦了。

小齐耐心地问："你说，抢别人的东西是不是不劳而获？"

"是的。"

"你说，偷别人的东西是不是不劳而获？"

"当然是。"

"那么，拾到别人的东西据为己有是不是不劳而获呢"

"这，这……当然……"莉莉不知道说什么好了，吞吞吐吐地回答着。

看到莉莉已经同意了自己的观点，小齐顺势说："其实，拾到别人的东西据为己有和偷、抢得来的东西，在不劳而获这一点上是相通的，除了国家法律，我们还应有一定的社会公德。再说我们来的时候，老板都为我们宣读了店里的工作守则，其中就有一项：拾到顾客遗失的物品要交还，我们还想在这家店长干下去呢，可不能因为这点蝇头小利丢了工作啊！咱想要手机，就要靠自己的能力挣钱买，那样用得才理直气壮哩！”

最后，莉莉主动把手机上交了。

案例中的小齐就是个会说话的人，在她发现好朋友莉莉准备将捡来的手机据为己有时，她并没有直接追问，让对方承认这是一种错误的行为，而是采用“敲边鼓”的方法，先提出一个看似与“偷手机事件”无关的“不劳而获”的意义，让莉莉明白什么是不劳而获，从而逐渐由大及小，步步推进，最后才切入实质性问题：拾到东西据为己有，同偷、抢一样是“不劳而获”。最后，聪明的小齐又把问题归结到莉莉想把手机据为己有的想法是不正确的，并劝说莉莉自己努力工作去买一部手机。小齐的说服可谓是有理有据，莉莉自然也能接受。

而在现实生活中，很多人遇到这种情况，可能会站出来质问对方：“你怎么偷人家东西呢？”这样说，虽然出于好意，但无异于打人脸，对方必定不会接受，甚至还会找借口否认。其实，无论是出于什么目的，在探测对方真心的时候，一定要绕开关键点，因为那个点恰恰是你们冲突的焦点。如果你直奔主题，告诉对方要诚实，很容易引起对方的逆反心理，不仅让对方难以接受，还会和你对抗到底，那么，你的劝服工作将会加大难度，甚至根本无法成功，而如果你从侧面引导，一步步地回到你想要了解的关键点上，若是理由充分，别人一般都能接受。

那么，说服他人的一些基本方法到底有哪些呢？

1. 给他一个高尚的动机

故事中的小齐就是这样做的，这样的说服既不伤对方面子，又给了对方一个台阶，自然能成功。为此，在说服别人时，我们可以告诉他，如果他接受我们的建议的话，将会给他和他的家庭、团队带来怎样的好处、荣誉等，这样往往能引导他接受你的意见。

2. 用你的热情感化他

人与人之间，尤其是陌生人之间，总是有隔阂，如果你未能消除这层隔阂，说服工作便无法开展。解决这一问题的最有效方法是用热情感化他，使其从内心受到感动，进而逐步改变自己的态度。

3. 用间接委婉的方式促使他改变

运用这一说服技巧，从理论上讲，符合心理学的基本规律，从实践中看，只要运用得恰当巧妙，就能取得理想的效果。也就是说，如果你想要达到自己的说服目的，不要直奔主题，不妨运用“敲边鼓”的方法，当然，具体的方法也有很多，需要我们根据具体情况进行斟酌。

4. 用事实依据让其彻底信服

说服若能做到有理有据，就能让听者心服口服，当然，你的依据必须准确而真实，这样才能有说服力。在说服过程中，即便你滔滔不绝、对方连连称赞，但一旦被对方怀疑，那么你的谈话效果就会大打折扣。

总之，要说服他人，不能是说教式或者命令式的，能说服他人的技巧和方法有很多，需要我们去寻找和运用。说服他人不仅需要有一个好的口才，还需要有一个好的态度，耐心地引导、启发对方思考，让其自主接受你的观点！

第5章

多用修辞：形象化的描述让说服更有成效

我们都知道，语言是人类用来表达思想、交流感情、抒发胸臆的工具，同时也是心理、感情和态度的自然流露。现代社会，我们与人沟通，很多时候是为了说服对方，但真正有说服力的语言绝不是枯燥无味的，而是形象生动的，是富有感情色彩的，这就需要我们在说服中巧妙运用各种修辞手法，运用抑扬顿挫的语调、适宜的节奏和有感染力的语言等，只有这样，我们才能真正抓住对方的耳朵，真正把话说到对方心里去，最终达到我们的说服目的。

比喻让我们的语言表达更炫丽

中国是一个语言文化知识底蕴丰厚的国家，自古以来，人们就善于将平淡无奇或晦涩难懂的语言经过修饰变得形象生动或易于理解等。然而，一些不会说话的人常常抱怨自己语言干涩无味，让人听之昏昏欲睡，更没有继续交谈的欲望。其实，如果他们能巧妙运用比喻的修辞手法的话，就能立刻让表达炫丽起来。同样，在说服他人的过程中，为了让我们所传达的观点更鲜明，让我们的语言更形象和具说服力，我们也应将比喻这一修辞手法运用其中。

那么，什么是比喻修辞呢?

著名文学理论家乔纳森·卡勒的定义是：比喻是认知的一种基本方式，通过把一种事物看成另一种事物而认识了它。也就是说，找到甲事物和乙事物的共同点，发现甲事物暗含在乙事物上不为人所熟知的特征，而对甲事物有一个不同于往常的重新的认识。

我们先来看下面的故事：

有一个机关工作人员在一家餐馆就餐时，发现汤里有一只苍蝇，当场就很生气，于是他去质问服务员，可没想到服务员却全然不理，好像没听见他的抱怨一样。

后来，气愤中的他亲自找到餐馆老板，提出抗议："这一碗汤究竟是给苍蝇的还是给我的？请解释。"

那老板一听，把责任全推在服务员身上，于是，只顾训斥服务员，却全然不理睬他的抗议。

他只得暗示老板："对不起，请您告诉我，我该怎样对这只苍蝇的侵权行为进行起诉呢？"

那老板这才意识到自己的错处，忙换来一碗汤，谦恭地说："你是我

们这里最珍贵的客人！”

说完，大家一起笑了。

显然，这个顾客的做法值得赞扬，他虽然是有理的一方，却没有颐指气使，也没有对老板和服务员纠缠不休，而是借用所谓苍蝇侵权的比喻暗示对方：“只要有所道歉，我不会追究。”这样老板也就明白了他的意思，“苍蝇事件”自然也就在幽默风趣的氛围中化解了，避免了双方的尴尬和窘迫。

语言的力量是巨大的，它可以把两个人由陌生变为熟悉，由熟悉变成知己或亲密的朋友。在说服他人的过程中，更是如此，只要我们善于将语言的魅力传达出来，就能让对方心服口服，其中一个让表达更形象、让观点更鲜明的重要方法就是比喻修辞手法的运用。

那么，我们该怎样将比喻这一修辞融入我们的说服语言中呢？

1. 要充分发挥我们的想象力

的确，有时候，我们在演讲时的语言之所以会平淡无奇，是因为我们束缚了自己的思维。而假如我们能在语言的训练中，转换角度分析，比如可以从意义方面入手，也可以从形式方面入手；可以着眼于词语，也可以着眼于句式。这样，我们会发现，同样一句话就会出现完全不同的表达效果。

比如，我们原本想赞美某位女性朋友年轻美丽，一般我们会说：“您皮肤真好……”但如果我们换一种说法：“我终于知道为什么会有‘剥了壳的鸡蛋’这一说法了，原本还以为是夸张呢，今天算是见识到了。”这里运用的就是比喻的修辞手法，这样表达，更显得生动。当然，我们表达之前，最好作一番铺垫，否则会显得唐突。

2. 语言表达要贴切

程龙在一家建材公司工作，他来公司不到一年，就已经升职为采购主管。在公司的年会上，他被同事们推到讲台上讲授工作经验。

程龙明白，这种场合下，开口必须特别，才能博得满堂彩，于是，他说：“今天我们已经算幸运的了，可以在这个豪华的酒店里享用美酒美食，而平时呢，我们的情况是：出门是兔子，办事是孙子，回来是骆驼。”

在场的所有同事听完后，哈哈大笑。

很明显，我们发现，故事中的程龙在演讲时之所以能博得同事们一笑，是因为他那句颇有意蕴的比喻句：“出门是兔子，办事是孙子，回来是骆驼”，此中“兔子”是指出门为了抢时间赶车赶船跑得快；“孙子”是指为了买到所需货物不惜请客送礼，低头哈腰地向人家求情；“骆驼”是指回来的时候不仅要办好货物托运还要给老婆孩子买东西，负载很重。他用形象的比喻说明采购工作是个吃苦受累的活，让同事们产生了共鸣。

另外，我们运用比喻这一修辞时，需要注意的是：

（1）喻体必须使受方清楚，一般要常见、易懂。但在演讲中要会顺势而为，能及时从对方的信息中把握机会，创造突如其来、具有想象爆发力的比喻。

（2）比喻要注意思想感情。感情色彩不得体，语言表达就会失去光彩。

总之，说服他人时，我们若能正确运用比喻的修辞手法，一句干涩的语言就会顿时形象、生动起来！

抑扬顿挫的语调让你的声音更动听

希腊哲学家苏格拉底说：“请开口说话，我才能看清你。”人的声音是个性的表达，声音来自人体内在，是一种内在的剖白，因此，你的声音中可能会透露出畏惧、犹豫和缺乏自信，也可以透露出喜悦、果断和热情。我们说话的声音，也必须和音乐一样，只有渗进人们心中，才能达到说服别人的目的。

人们常说，语调是语言表达的第二张“王牌”，是口语表达的重要

手段，它能很好地辅助语言表情达意。什么是语调？语调，就是说话的腔调。从严格定义上说，语调应表述为整句话和整句话中某个语言片段在语音上的抑扬顿挫，包括全句或句中某一片断的声音的高低变化，说话的快慢（即音的长短和停顿）以及轻重等。在语言表达中，语调往往比语义更能传递信息，能对听者的心理产生极其微妙的特殊作用，因此也更为重要。

说服他人的过程中，如果我们的语调从头到尾都是平的，对方就会觉得很枯燥。就像听歌，假如一首歌从开始播放开始，就是同一个调子，人们自然没有想继续听的欲望，而假如这首歌抑扬顿挫、旋律优美，对方就觉得是在享受一段音乐。所以，谈话过程中，如果你的语调一直没有任何波动，那么，对方也就会失去兴趣。

在波兰，有位被称为默契斯卡夫人的女明星。

有一次，她到美国参加演出，台下的观众兴致高涨，希望她能用波兰语讲台词，听到观众的邀请，她站起来，开始用“流畅”的波兰语念出台词。虽然观众们根本听不懂波兰语，但却听得很认真，也非常愉快。

默契斯卡夫人接着往下念，随着台词中情节的变化，她的语调渐渐转为低沉，最后在慷慨激昂、悲怆万分时戛然而止。顿时，台下的观众鸦雀无声，同她一起沉浸在悲伤之中。而这时，台下传来一个男人的笑声，他就是默契斯卡夫人的丈大　　波兰的默契斯卡伯爵，因为他的夫人刚刚是用波兰语背诵的九九乘法表！

从这个故事我们可以看出，语调竟然有如此魅力。如果我们能巧妙地利用语调，即使听众不明白你演说的具体含义，也可以使之感动，甚至可以完全控制对方的情绪。

的确，我们在说服他人的过程中，只有把话说到对方心中，才能达到良好的说服效果。同样一句话，由于语调轻重、高低长短、急缓等的不同变化，在不同的语境里可以表达出种种不同的思想感情，一般来讲，表达坚定、果敢、豪迈、愤怒的思想感情，语气急骤，声音较重；表达幸福、温暖、体贴、欣慰的思想感情，语气舒缓，声音较轻；表示优雅、庄重、满足，语调前后弱中间强。只有这样，才能绘声绘色，传情达意。

然而，很多人在与人交流的过程中，并未意识到自己的语调有问题，反而自我感觉良好，或者他们认为语调和嗓音一样，都是天生的。实则不然，任何一种说话习惯都是逐渐养成的，只要我们愿意主动纠正这些不良的说话习惯，势必会取得一定效果。那么，我们该如何控制好自己说话的语调音色呢？

1. 掌握富有特色的各种句调

一句话之所以富有表现力，是因为它富于变化性——高低不同，快慢不一。而声音的高低取决于声带的松紧，声带拉紧，声音就变高；声带放松，声音就变低。声带的松紧是可以控制的，因此，声音的高低也是可以改变的。如此便有了句调的概念，一句话声音的高低变化叫做句调。句调是语调中主要的内容。句调可分升调、降调、曲调、平调四种。升、降、曲、平四调，各具特色。只有掌握了句调的特点，才能灵活地表达出各种句调。

因此，我们说话时，要使话语如同音乐一样动听，就要注意快慢高低。比如，在表示有疑问的时候，你可以稍微提高句尾的声音；要强调的时候，声音的起伏可以更大些；要表现强烈的感情时，可以把调子降低或逐渐提高。

2. 让你的语调抑扬顿挫

语调越多样化，越生动活泼，其吸引力就越大。分寸感是语调正确的首要条件。每句话都可以用不同的语调来说，但不同的语调给对方的信息刺激也是不同的。这一点，我们在销售过程中也尤其要注意，比如，同样一句话，由于语调不一，就可能给人不同的理解，文明语言可能揭示不尊敬对方的信息；相反，有些不礼貌的语言在非常亲近的人当中，却给人揭示了一种亲密无间的信息。这要视客户的性格和具体的谈话环境而言。

总之，语调对于有声语言表达的效果有着重要的作用。语调不仅能成功地表达一个人的心理和性格，还可以表达说话者之间微妙的感情。不

同的语调，将导致对方不同的感觉效果。一句话起什么作用，产生什么效果，给对方什么感受，取决于我们说话的语气和语调。

句句话为对方考虑更打动人心

我们与人沟通，就是希望能吸引、说服、鼓动听者，这样的沟通，才是成功的沟通。而如何引起对方的共鸣呢？关于这一点，很多口才极佳的人，大都是富有活力和精神抖擞的人，他们更善于从对方的角度说话，把对方内心的情绪激发出来。因为人们都有这样的心理，在与人交谈的过程中，如果对方能感同身受，人们是愿意接纳对方的。因此，说服他人时，如果你想你的话发生效力，且非要一吐为快时，你在说话的时候就不应该单是报告一些事实，还该把自己的情感注入其中，并站在听众的角度说话，只有真情实感才能打动他人。

印度前总理英迪拉·甘地夫人本是个不善言辞的人，但她早年曾应邀做过一次演说。

在那次会议上，主持人梅农突然宣布请甘地夫人讲话，这使她惊讶万分。在那之前，她只是在儿童时期的集会上讲过话，从来没有对成年听众发表过演说。此时的甘地夫人很紧张，尤其是会场又这么大，可能是卡克斯顿大厅吧，她当时简直连一点声音也发不出来！最后，她还是讲了几句，听众中有一个醉汉说："她不是在讲话，她是在尖叫。"听他这么一说，听众当然哄堂大笑。"那次演讲后，我发誓以后再也不在公众面前讲话了。"甘地夫人后来回忆起自己的经历时说。

但就在这次糟糕的演说之后不久，甘地夫人又进行了一次极为出色的演说。在非洲，她被邀请在大会堂进行一次讲话。

甘地夫人说："噢，不行，我一句话也不准备讲，只有依了我这个条件，我才赴会。"

他们很吃惊，因为他们已经租下了会堂，而且一切都已安排就绪。最后，他们对甘地夫人说："不管怎么样，你总得坐在讲台上。"还说，他们会设法为甘地夫人的保持沉默作些解释。

据甘地夫人自己回忆说："那天的招待会在下午4点举行，整个上午我都在访问非洲铁路工人的生活区，那里的条件真是糟糕透顶，使我非常担忧。招待会上，当宣布尼赫鲁小姐不讲话了的时候，我拍了一下桌子说：'我倒要讲讲。'"

甘地夫人的这句话，让会议主席大吃一惊，没等他开口说话，甘地夫人就已走到话筒前，她激动万分，讲了班图人和其他人的生活条件。"我的讲话在非洲报纸上刊登了出来。第二天，无论我走到哪里，都受到人群的欢呼。女的过来吻我，男的同我握手……"

甘地夫人的这次演讲是很成功的，她成功演说的诀窍不在于她的口才，甚至可以说，她是个不善言辞的人，她的感情为她迎来了掌声。正义的甘地夫人在访问了铁路工人的生活区后，情绪上产生了很大的变化，正是因为如此，她在发表演说的时候，言语间代表的便是铁路工人的利益，是为他们说话的，本来没有很好演说口才的她，这回却得到了人民群众的拥护。

相反，在与人沟通的过程中，如果一个人丝毫不顾及听众的感受，只是对自己关心的问题侃侃而言，那么，自然很难流露出自己的热情和激情，也就无法打动对方。反之，如果他能切身考虑到对方的利益，说对方想听的话，那么此时开口，必会取得意想不到的结果。这就是换位思考，换位思考就是我们要站在对方的角度去思考问题，设身处地地为对方着想，从而让我们看到对方的处境、想法等，这样，我们能对事物产生深度的认识和把握，从而帮助我们把说服的话说到对方的心坎里。

"己所不欲，勿施于人"，其中的意思也就是推己及人，设身处地为别人着想，就是从别人的角度去想问题。从这个角度出发，我们就能知道如何说话了，就能把握说话的度了，对此，我们需要记住以下几条原则。

1. 要适时

说在该说时，止在该止处，这才叫适时。批评、说服他人应尽量是私人化的、而不应该是大庭广众之下的。

2. 要适量

经常有这样的人，他们总是说个不停，请设想一下，在他看来，即使很小的过错也必须严加批评，假如你遇见了上面这种人，你会对他产生什么样的印象呢？

3. 要适度

人与人相处，需要一种相互平等尊重。在说话时要注意顾全他人的面子，关注照顾对方的感受，考虑方式方法，做到将心比心，设身处地，而千万不要只图自己一时的痛快而逞口舌之快。

事实上，那些明事理、重情义的人，他们在说服他人的时候，总是能设身处地充分考虑对方的切身利益、实际困难。因为，在此基础上进行说服，才称得上是真正的通情达理，也更令人心悦诚服。而如果丝毫不考虑对方的情感和需要，双方交谈就没有共同的语言，说服就无从谈起了。

沉郁有力的声音更能给对方以信任感

生活中，与他人交流的时候，我们可能都有这样的感受，如果对方说话掷地有声、字字清晰，那么，我们便认为他的话是值得信任的，而相反，如果对方说话中气不足甚至言辞闪烁，那么，我们便会怀疑其话语的可信度。而同时，说话沉郁有力是一个人有自信心的表现。在说服他人的过程中，自信心尤为重要，而说话的自信一般体现在说话的音量上，一个说话掷地有声、不卑不亢的人，才能清晰、准确地传达出自己的观点，才能让对方接受你的观点。

羞涩的陈杰毕业后，和很多朋友一样，做了导购员。但面对客户，他从来都是面带羞怯，走路非常轻，甚至说话都结巴，声音小得只有他自己听得见。

“我想今天可能没有我的订单，是吗？”他小心翼翼地对客户说。

“什么？你再说一遍？”客户在电话那头说道。

“我想问的是……今天……是不是没有我的订单？”陈杰支支吾吾地再次说了一遍。

“不知道你说的什么，再见！”客户就这样挂了他的电话。

这种情况，陈杰已经遇到了无数次，在陈杰看来，作为导购员，似乎就比客户矮一截，哪里还敢大声说话？自然说话也就没有底气了。

可能很多人都和陈杰一样，在与人说话，尤其是与客户交流的时候，因为对方是买方，他们对客户的态度往往带着歉意，小心翼翼地奉承客户，甚至都不敢提高说话的音量。而这样的态度，就会给客户一种感觉：这个销售人员对自己缺乏自信，对自己销售的产品也没有信心。客户在面对这种销售员时，往往感到不耐烦，他们可能会生硬地拒绝、冷落怠慢或者有礼貌地请他走开。总之，客户是不愿与这样的人做生意的。

我们每个人在说话时总是会呈现不同的语言特色，对于那些说话底气十足的人，人们会觉得他有能力且心理素质好，容易对他产生信赖。因此，与人说话，不仅要从容大方，还要提高自己的音量，说话要有底气。

那么，我们该如何使对方愿意听我们说话且达到让对方信任的效果呢？

1. 把控好音量，大小适中

音量是指声音的强弱、大小。一些人在与他人说话的时候，控制不好自己的音量，造成了两种极端，一种是音量过大，会造成身体消耗大，又不能恰当地表明自己的意思；另一种是音量太小，是一种不自信的表现，也不容易让听者听清话语。

正是因为有以下两种情况的出现，音量的把握也需要一定的训练，在训练的过程中要注意几点：

无论你处于什么样的场合，音量都要适中；

要遵循一个原则，讲话时要让对方毫不费力地听清，因此，如果空间大、人数多，可适当提高你的音量；

要根据说话的氛围和情感基调来确定你的音量；

如果是朗诵，根据朗诵内容的长短来确定音量的大小。朗诵内容较短。一般来说，音量可以稍大，如果内容较长，一般来说，音量可以稍小。这样做的好处是保护自己的嗓音，因为长时间大声说话会使嗓音嘶哑。

2. 吐字清晰

清晰的发音习惯会让你的声音变得更动听，为此，你必须要改正咬字不明的缺点。

3. 语言中肯，语气肯定

说话时不要迟疑不定、吞吞吐吐，要中肯、自信、果断，这样，也尽量少用一些不确定性的词语，诸如“大概、也许”等，可以有效地增加对方对你的信任度，成功的概率相应地就会增大。

4. 避免烦琐、唠叨

重复说同一句话或一直表达同一个意思，是不自信的表现，也会让对方产生不耐烦的情绪，为此，在说话前，你需要先整理自己的思路，用最为简洁、清晰的词语来表达自己的观点，进而在较短的时间内给对方一个清晰的概念，会使对方感到愉快。

5. 大方、自信地微笑

身体语言中最能打动人的莫过于微笑，如果你性格内向，那么不妨经常锻炼一下自己的脸部肌肉，经常对着镜子笑一笑，逐渐使自己的面部表情丰富一些。

总之，以声音为主要物质手段的语音要求很高，既要能准确地表达出丰富多彩的思想感情，又要让对方产生信任感。为此，说话过程中，应根据说话的内容，把握你说话的力度，做到沉郁有力，以使人感到音节错落有致。

有感染力的声音才能带动听者的情绪

现实生活中很多人都感慨自己口才不佳，在与人沟通的过程中，很多时候，无论他们怎么努力劝说，似乎对方都不感兴趣，其实，问题很可能出现在你的声音上，你向对方传达的最直接的载体就是你的声音，如果你的声音有感染力，将会很容易影响对方。

然而，通常情况下，不少人说话都是极其枯燥的，那么怎样来很好地调动对方的情绪呢？这就需要我们善于围绕主题展开话题，使自己的表达富有感染力，成功地调动对方的积极性，无疑，这样的沟通是成功的。

三年前，李娜还是这家咨询公司的市场推广员，而现在，她已经做到了培训经理的职位。在销售行业的成功，得益于她出色的口才。公司的同事都说她的声音很好听，那么婉转、动听，让人听着很享受。

一次，她被派到日本的分公司进行培训工作。报到的第一天，日本的公司代表们就盛情邀请她演讲。当时，不会日语的她直接用汉语演讲。当地的日本同事似乎都听不懂汉语，虽说不了解她演讲的内容，却觉得听起来令人非常愉快。

李娜接着演讲，语调渐渐转为低沉，最后在慷慨激昂、悲恰万分时戛然而止。台下的观众鸦雀无声，同她一起沉浸在悲伤之中。而这时，台下传来一个男人的笑声，他是陪同李娜来日本的助理，因为李娜刚刚用汉语背诵的是一首中国的古诗，并没有演讲什么销售经典。

案例中，我们发现，一个人仅凭声音便可以感染他人，甚至可以完全控制对方的情绪。在说服他人的过程中，如果我们也能够让自己的声音更有感染力，那么，就能掌握谈话的方向，让对方最终接纳我们的观点和想法。具体来说，我们可以这样努力：

1. 让对方感觉到你的热情

在与对方交流时，如果你语言死板，不苟言笑，对方是不会被你打动的，也就是说，你没有热情，他们也会失去热情。为此，你需要时刻提醒自己要保持热情，因为热忱是这个世上最有价值的也是最具有感染力的一种情感。

当然，太过热情了也不好，凡事都应有个度。人与人是有差别的，有的人喜欢跟热情的人交流，有的人却不喜欢跟太热情的人打交道，这跟人的性格有关。

2. 说话简洁、清晰

清晰的发音可以很好地充分表达自己的专业性。我们说话一定要自信简洁清晰不要啰唆，不要说一些无关紧要的话，反复重复自己的话是不自信的表现。为此，在说话的时候，你需要先把你想说的要点想清楚，整理好自己的思路，用简洁、清晰的话来表达清楚自己的观点，在较短的时间里给对方一个清晰的概念，会使对方感到愉快。

3. 把握好语速

在增强声音感染力方面有一个很重要的因素，那就是讲话的语速。如果我们说话语速太快，对方就不容易听清你要表达的内容，而且太快的语速还会给对方一种紧迫感和压力感。可是，如果语速太慢的话，会给对方以啰唆、拖沓的感觉。太快或者太慢的说话速度都不容易激发对方参与说话的积极性，这样将大大不利于你们之间的沟通。

4. 控制好音量

音量的高低能够反映一个人的素养。音量太小，则显得你信心不足，说服力不强。而说话自信，并不是要我们趾高气扬，因为音量过大、过高又容易给人一种缺少涵养的感觉，会造成太大的压迫感，使人反感。

5. 善用停顿

我们在与对方的沟通中，一定要善用停顿。例如，在你讲了一分钟时，就应稍微停顿一下，不要一直不停地说下去，直到谈话结束。因为你讲了很长时间，但是你不知道对方是否在听，也不知道对方听了你的话后究竟有什么样的反应。适当地停顿一下可以更有效地吸引对方的注意力。对方示意你继续说，就能反映出他是在认真地听你说话。停顿还有另一个好处，那就是也给对方一个考虑的时间，也让他知道你非常在乎他的感受，对他的反应很重视，这样比你喋喋不休来的效果会好很多。

6. 自信、愉快的笑声

身体语言中最重要的就是一定要微笑。不妨早上起床时多对着镜子笑一笑，逐渐使自己的面部表情丰富起来，心情也会变得阳光起来。

所以说，好口才离不开富有感染力的声音，如果你能做到以上几点，在说服他人的过程中，一定更易打动对方！

调整语速，每一句话都能抓住对方耳朵

生活中的人们可能都发现了这一点，在我们的周围，每个人虽然有固定的说话方式，但语速却不是相对固定的，往往快慢有致，这样才能有效地传情达意，又能令对方感到悦耳动听；如果语速不当，缺乏快慢变化，始终保持一个速度，那就很难准确、恰当地表达出自己的想法，也会使对方感到厌烦。而且，语速的快慢也会逐渐影响到对方的心理，比如，太快的语速往往会给对方造成很大的压力，而太慢的语速则让对方忐忑不安，猜不透你心中的真实想法。

在日常交际中，更多的时候我们是根据表达思想感情的需要来确定语速的快慢缓急。比如，在表达一般的内容时，我们的语速适中，既不太快，也不太慢；当表达兴奋、激动、愤怒的思想感情时，我们的语速会变得很快；当表达庄重、怀念、失望的思想感情时，语速放得很慢，娓娓道来。

在我们的生活中，相信我们都见过吵架和作报告这些情形，我们从未看到过有人在吵架时依然如耳语般温柔，也没有看到过用唱歌的形式来作报告，更没有谁会用读圣经的语速来陈述一次紧急事件。从这些情况中，

我们都能得出一点，一个人的语速如何，都是能反映其情绪的，反过来，其情绪也能影响他人的心理。

我们先来看下面一个故事：

李灵在某市担任某种独特的原料销售员。她的货很畅销，因为在该市乃至该省，他们是唯一的原料供应商，如果客户选择其他公司的产品，则要花费很大的人力物力去相隔甚远的邻省购买。尽管李灵所在的公司拥有这种优势，但李灵还是以良好的态度从事这种原料的销售。因此，长时间，她和她的那些客户关系甚好。但有一次，李灵却在催款的问题上遇到了一些障碍。

客户方是该市一家有影响力的公司。双方已经签约很长一段时间了，客户的第二笔货款始终不肯还。为此，公司派李灵前去催款。

见到对方公司的经理后，见对方丝毫没有要还款的意向，李灵立即加快了语速，一股脑儿地说了这么一段话："王总，您看，我们合作似乎已经有四五年了，一直很愉快。我们公司是贵公司唯一的原料供应商，贵公司的产品之所以能得到市场的认可，可能也和我们公司的信誉有很大的关系，因为我们的原料一直是得到业界认可的。但如果您长期这么拖欠尾款、不按合同办事的话，这话一旦传到消费者耳朵里，恐怕不好听。另外，如果您拒绝和我们合作，那么，如何进到价格最合理、质量又有保障的原料，恐怕是贵公司将要面临的最大的问题，到邻省去购买，光运费可能比现在的这笔尾款还要多很多吧……"

这一番话，令客户经理很诧异，但句句在理，他只好点头答应，将剩下的一笔尾款准时还上。

案例中，可以看出，这位拖欠货款的客户就是块"难啃的骨头"，但销售员李灵是个聪明的人，她并没有因为害怕失去客户而唯唯诺诺，而是加快语速，说出对方不还货款的利害关系，表明了自己的态度。

那么，我们该怎样通过调整语速来掌控对方的情绪呢？

1.语速过快会给对方造成不安的感觉

在声音中，我们需要极为关注的一点是我们说话的语速。平日里，如果我们说话过快，会传达出一种信息：急促、不安、紊乱，也会给人带来不安和压力，并且，很重要的一点是因为语速过快，对方还没来得好好消化你所说过的内容，你就已经说完了。

2.语速断断续续，透露出了热烈的情感

这样的情况大多出现在那些陷入爱恋中的青年男女身上，面对自己的爱人，他们内心激动，于是，在说话时就显得紧张不安，语速断断续续，其实，这就是对对方发出的"我喜欢你"的心理信号。

3.语速由快转慢，引起对方注意

有可能你正在诉说事情的时候，发现对方思想开小差了，这时候可以把平常过快或中等的语速放慢速度，强调某种观点或某件事，这样做是为了引起对方的注意。

4.语速由慢转快，一种愤怒的情绪表达

当我们遭到了对方无端的猜疑或者自己的利益、自尊受损时，不由自主地加快自己的语速，这就是对无端指责的一种愤怒情绪表达，或者反击对方的言语行为。

当然，与人沟通、说服他人时，我们只有做到轻重缓急适宜，吐字清晰有力才能使语意分明，声音色彩丰富，语气生动活泼，语言信息中心突出，从而引起对方的注意，引导对方的思路，易于被人理解和接受。

第6章

奇思妙问：用新奇的思路和问题说服对方

现代社会中，无论你处于什么角色，都需要与他人合作才能达到自己的目标。在很多情况下，你需要别人接受自己的想法、观点，然后，与你共同采取一致的行动，那么，这就需要具备说服他人的本领。可以说，一个不善于说服他人的人，他的一切就无从谈起。而说服别人，如果我们语言平平，一味地向对方传达我们的观点，出于逆反心理，对方未必能接受，说服也难以达到理想的效果。而如果我们能从新奇的思路和问题入手，往往能取得事半功倍的效果。

巧妙引导，让对方跟着你的思路走

生活中，与人谈话，我们若希望达到说服的目的，就不光要有说的技巧，还要有引导对方思维的能力，一味地说，未必能让对方心服口服，而巧妙引导对方，以思维为核心，经过层层推进，则能让对方接受我们的意见。

一个周六的早上，老年保健仪器推销员小林敲开了某客户吴先生的门。开门的正是吴先生。

进门以后，小林环视了一下客厅，整个客厅的摆设有种古色古香的感觉。他抬头看着满客厅的字画，很快，他就找到了与吴先生交谈的话题。

“哎哟，这字写得，我真不知道怎么形容的好，吴先生，这是您从哪里弄来的墨宝呢？是市里哪位书法家的真迹啊？”

吴先生一听，顿时笑了起来，说：“你真是见笑了，这是我父亲写的，他比较爱好这些，平时没事就爱舞文弄墨……”

“看来我今天还真是来对了，令尊现在在家吗？”

“这几天他去省城我姐姐家了，估计过几天才会回来。”

“真是可惜了，我还想要是令尊在家的话，我向他老人家讨幅他的字画呢！”

“哦，原来这样啊，这个你可以放心，我可以做主，送你几幅。”

“你太谢谢您了……”

就这样，吴先生与小林就中国字画的问题聊了起来。聊到兴头之时，小林突然装作猛醒的样子说：“吴先生，您看，我和您一聊到这里，就忘了我今天来原本是要想要……不过，您不购买也没关系，我今天可是收获颇丰啊。”

“你说的是老年保健仪器？老爷子身体现在是越来越不好了，我也没时间陪他锻炼身体，要不，你回头送一台过来吧。”

“好的，谢谢吴先生啊。”

案例中的吴先生为什么会如此爽快？很简单，这得益于销售员小林在提出销售问题上进行了一番语言的铺垫。在小林进门之后，他就对客户家的一些基本情况进行了观察，难道他真的不知道这些字画出自客户父亲？当然知道！他这样问，只不过是让自己的赞美显得更真实可信。于是，针对客户家的这些与众不同的“风景”，小林与客户展开了一番深入的交谈，很快便获得了客户的好感。此时，小林再提出自己拜访的真正目的，客户的抵触情自然少得多。而在这种情况下的小林依然不让提及自己“今天拜访收获颇丰”，这就更加加深了客户对自己的良好印象。这时，客户再从自己的角度考虑，就很爽快地表明自己有购买需求。

的确，我们可以发现，不很多人误以为在说服别人时，应毫不让步，让对方毫无拒绝的余地。但事实证明，有时候，我们越是想让别人接受我们的意见，越是事与愿违。而假若我们能让对方跟着我们的思维想象，最终自己得出结论，那么说服起来就会更容易，这也是说服的最高境界。

1945年富兰克林·罗斯福第四次连任美国总统。《先驱论坛报》的一位记者去采访他，请他谈谈连任的感想。罗斯福没有立即回答，而是请这位记者吃三明治。记者觉得这是殊荣，便十分高兴地吃下了第一块三明治。接着总统又请他吃第二块。他觉得盛情难却，又吃下去。不料总统又请他吃第三块。虽然已吃得很饱，但记者还是勉强吃下去了。哪知罗斯福总统又说：“请再吃一块吧！”记者一听，哭笑不得，他实在吃不下去了。罗斯福看出他的心思，微笑着说：“现在你不需要再问我对于第四次连任的感想了吧！”

罗斯福采用诱导的方法，使记者无法提问，从而达到拒绝的目的。诱导式劝服的心理策略，就是不直接答复，而是先讲明条件、说明理由，诱使对方自己得出结论的方法。该方法的特点是“不战而屈人之兵”，让对方自动认同。

那么，我们该如何运用这一策略呢？

1. 明确最终的说服目的

这就要求我们在说服别人前，要明确自己的立场。否则，我们的思维很容易被对方掌控，导致中途“倒戈”。

2. 站在对方角度说话，步步为营地引导

这就需要我们运用语言的智慧引诱他人进入自己的圈套，于无形之中将他人的内心防线攻破。也就等于在两个人的角逐中取得先机，这样就会在不知不觉中挫了对方的锐气。

3. 保证轻松的谈话氛围

大部分成功地说服都要在彼此和谐的气氛下进行才可能达成。如果我们不注意说话态度，即使完美无缺的说服策略，也会因对方生疑而无功而返。

总之，高超的说服不是一味地向对方灌输自己的观点，而是“不战而屈人之兵”，通过语言的诱导，让对方在不知不觉中认可我们的观点，接纳我们的想法。

转换思维，从对方能接受的角度入手

现代社会，人与人之间的交往空前频繁。无论是讲演还是谈判，都是想通过“说”来征服对手。而要想成功说服对方，首先得辨析对方的心性，了解其内心世界。然后，要针对对方心理“对症下药”，找到说服对方的有效途径、方法。如果从正面不能说服的话，不妨转换一下思维，从对方能接受的角度入手。然后再根据对方的需要，提出你的新主张，从而让对方放弃自己的旧主张，达到说服对方的目的。

这天，左师触龙走上前，说：“我一直担心太后的玉体欠安，所以今日特来看望。”触龙向赵太后请求道：“我的小儿子最不成才的，可最得我的疼爱。我恳求太后让他当一名卫士。”

赵太后说：“真想不到你们男人也疼爱小儿子呀！”触龙说：“恐怕比女人还厉害呢！”太后不服气地说：“还是女人更爱小儿子。”触龙见时机已到，说：“老臣认为您爱小儿子爱得不够。”他说：“想当初，您送女儿远嫁燕国时，希望她的子孙相继在燕国为王。这才是真正的爱。”

太后信服地点了点头，触龙便接着说：“您如今虽然赐给长安君许多土地、珠宝，但如果不让他有功于赵国，长安君能自立吗？”触龙这番话说得赵太后心服口服。她立即命人为长安君准备车马、礼物，送他前去齐国当人质。

触龙一开始并没有直接说要劝谏，而是在聊天之中，动之以情，说出了赵太后的担忧，尽管是在批评赵太后，但是却是在为她设身处地地考虑。最终，赢得了赵太后的欣赏。

心理学家研究表明：人内心中对自己非常地忠诚，对于反对和批评会产生强烈的抵触和对抗，心里觉得你并不了解他。相反，如果你能设身处地地说出为对方担忧的话，表达你的同情和理解，别人心里会感觉到温暖，抵触的情绪就会减弱。基于人们的这种心理，在表达批评的时候，不妨动之以情，设身处地地为他人着想，说出对方内心的担忧。

其实，人际交往中，说服别人，如能从被说服对象的心理角度入手，往往能取得事半功倍的效果。而如果对倾听者不加分析，交流就会遇到重重阻力。在生活中，这样的例子非常多。比如，有一位先生，请一位室内设计师为他的居所布置一些窗帘。当账单送来时，他大吃一惊，意识到在价钱上吃了很大的亏。过了几天，一位朋友来看他，知道那些窗帘的价钱后，说：“什么？太过分了。我看他占了你的便宜。”这位先生却不肯承认自己做了一桩错误的交易，他辩解说：“一分钱一分货，贵有贵的价值，你不可能用便宜的价钱买到高品质又有艺术品位的东西……”结果，他们为此事争论了一下午，最后不欢而散。可见，即使一个人犯了错误，也不愿意被别人贴上标签。与其说：“你错了”，倒不如换个角度，迂回一点寻找说服的方法。

那么，我们该怎样做呢？

1. 掌握火候，不要在刚开始就讨论双方的分歧点

如果一开始我们就反对对方，那么，对方只会产生逆反心理；而反过来，如果我们站在对方的角度说话，先肯定他，或者讲些对方愿意听的话，那么，共同点找到后，你再表达自己的观点，对方会更容易接受。

2. 切莫让对方先入为主

如果在开始说话前，对方就已经对你树起了警戒或者对立的态度，那么，说服的难度自然就会加大，所以我们应当一面巧妙地疏导和松懈对方的戒心，一面小心地辅以适当的劝服，这样对方就比较容易接受。

3. 注意自己说话的态度，说服忌批评

假若你劈头盖脸地批评对方，那么，这无疑是火上浇油，则会使对方迁怒于你。所以劝服别人一定要注意自己说话的态度，真诚恳切而又平心静气地向对方陈述，使对方信任你，才有可能说服对方。

总之，我们要对对方进行一番了解，当正面说服容易使对方产生对立情绪时，不妨采用迂回方法：或退一步，或从侧面，或步步为营，总之，要从对方可以接受的角度入手，从而让对方在不知不觉中接受你的意见。

不直接否定，诱导法让对方自行说出错误

心理学家做过这样一个心理学实验：让两个老师分别去指导学生改正作业中的错误。第一个老师对学生说："你这样做是错误的，你应该这样做……"尽管老师讲得很认真，可是最终学生还是没有学会。第二个老师则没有这么做，而是从根本上分析了学生为什么会做错，但是却从来没有说学生的做法是错误的。结果，很快学生就学会了。同样是帮助学生改正错误，两个老师采用的方式方法不一样，结果也完全不一样。这究竟是为什么呢？

在这里，心理学专家作出了解释：每个人都有虚荣心，都不愿意自己

被否定。否定往往会激起内心的逆反心理，本能地产生抵触情绪。这种潜意识的抵触会阻挠接受。相反，巧妙地诱导，让别人自己去认识错误，不被否定，内心中没有抵触，接受也就容易了。根据人们的这种心理，在批评教育的时候，不要轻易去否定别人，而要巧妙地进行诱导，让对方自己认识到错误，这样，才能更好地实现教育的目的。

有一位先生，花3天时间写了一篇演讲稿，他认真地撰写、修改并润色，其精心程度绝不亚于鲁迅或朱自清写一篇文章——据说鲁迅写完一篇文章后，通常要改7遍，而朱自清每天只写500字。这位先生认为演讲稿写得十分到位，得意地读给妻子听。妻子认为这篇演讲稿写得并不出色，但她没有说“你写得太差劲了，都是老生常谈，别人听了一定会打瞌睡的！”而是说“如果这篇文章是投给报社的话，肯定算得上是一篇佳作。”换句话说，她在赞美的同时巧妙地表达出它并不适合演讲。丈夫听懂了其中的含义，立即撕碎了精心写就的手稿，并决定重写。

妻子并没有说“写得不好”，而是巧妙地暗示了用在别处更好，丈夫意识到自己的不足，继而开始重写。心理学家说：不论我们用什么方式说“你错了”，对方都绝不会有好脸色给你！因为你直接打击了他的智慧、判断力、荣耀和自尊心。如果你想让他承认并纠正错误，也应该回避“你错了”或类似的词语。采用巧妙的诱导，让对方自己说出错误，而不是经你的嘴说出。

不得不说，说话的技巧已经影响到我们的人际关系、事业和前途等方面，在指出别人错误时，我们要学会的就是找机会诱导别人说话，让其自行认识并承认自己的错误，这样才有利于说服目的的实现。

那么，究竟如何巧妙诱导，让对方自行说出错误呢？

1. 做正确的范例来衬托对方的错误

人都不愿意承认自己比别人弱，即使是自己真的做错了，也不希望别人说。这时候做个正确的范例，让对方在看到正确的做法的同时，意识到自己的错误和不足。不用你再多说什么，对方自然在比较中清楚地看到差别，你的做法是对的，而他的做法是错的。这远比直接指出对方的错误要高明得多，同时也不会引起别人的不满和抱怨。

2. 表现关注淡漠，暗示其自我反省

在人际交往中，如果对对方有不满情绪，那么不妨表现得冷漠些，使对方意识到问题的存在，更好地认识到自己的错误，从而进行自我反省，改正自己的缺点和毛病。当然，并不是任何人之间都能用冷淡来表达不满，一般情况下，在亲人或者是亲密关系之间比较合适，因为他们才能感受到你的情绪，感受到你的热诚和冷淡。

其实，在我们每个人的内心都认为自己是最优秀的。当被别人否定了之后，便会奋起反抗，试图证明自己，同时，也会对别人产生抵触和抗拒。相反，如果你不去否定别人，而是巧妙地诱导，让对方自己意识到错误，自行说出来，才能从根子上实现说服和改变的目的。

观点不一时不必针锋相对与之争辩

生活中，人与人交往，难免有意见不合的时候，我们必定想说服对方，但此时彼此都会产生一种防范心理，如果我们不希望彼此之间产生心理隔阂而影响关系，就不能针尖对麦芒地与之争辩，毕竟没有人喜欢咄咄逼人的人。如果你在人际交往中凡事都要与人针锋相对，那么，在长时间的矛盾累积中，对方只会离你而去。那么，你很可能会产生疑问，观点不一或者出现矛盾时该怎么做呢？对此，你完全可以采取转移对方视线、巧妙应战的方法。清代以才智过人著称的纪晓岚，就曾采用这一方法绕开了乾隆皇帝给他出的难题。

有一次，乾隆皇帝闲来无事，想测试一下纪晓岚到底有多聪明。

于是，他将纪晓岚传进宫，然后对他说：“纪晓岚！”

“臣在！”

“我问你：何为忠孝？”

纪晓岚说："君叫臣死，臣不得不死，为忠；父叫子亡，子不得不亡，为孝。合起来，就叫忠孝。"

"好！朕赐你一死。"纪晓岚一听，不知乾隆皇帝为什么会这么说，但他猜想，皇帝肯定是在跟他开玩笑，但君无戏言，也不能不遵命，于是，他只好谢主隆恩，三拜九叩，然后走了。

乾隆皇帝也傻眼了，这一个玩笑，不会真的要了纪晓岚的命吧？回来的话，就是欺君之罪，是死；不回来，也是一死，这么一个聪明的纪晓岚，死了该多可惜。他想，我倒是要看看，你今天怎么逃脱？

半炷香的时间过后，纪晓岚气喘吁吁、面带悲色地跑了进来，扑通一下就跪在了乾隆皇帝的面前。

看到此情此景，乾隆皇帝故作生气地说："大胆，好个纪晓岚！朕不是赐你一死吗？你为什么又回来了？"

纪晓岚说："皇上，微臣原本真的打算去死，可当我准备跳河时，屈原居然从河里跳出来了，他很生气地告诉我，纪晓岚，枉你还是个读书人，怎么这么糊涂？想当年我投汨罗江自杀的时候，是因为楚怀王昏庸无道；想当今皇上皇恩浩荡，贤明豁达，你怎么能死呢！我一听，就回来了。"

最后，乾隆皇帝不得不自我解嘲地说："好一个纪晓岚，你真是能言善辩啊。"

即使乾隆皇帝知道纪晓岚说的是恭维话，可是他仍然按照纪晓岚的话在心中给自己定位了：一个贤明的君主。纪晓岚看似愚钝，执行了乾隆皇帝的"赐死"，但他却利用了每个人爱听恭维话的特点，为自己解了围。

那么，他是如何成功的呢？他对于乾隆皇帝给自己出的难题，而是采取"曲线救国"的道路，然后避开问题，对乾隆皇帝恭维一番，爱听好话的乾隆皇帝自然很受用。

相反，说服他人，如果我们与之辩论，只会加剧对方的反感和排斥的心理，反而不如巧妙地转移对方的视线，从另一个角度强有力地说明事实真相。由此可见，看上去需要我们花费精力去迂回，实际上却是最短的途径。在说服他人的过程中，假如遇到正面的阻碍，最好的办法就是绕而行之，曲径通幽。

对此，我们可以从以下两个方面努力：

1. 先认可对方

我们再来看看卡耐基是怎么做的：

卡耐基租用了某旅馆大礼堂讲课。一天，他突然接到通知，租金要涨3倍。卡耐基前去与经理交涉。他说："我接到通知，有点震惊，不过这不怪你。如果我是你，我也会这么做。因为你是旅馆的经理，你的职责是使旅馆尽可能赢利。"紧接着，卡耐基为他算了一笔账，将礼堂用于办舞会、晚会，当然会获大利。"但你撵走了我，也等于撵走了成千上万有文化的中层管理人员，而他们光顾贵旅社，是你花再多的钱也买不到的活广告。那么，哪样更有利呢？"经理被他说服了，继续用原价租给他。

在这里，卡耐基不断提到"如果我是你，我也会这样做"，其实就是对对方的言行进行认同，意思是"我也是站在你这个角度的"。一旦有人对自己的想法或行为表示了认同，那我们就会降低心理防备。在这样的情况下，聪明的卡耐基正是看中了这一点，他先是认同了经理的看法，然后表达出自己的见解，最后使经理心甘情愿地将情感的天平倾向了自己这一边。

2. 逐步渗透，影响对方

这并不是消极地耗费时间，也不是硬和人家耍无赖，而是要善于采取积极的行动影响对方、感化对方，促进事态向好的方向转化。当然，此时就考验我们的口才了，要善解人意，抓住问题的症结，巧用语言攻心。

实际上，在交际中，让对方认同自己的绝妙途径是先认同对方。如果你首先就对其想法和行为进行否定，或者拒绝倾听其说话，那对方那种逆反的心理就会涌现出来，他会故意与你敌对，根本不愿意按照我们的思维方式进行思考。但如果你先是对其表示认可，比如说"你的话有一定的道理""你这件事做得不错"，通过语言分析强化对方想法的正确性，致力于站在对方的角度，然后进行积极引导，这样是可以成功地将对方争取到自己这边来的。

欲语还休，话说三分能调动对方的兴趣

人际交往的核心部分，一是合作，二是沟通。而沟通的一个主要目的就是说服对方在。不少人认为，说服需要的是良好的沟通能力和积极的心态。所以，日常交往活动中，要主动与他人交往，不要消极回避，要敢于接触，并勇于表达自己。但这并不意味着表达越多，人际关系就越好。有时候，沉默是金，以静制动反而能给自己带来沟通中的主动地位。话说三分，对方就会在联想里追随你。

心理学上有个“空白效应”，它的含义是，吊吊对方的胃口、适当留点悬念，会给对方留下更多的想象空间，对方想进一步了解的愿望也会被你调动起来。而假设你和盘托出，不留一点余地的话，那么，对方的大脑活性就会被压制，这大概就是为什么古人常说“此时无声胜有声”的原因。

生活中，我们与人交流的时候，不妨也利用空白效应的原因，比如，上课为学生留点悬念，演讲前先卖个关子；给他人提意见时，说个引子就打住，让对方自己反省，可能印象更加深刻。

有一次，陶行知先生在武汉大学演讲。他走上讲台，不慌不忙地从箱子里拿出一只大公鸡。台下的听众全愣住了。陶先生又从容不迫地掏出一把米放在桌上，然后按住公鸡的头，强迫它吃米，可是大公鸡只叫不吃。他又掰开鸡的嘴，把米硬往鸡嘴里塞。大公鸡拼命挣扎，还是不肯吃。最后陶先生轻轻地松开手，把鸡放在桌子上，自己向后退了几步，大公鸡自己就吃起米来了。全场鸦雀无声，听众的胃口被吊了起来。这时陶先生则开始了演讲：

我认为，教育就跟喂鸡一样。先生强迫学生去学习，把知识硬灌给他，他是不情愿学的。即使学也食而不化，过不了多久，他还是会把知识还给先生的。但是如果让他自由地学习，充分发挥他的主观能动性，那效果一定会好得多!

这时，全场掌声雷动，听众不禁为陶先生精彩形象的演讲开场白叫好。

陶行知在这次演讲中以展示物品开头的。因为每个人都有好奇的天性，如果心中一旦有了疑团，非得探个究竟不可。同样，在说服他人时，我们在语言表达上也可以运用这一策略，我们可以先只提供部分的信息，吊足对方的胃口。

往往有时候，别人对你说了上半句话，你就像知道了下半句。但是你突然停住不说了，那么对方就有很强的好奇心，想知道后半句到底是什么。我们在表达观点的时候，也可以留一部分，给对方制造一种想要了解的好奇心。当这种好奇心在对方的心里不断地翻起的时候，对方就会产生主动了解的欲望了，此时，你再适时表明，对方一定会记住你的话。

一个科学会议的主持人对现场在座的科学家们说："上级领导同意这次我们提出的方案，并赠给大家十六个字：严肃认真，周到细致，稳妥可靠，万无一失。"

听完主持人的话，在场的科学家一下子觉得压力很大，有的人甚至还倒吸了一口气。

敏锐的主持人已经觉察到了科学家们的心思，便立即解释道："什么叫作'万无一失'？就是把想到的、发现的问题都解决掉，就叫万无一失。没有发现的、解决不了的，是吃一堑长一智的问题。扛枪还有卡壳的时候呢，别说这些小问题了。放心吧，只要大家认真做了，出了什么问题，由领导负责，由我负责！"

主持人的一席话，完全解除了科学家们思想上的沉重包袱。

在主持人一番话中，我们发现以下几点值得推敲，一开始，主持人就切中要害，抓住科学家们担心的问题，也就是"万无一失"。接着，他由此设问，以问题引路，自问自答，引出一段解释，从而打消了听者的疑虑。

当然，并不是留下任何空白都能起到作用的。也就是说，留“空白”是一种心理策略，是一门艺术，不是一件简单、随意的事。那么，我们该怎么留空白、适时沉默呢?

第一，要掌握火候。

也就是说，沉默要把握时机。比如尽量在对方心存疑念、渴望得到答案时沉默，这样能很好地起到吊胃口的作用。

第二，要精心设计。

我们要学会找到“引”与“发”的必然联系，当问题产生后，可以对对方适当点拨，使对方有所联想。然后以“发问”“激题”等方式的诱因激起对方的思维，让其自己获悉答案，以此获填补思维空白点，获取预期的效果。

当然，最重要的是，在运用这一方法说服他人时，我们要把握整个谈话的进程，恰到好处地把握时间的长短，才能真正引导对方逐步接受我们的观点。

故意出错，向对方透露一些信息

关于说服他人，可能不少人会认为，要想让对方接受我们的建议，我们就要向对方传达正确的信息，的确，正确的信息能让对方放弃错误的观点和立场，但如果我们直接向对方灌输，出于逆反心理，对方可能认为我们有所企图，可能未必接受，相反，如果我们能在言谈中施以巧计，故意犯错，假装不小心说漏了嘴，对方便会毫无怀疑地接纳。我们先来看下面的故事：

有一批外国客商，要在中国内地购买一批棉布。A纺织公司通过熟人打听，很快就得知这一消息，因此，他们准备先请这些客商吃饭，搞定这批生意。但就在饭桌上，A公司代表发现，与这些外商联系的同时有好几家公司，而在价格上，他们公司并没有优势，这就是为什么这些外商迟迟不肯成交的原因。

此时，A公司的谈判人员有点不知所措，他们给公司经理打电话，终于解决了这一问题。原来，公司总经理早就料到了同行竞争的存在，于是，就多准备了一份谈判预案。A公司经过调查发现，这些外商虽说要购买棉布，但这批棉布是用于医疗卫生方面的，而符合这一标准的，就只有A公司的产品。也就是说，这些外商并不知道这一“内幕”。在后来的谈判中，A公司的谈判代表们就使出了这最后的“撒手锏”，为这些外商提供了一份预案，在这份预案中，他们故意“透露”了这一情况。而最终，令很多同行不解的是，这些外商选择了价格比其他任何公司都高的A公司。

任何一位客户，为了能购买到最质优价廉的产品，都会货比三家，而这就导致了销售方之间的竞争。而案例中的A公司之所以能卖出自己“贵”的产品，就在于他们掌握了购买方对产品最重要的要求，并且，他们将这一信息故意透露给对方，最终以满意的价格获得成交。

由此我们可以发现，在说服他人的过程中，即使他人的内心是封闭的，是不愿意接纳我们的想法的，但我们依然能找到说服的方法，只要我们主动采取一些攻心技巧，正面灌输相关信息，对方可能会否认甚至排斥，那么，我们不妨从其他方面入手，我们用“说漏嘴”的方式将正确的信息传达出来，对方的内在纠错意识必定会被激发出来，从而接纳我们的意见，帮助我们回答出正确的答案，此时，我们的目的也就达到了。

当然，要通过这一方法达到目的，我们还需要做到：

1. 洞悉对方的底牌

以商业谈判为例，如果你是销售方，那么，要想让销售结果利于己方，就必须首先洞悉客户的底牌，只有这样，才能在与客户交谈的时候更好地把握“纵”与“退让”的度，当然，这并非易事，需要我们做足准备工作，通过各种途径来获知。

2. 制造假象

我们知道，我们故意透露信息的根本目的在于说服对方，因此，在

使用这一方法时，我们最好事先规划，设计好谈话脚本，否则，临时抱佛脚的我们在说话时很容易出错，一旦让对方看出我们的真实意图，那么，这一方法就毫无作用了，甚至会弄巧成拙，为此，我们必须要注意以下两点：

首先，要注意自己的态度。你最好保持不紧不慢、不温不火的态度，这样看来，我们只有隐藏好自己的情绪，才能真正擒住对方。例如，在与对方交涉的日常安排上就不可急躁。

其次，通过非正常渠道把信息透露给对方。因为人们通常有一种心理：越是偷偷得来的信息，其真实性越不容置疑。除了我们自己故意“说漏嘴”之外，我们当然还可以借他人之口传达你要表达的信息，这样，对于对方来说，显得更真实。

总之，整个说服过程，我们都要藏好自己，别让对方看出破绽，因为这一策略最关键部分就是要在不经意间吐露出正确的信息，而假若让对方看出我们是在故意犯错，则只会惹恼他，那么，事情的难度自然会加大，一不小心还会弄僵人际关系，从而前功尽弃，因为没有人是喜欢被人欺骗和耍弄的。

第7章

直问到底：让他除了被说服别无选择

我们都知道，人是世上最聪明的动物，有时候，人的聪明可以用“狡猾”来形容。我们在与他人谈话、表达自己观点并最终说服他人的时候，也可以利用自己的小聪明，为了让自己的话更深入人心，我们可以变化一下陈述问题的方式——由直接陈述变为提问式，这样，沟通的结论就并不是由我们灌输给对方的，而是对方自己得出的，由此，成功说服对方也就变得容易很多。

面对“不”，巧用提问化解

我们都知道，在说服他人的过程中，只有让对方产生愉快的情绪，才有可能使其接纳我们的观点。然而，很多时候，在沟通开始时，我们经常会因为各种原因，导致对方对我们有抵抗情绪或者对我们有误解，对于产生障碍的原因，我们并不了解，因为并不是所有人都会将自己的内心敞开，此时，我们不妨通过提问的方式，来不断探出对方问题的症结，最终化解障碍，开展说服工作。

菲菲是某大型美容会所贵宾卡推销员。一天，她站在公司门口闲溜达的时候，迎面走来一个中年妇女和一个年轻女孩，因两人长相有几分相似，菲菲觉得应该是母女。女儿看上去大约有20岁，青春靓丽，十分漂亮，母亲看起来也很漂亮，气质华贵大方，年龄应该有40多岁。她们的皮肤都非常不错。根据多年的销售经验，菲菲认为这两位客户她应该争取一下，于是迎了上去：

销售员：“你们好，小姐、太太。我是××美容会所业务员，请允许我……”

客户（小姐）：“最不喜欢去你们那里做美容了，请你不要打扰我们了，你们的任何产品我们也都不需要。”

销售员：“小姐您的气质很好，皮肤也这么细腻白皙，看起来水灵灵的。应该日常的保养工作做得很好吧。”

客户（小姐）：“还行。”

销售员：“您目前办的是哪家会所的贵宾卡呢？”

客户（小姐）：“当然是最好的。”

销售员：“哦，是这样啊。太太您的皮肤也很棒啊，您也和女儿一直在同一个会所做美容吗？”

客户（太太）：“对，一直在同一个地方。”

销售员：“小姐您接触过我们的服务吗？”

客户（小姐）：“接触？当然接触过，上次和一个姐妹来这里做美容，结果不知道用了什么，非常不舒服，脸上会发痒。”

销售员：“是吗？您用的是哪款产品呢？”

客户（小姐）：“就是去年你们会所新进的××型养颜霜，简直把我害苦了。”

销售员：“真是对不起。首先我向您表示歉意。但是我想您也许没有弄清楚，我们的那款养颜霜是针对30岁到40岁的女性研制的，像您这样年轻的女孩，使用起来难免会不适合。可能当时我们的美容师工作疏忽了，真是对不起。”

客户（小姐）：“是吗？原来那款养颜霜是30岁的女性用的啊。”（吃惊）

销售员：“是的，小姐。如果女性使用的美容产品不适合自己的肌肤年龄，脸部就会感觉不舒服，如果不及时停止，就可能出现脸部发痒的症状。”

客户（小姐）：“哦，原来是这样啊。”（恍然大悟）

销售员：“对，其实，我们会所的美容师还是相当专业的，只是上次那个应该是新手，真是对不起。对了，我们这里又新进了一批针对符合您的年龄段的产品，而且，我们的美容师因为刚从国外培训回来，技术大有长进，您可以办我们这里的贵宾卡，这样，您母亲的所有费用都是半折优惠了。”

客户（小姐）：“是吗？真有这样的好事？那好吧，我们办一张。”

上例中的贵宾卡推销员菲菲遇到的两个客户，在刚开始都是有抵触心理的，因为在菲菲所在的美容会所做过美容，但却吃了苦头。但菲菲却非常耐心地问出了客户抵触的原因，并作出了令客户满意的答复，同时，她还将公司的优惠活动介绍给客户，这样，客户的抵触心理也就彻底消除了。可见，提问有助于消除沟通障碍，让沟通重回正轨。

具体来说，我们可以这样提问：

1. 快速熟悉对方，消除陌生，为提问作铺垫

如果你没有向对方先谈你自己的情况就开口向他问这问那，一般情况下，他可能并不乐意回答你的问题。而如果我们懂得消除陌生，是可以令对方合作的。

事实上，对陌生人提问，最大的困难也就在于不了解对方，因此同陌生人交谈首先要解决好的问题便是尽快熟悉对方，消除陌生。你可以先行自我介绍，再去请教他的姓名职业，然后试探性地引出彼此都感兴趣的话题。双方熟悉、消除心理障碍之后，再去问一些问题，只要无伤大雅，对方都乐于回答。

2. 应注意提问内容，不要问对方难以应对的问题

如超乎对方知识水平的学问、技术问题等；也不应询问人们难以启齿的隐私，以及大家都忌讳的问题，等等。

3. 注意发问的方式

别像查户口一样问询对方，这只会让对方觉得窒息。

在提问之前，你可以事先设计一个脚本，比如，你家中来了一位亲戚，亲戚第一次到北京，你如果这样问："你是海南人吧？""你刚到北京吧？""海南这时候天气很热吧？"等等，此时，对方能给出的答案大概只有"是"了。这不能怪你的客人不善言谈，而是你所提出的问题只能让对方给出这样的答案，但是假如你能换一种提问的方式："第一次到北京有什么感觉？""你们海南的椰子除了当水果还有什么其他用处吗？"等等，这样的话，对方不但会为你讲述一些你所不了解的事，还能畅所欲言而使交谈的氛围更轻松愉快。

同时，如果你提的问题对方一时回答不上来，或不愿回答，不宜生硬地追问或跳跃式地乱问，要善于转换话题。如果对方仅仅是因为羞怯而不爱谈话，你就应先问点无关的事，比如问问他工作的情况或学习的情况，等紧张的空气缓和了，再把话题纳入正轨。

掌握提问的技巧，让对方自己得出结论

我们都知道，与人沟通，我们通常都希望能说服对方，但实际沟通过程中，我们经常费尽口舌表达自己的观点，对方却未认同，其实，如果我们改变策略，不直接表达观点而采取提问的方法，让对方自己得出结论，那么，说服工作就简单得多。来听下面一则故事：

乔治有一家自己的公司，他的公司专为其他公司提供销售人员和管理人员，在一个星期五的下午，他和他的老同学有一个约会，那天天气很热，当他到达约会地点的时候，发现自己早到了20分钟。为了不让这20分钟的时间白白浪费掉，他决定找个客户进行推销。

乔治看到他所在的咖啡厅对面有一家规模比较大的汽车销售公司，于是，他准备去试试。

经过询问，乔治发现老板并不在公司，而是在对面的接待处。于是，乔治来到这里，他看到汽车销售公司的老板正在和自己的部下商量事情，乔治敲门进去，问道："我猜您现在应该是在谈如何增加销售额，如何让公司业绩提升吧？"

"年轻人，你找我有事吗？今天可是周五啊，又是午饭时间，你为什么会选择这样一个不恰当的时间拜访我呢？"

乔治满怀信心地盯着对方说："您真的想知道吗？"

"当然，我想知道。"

"好吧，我陈述一下我的目的，我到这儿原本是约了朋友，但我早到了20分钟，浪费时间不是我的原则，所以，我想来做个访问。"稍作停顿，乔治又压低声音问，"贵公司大概没有把这种做法教给销售员吧？"

这位汽车销售公司的老板一听乔治的话后，立马改变了自己的态度，稍作停顿后，他微笑着对乔治说："多亏你，年轻人，请坐吧。"

这里，我们发现，乔能让客户在百忙中接受他的访问，就是因为他运用了这种“很简单，但却很狡猾”的提问方法来赢得客户的好感。同样，与人交谈的过程中，我们采用这种方法，也比直截了当地告诉对方我们的观点来得更有效。那么，在沟通中，我们该如何提问，又该问哪些问题呢？

1. 多问“为什么”

“我想您这样说，必定是有原因的，为什么呢？”“为什么您的销售业绩总比我们好呢？”

这样提问的好处是，对方有足够的时间和机会来回答，并且，因为这种问题是开放式的，对方的回答一般也是发散性的，你可以获得更多的信息。因此，当你遇到很多不明白的问题时，你都可以问“为什么”。当然，你一定要注意的是自己的态度和语气，不要让对方觉得你是在质问他。

2. 问“你的意思是……”的问题

“你的意思是……”这样问时，你可以配合一定的肢体动作，另外，你需要注意的是，当你说完这五个字以后，就不要再说话了，让对方来接你的话，效果会好很多。

3. 问“除……之外”的问题

“我已经清楚了你的意思，那么，除了这点外，你觉得还有什么比较重要呢？”“我很同意您说的这点，那您还有什么其他的想法吗？”

同样，在问这类问题时，我们同样也应该注意自己的语气。只要做到这点，对方一般都是乐意向我们和盘托出的。

例如，你是某公司的销售主管，而你发现最近一段时间内，公司的销售业绩一直不是很好，你知道问题出现在销售人员身上，但你也不好直接批评他们，对此，当他把问题归结到前半个月是促销期的原因后，你可以再继续问：“对，前半个月是促销期，那么除了这个原因之外，你认为还有没有其他的原因呢？”导购员说：“其他，我感觉好像这几天没有以前那么有信心了。”此时，你就应该继续抓住机会问：“是什么原因导致你

信心下降呢？”

只要你能坦诚地用心与对方交流，沟通其实并不会很难。

总之，用引导的方式提问，也是冷读术的精髓，善于提问，你几乎可以得到任何你想要的结果。

提问法诱导，让对方自己推翻固有言论

我们经常看到法庭上出现这样一幕：嫌疑人面对法官的提问，总是否定自己的违法犯罪事实。而此时，法官并没有直接否定他，而是继续循着他的思路交谈，而他没有料到的是，交谈最后，居然自己得出了一套完全推翻自己原本言论的结论，他哑口无言，只好供认不讳，和盘托出自己的罪名。

同样，与人沟通的过程中，对于别人的话，如果你持不同意见，那么，你完全不必要着急否定对方，不妨先用提问法让对方继续说下去，他自然会露出破绽，最后他会自己推翻固有言论。

某法庭上正在进行一宗杀人案的审理，案件经过大概是：犯罪嫌疑人李某因为其女友父母不同意两人交往而狠心将女方一家三口全部杀害，而李某否矢口否认这一点。接下来，法官对这一案件进行审理。

法官：“李某，请将你的犯罪经过再陈述一遍。”

李某：“我已经陈述很多次了，这件事是因为我女朋友的父母先动手的，他们伤了我，我出于无奈才无心将他们杀了。”

法官：“出于无奈？真的是这样吗？好吧，既然如此，那接下来我问你一些问题，你如实回答。案发现场是在你和你的女朋友的出租屋内是不是？”

李某：“是。”

法官：“在案发之前，你女朋友的父母是不是经常去你们的出租

屋？”

李某：“不是，之前他们从没去过，当然，我也不希望他们去。”

法官：“为什么不希望他们去？”

当法官问到这里的时候，李某突然害怕起来，说话也开始磕巴了，但他深深地吸了一口气，镇定了很多。

李某：“因为……因为他们身体状况不是很好，我们在外面租的房子离他们家比较远。”

法官：“那么，他们去你出租屋的那天，是直接带着凶器或者刀去的，是不是？”

李某：“当然不是。”

法官：“他们到了之后是直奔厨房去的是不是？”

李某：“不是，是直奔客厅去的。”

法官：“即便他们是第一次去你的出租屋，到了之后也是直奔客厅，但还是比你更加熟悉这一出租屋的构造和知道厨房都有什么东西，是不是？”

当法官问到这里的时候，李某已经坐立不安了，他的脸上也开始渗出了豆大的汗珠，因为凶案现场就是厨房，而杀人的凶器就是厨房里的菜刀，凶手李某虽然一直在回答法官的问题，但是却没想到法官会问到厨房的事，此时，他六神无主，只好全部招认，他声泪俱下地说：“法官，我承认，这件事是我做的，我悔不当初，是我一时激动……”

面对行为上的过错，尤其是法律责任，谁都知道，一旦认罪，就要面临法律的惩罚，所以，在审案过程中，法官要想知道犯罪嫌疑人的作案动机并不容易。故事中的李某在一开始也否认自己的犯罪事实，但是“道高一尺魔高一丈”，这位法官更精明，他深知李某一定会歪曲事实，所以，他反其道而行之，采用心理诱导的方法，故意歪曲事实，反过来问李某，在循循诱导下，李某不得不承认自己的犯罪经过：他对出租屋的构造更清楚，在无须思考的情况下就知道菜刀放在哪里。而假如这位法官采取常规的问询方法：“为什么不说实话？”那么，李某必定更加反驳，这样对于

案件的水落石出丝毫起不到作用。

中国有句俗语：“最后的赢家才是真正的赢家，要笑就要笑到最后。”这句话一点也不假。说服他人时，可能对方会侃侃而谈，始终坚持自己的立场和意见，但这并不代表对方已经掌握了交流的主动权，只要我们巧妙提问，就能找到对方言语间的漏洞，让其自行推翻固有观点，对我们心服口服。

当然，这一情况下的提问，需要我们注意以下几点：

1. 沉住气

我们若想让对方心服口服，就一定不能心浮气躁，而应该沉住气，否则对方一旦察觉你提问的目的是使其推翻固有观点，对方一定会不与你“合作”、继续回答你的问题。

2. 用提问步步为对方下套

通常情况下，人们的思维是有一定局限性的。“最危险的地方也就是最安全的地方”正是这一道理的最好证明。当对方在回答你的问题时，他绝不会想到你会用此计再给他“下套子”。因此，我们从对方的思维空隙着眼，往往就能攻其不备，也就能在积极探寻筑牢我们自己心理防线的同时瓦解对方的心理防线。

古语有云：“不到黄河心不死”，我们在说服他人过程中，出于某种原因，对方会一直否认某种观点，此时，我们要想让自己的想法影响对方，首先要隐藏好我们的意图，然后通过提问引导对方多暴露自己，最终把握好时机，在关键时刻亮出底牌，才能成功说服对方！

开放性问题能营造良好的说服氛围

我们都知道，人与人之间的沟通是相互的，即便是说服他人，我们也不能唱独角戏，不少人感叹自己缺乏说服能力，其中一个重要的原因是与被说服的人话不投机。那些善于交际的高手似乎总能营造出愉快的说服氛围，而其实，这是因为他们善于用提问来挖掘谈资，沟通双方一旦找到了沟通的兴趣所在，便会在一来二往之间增进彼此的感情。但事实上，提问也并非一件易事，因为我们的提问只有在发挥积极的作用时，对方才愿意回答。而这就要求我们多提积极的、开放的问题。因为通常来说，只有开放性的问题才能让双方交谈的范围越来越广，双方才更有谈资，也才能产生积极的沟通效果。

一个刚来到澳大利亚的中国留学生遇到了这样的一件事。

一天，他在街上闲逛，这时，走过来一个金发小姐，并对他说："您是中国人？"

"嗯。"他下意识地回答了一声。

"那么，我能问您几个问题吗？"

"但是我并不懂英语。"他打着手势，装作并不懂的样子。

"请放心吧，只是四个问题。"金发小姐对他微笑了一下，然后问了一连串的问题："您是学生还是工作了？您最想做的事是什么？将来想从事什么工作？对未来有何打算？"

听到金发小姐这么问，他所有的疑问都消除了，他心想，在这样陌生的一个城市，竟然还有人关心他，关心他的工作、生活，甚至未来等。于是，他也很诚恳地回答了金发小姐的问题："我还是学生，但我同时也在打工，每天，我都感到很压抑，我没有朋友，因此，我希望和别人交往。在未来嘛，我当然希望从事我喜欢的工作并取得一定的成就。"

"您渴望交朋友、渴望让自己的生活丰富起来，也渴望成功，那么，您想过没，你可以选择一个媒介去帮您实现，对于这一点，我能给您一些帮助。"

他感到十分惊奇，"她怎样帮助我实现呢？"于是，他在金发小姐的带领下，来到了她的办公室。接下来，金发小姐告诉他，她的工作是帮助那些有困难的人，根据他们的具体情况，为他们推荐他们需要的书籍，并且，在这里买书还可以享受九折优惠，于是，这位留学生在最后不得不买

了金发小姐推荐的一本书。

在这个案例中，金发小姐成功推销出自己的书，就是因为她善于提问，她先提出一连串的问题，而这些问题，是丝毫没有涉及推销的，并且是从关心留学生的角度提出的，因此，很快便使留学生消除了心理障碍。然后，她再适时地引入销售问题，让留学生产生一种继续想知道的愿望，随后，金发小姐成功推销出书也就成了一个事实。

的确，开放性的问题因为具有很大的回答空间，所以能激发对方的谈话欲望，让对方自然而然地畅所欲言，从而帮助我们获得更多有效的信息。在对方感受到轻松、自由的谈话氛围后，他们通常会感到放松和愉快，这显然有助于双方的进一步沟通。通常来说，开放性的提问方式有一些典型的问法，比如，“为什么……”“……怎（么）样”或者“如何……”“什么……”“哪些……”，等等。具体的问法就像案例中一样，需要我们认真琢磨和多实践才能运用自如。

当然，在提开放性问题的时候，我们还需要注意以下几点：

1. 以轻松的问题发问

以轻松的话题开头，最好不要涉及我们的说服目的，这样能打消对方的戒心和顾虑，使对方乐于与你交谈。当对方显露出需求，你再主动出击，将问题转变得较明确。例如：

“您好。是周总吧，我是××公司的小王，您最近很忙吧。”

“是呀。”

“周总，端午节就快到了，不准备庆祝一下吗？”

“当然了，我们正在安排呢。”

“那我先预祝您节日快乐。”

“谢谢，您有什么事啊？”

“我们给您发过一份传真，介绍了我们公司的业务内容，不知道您收到了没有。”

当然，以这种问法开头，要求我们掌握在交谈中的主动权，这样问的目的在于一步步引导对方，在对方肯定了我们所有的问题后，自然会得出积极的结论。

2. 不要轻易否定别人的回答

说服他人的过程中，如果当你提出某个开放性问题后，对方的回答你不认同，甚至特别想说服对方接受你的观点，此时，你最好不要一上来就否定对方的观点，因为谁也不喜欢被人否定。相反，如果你能机智、委婉地说出你的观点，然后将对方引导到其他话题上来，从而让他们忘记自己原来的观点，这是将话题继续下去的明智之举。

3. 提问不要触及对方的忌讳

每个人都有一些别人不愿触及的忌讳，我们在提开放性问题的时候，最好避开这类话题，把握分寸，不要伤害到别人的自尊心。

总之，我们能不能成功说服对方，取决于沟通氛围如何，我们多提开放性的问题，能使双方在你来我往的沟通中加深感情，从而逐步改变对方，使其接受我们的观点，何乐而不为呢？

提问中的误导策略，让对方不得不说“是”

在法庭上，法官似乎有一套自己的问话策略。他会这样问嫌疑犯：“你是否已经停止殴打受害者了？”此时，如果嫌疑犯如果回答“是”，则表示他曾经殴打过受害者，如果他回答“没有”就表明他还在对受害者进行人身伤害。而事实上，这位嫌疑犯并不一定真的伤害过别人，但面对法官的这种问话方式，他只好不打自招，因为法官的提问中，已经设置了一个前提，那就是你“你曾经殴打过受害者”，无论怎样回答，这名嫌疑犯都会被法官误导，进而接受法官的问话。

同样，日常生活中，我们在与人谈话、说服他人的时候，不妨也运用这一技巧，只要我们能善加运用，就能收到满意的效果。

一般来说，误导策略用于发问和回答这两种语言情境中。

第一，二选一的提问方式。

聪明的发问者总是预先埋下伏笔，让对方在不知不觉中失误而陷入语言的陷阱。

一位保险销售员去拜访客户，见到客户对他说：“保险金您是喜欢按月缴，还是喜欢按季缴？”

“按季缴好了。”

“那么受益者怎么填？除了您本人外，是填您妻子还是儿子呢？”

“妻子。”

“那么您的保险金额是20万，还是10万呢？”

“10万。”

二选一的提问方式，会让销售员在无形中给客户做了购买的决定。销售员在推销的过程中，当发现客户有购买意向，却又犹豫不决拿不定主意时，销售员应立即抓住时机，采用这样的提问方式，销售员不必询问客户买不买，而是在假设他买的前提下，问客户一个选择性的问题。其实聪明的发问者总是预先埋下伏笔，让对方在不知不觉中失误陷入语言的陷阱。因为这是一种使用“是”或“不是”就可回答的问题。如果你前两个阶段完成得不错，在这个阶段就将得到“是”的答案。

事实上，在销售活动中，销售员经常会这样向客户发问。销售人员应该将产品可能引起的异议进行分类，让客户自己从中选择一个或几个。

例如，推销员可以问客户：“您好，我们的产品有哪些问题让您觉得不太符合你的需要呢？是样式、体积、重量还是口味……”

用这种策略发问时，有我们值得注意的地方，那就是不是所有人都会掉进我们设置的“语言陷阱”中，我们要注意对方的年龄和身份以及文化修养与性格特征，有人为人热情爽快，有人性格内向，有人马马虎虎，有人谨慎小心。每个人的性格不同气质必然相异，如果没有考虑这些条件而随便发问，便会有意外的状况发生。

第二，回答式误导。

我们来看看下面的一个小故事：

从前，有一位已经年龄近百的长者做寿，因为受同村人的敬重，大家都备了贺礼并来祝贺。村里有一个年轻人，游手好闲，经常四处招摇撞骗。除此之外，他还喜欢逞口舌之快，凭一张嘴巴到处骗吃骗喝，村里人都十分讨厌他。这天，他看见大家都前往老者家里拜寿，就又想去混顿饭吃。在来宾还未入席前，这人便对老者鞠躬作揖道："祝您老人家长命百岁，希望我明年能祝贺您百岁大寿。"

老者马上说："好啊！我看你的身体没什么大碍，明年一定能来为我祝寿。"

来宾哄堂大笑起来，弄得这位平时油嘴滑舌的家伙狼狈不堪，饭也没吃就灰头土脸地溜了。

这位老者所运用的语言策略，正是抓住对方语意的模糊性，让对方不知不觉掉进自己无意中设置的陷阱里去。

当然，我们在运用误导策略回答他人的问题时，也要注意，不是所有人都如故事中的情况一样，可以不顾及对方的"颜面问题"。如果对方的问题令我们不好回答，而又不能伤害到对方的自尊心，我们最好不要直接误导，而应注意表达的方式，最好的办法是答非所问，先诱导对方犯下逻辑上的错误。

例如，你的女友问你："我长得漂不漂亮？"你该如何回答呢？假如你的女朋友并不漂亮是事实，而你又不喜欢说假话恭维她，你不妨换一种说法："要是你鼻子再稍稍挺一点，真的就堪称完美了。"这样的回答必然会让女友满意。此处，你一句简短的话，既点明了女友外貌中不足的部分，又使她乐于接受，感受到来自你的赞美，实在是一举两得。

事实上，很多深谙说服技巧的人都懂得运用提问的技术来诱导对方的思维，当然，如果你也想将这一策略运用自如的话，首先就要打破这种思维的障碍，多角度思考问题，并注意自己的表达方式，这样，一定能起到良好的说服效果。

让对方说“是”是成功说服的开始

生活中，我们在说服他人的过程中，直截了当地告诉对方我们的观点和想法，对方未必能心悦诚服地接受，而从提问开始，引导对方的思路，让他自己得出结论，比我们苦口婆心地劝说要容易得多。那些口才出色的人在提问他人时更懂得一点，我们提出的第一个问题就要得到对方的认可、让对方说“是”，这是为接下来的说服工作做铺垫，如果一开始就让对方否定我们，要想再让对方转变观点接受我们，难度就大得多了。

我们先来看下面的销售故事：

小李是一家电子产品公司的销售员，为了能实现公司电话软件销售的工作，小李前去拜访一家科贸公司的总经理。这家公司“财大气粗”，人脉广泛。但在沟通的过程中，科贸公司的经理提出了不同看法：

客户：“到现在为止，所有厂商的报价都太高了。”

销售员：“所有的报价都太高了？真的是这样吗？”

客户：“是的。”

销售员：“不过，我想您应该不会反对我与您进一步展开合作吧？”

客户：“反对倒还不至于。”

销售员：“那么如果我们有机会再次合作，难道您不觉得我们可以帮助您建立更广泛的客户群吗？”

客户：“嗯，很有可能。”

销售员：“您想，我们平时买质量优质的手机和传真机，都是为了拥有更好的通话质量，对吗？如果我们的产品通过与您的合作被更多人所使用，那么那些受益者第一个想到的就是贵公司对吗？”

客户：“嗯，倒是这么回事。”

销售员：“所以您不反对我们通过和您的合作来帮助更多人建立起一

套更实用的电话系统，是吗？”

客户：“是。”

很明显，小李与客户实现成交的方式就是通过一步步的反问，将主题引到销售上来。让客户一直未对产品说一个“不”字，小李这样做的好处是有利于掌握谈话主动权，控制整个销售进程，进而让整个销售工作引到自己所希望的结果上来。对于销售中的说服工作而言，如果销售员在销售开始时就把产品的卖点亮出来，让客户主动说“是”，认可我们的产品，那么，对于产品存在的某些无关紧要的小缺点，也就不那么在意了。

同样，这一策略可以运用到任何其他情况的说服中，那么，我们该怎样做才能让对方在一开始就说“是”呢？

1. 先提出一个对方必定会认可的问题

比如，你可以对客户说：“××先生，您应该知道我们的产品向来都比A公司的产品价位低一些吧？”当然，我们在提问前，一定要对所叙述的问题有十足的把握，不能让对方抓住把柄。

2. 循循善诱，强化对方对你的认可

也就是说，在接下来的提问中，我们所提问的也必须是答案为“是”的问题，当然，这些问题还必须是与我们要说服的主题息息相关的，不然会让对方摸不着头脑。

3. 主动说出对方的疑虑，让对方认可我们

小齐是一名供暖设备的推销员。一次，他要将一批供暖设备推销给某假日酒店，客户对他的产品很感兴趣，但到最后，却并没有如预料中那样顺利地成交。小齐知道问题出在了价格上，于是，他主动提出：“王总，我明白，可能您觉得我们的产品贵了些，这一点我也承认，但在刚才我给您演示产品使用的过程中，您也看到了，我们的设备完全是一套节能环保设备，甚至可以变废为宝，这是其他任何供暖设备所不能做到的，也会为贵酒店带来很多可观的收益……”小齐说完后，对方连连点头，最后顺利签了约。

这则销售案例中，销售员小齐之所以能成功说服客户购买，就在于他

能在客户提出价格异议前，主动告诉客户产品“贵”的原因。这样，客户就会打消“购买产品会吃亏”的疑虑，而选择购买。

4. 巧妙过渡到我们要说服的话题上

这是提问的目的，当我们已经得到了对方的认同，已经毫无否定质疑，再提及我们要说的关键问题，对方自然心甘情愿地接受。

总之，我们在说服他人的过程中，最具说服力的劝服技巧无非是让对方自己承认，让其拒绝之前先说“是”，这样能有效地将对方的拒绝遏制住。

第8章

顺势而问：顺水推舟必自然而然达成所愿

谈到说服，不少人认为说服就是要让对方无话可说，就是要占据谈话的上风，于是，他们为了达到这一目的，滔滔不绝地陈述自己的观点，甚至强迫对方接受自己的观点，事实上，与对方争论，会让对方从心理上产生一种敌意，无论你怎样说，对方心底都会有抵触情绪，在这种情况下，想要说服他人是很难的。其实，说服别人，是讨论而非争论，用和谐和讨论更能让对方信服你的观点，因此，真正的说服技巧是顺水推舟，让对方在自然而然的情况下认同我们的想法。

潜意识暗示对方，千万别强迫对方选择

生活中，我们经常会遇到这样的一种难题：我们苦口婆心地劝说某人选择某项事物，但对方却因为心里疑虑或者心存芥蒂而与我们唱反调，此时，我们该怎么办？不少人此时可能采取强迫的态度让对方选择，但最终事与愿违，其实，我们完全可以操纵对方的选择，这就需要我们能熟练使用暗示法。曾经有一个关于A箱和B箱的实验，这是曾经在电视或研讨会上所做的表演，演示者的目的是让大家更理解潜意识在沟通上的重要性。

“请你想象一下，这里有两个箱子，A箱和B箱。”演示者用手势指示了两个想象的箱子的位置。

“请你凭直觉立刻想象其中一个箱子。”

被要求的人会立刻回答说：“嗯，A箱。”

“为什么选择 A箱？”

“没什么，就是觉得……”演示者带着微笑，非常理解地点头。“你以为是自己选择了A箱，其实不然——是‘我’叫你‘选择’的A箱。”

“你叫我选的？什么意思呢？”

后来很多演示者都做过这样的心理控制实验，总是有很多志愿者参加。其实我们也可以轻易让对方选择你所指定的箱子，秘密就在于你用手势指示箱子位置时，可以先用左手指示“这里有A箱”，再用右手指示“这里有B箱”。然后放下双手，接着问：“如果要立刻选择的话，你会选择哪一个？”而在说到“立刻”时，要大胆举起左手指示“A箱”的位置。如此，“A箱”的印象就会跳进对方的潜意识里，被迫用直觉选择时，“A箱”较容易浮现在脑海。当然，对方在意识上完全不会察觉，所以会以为是自己无意中的选择。

可见，利用潜意识说服，会轻松很多，你是否觉得有点可怕？我们都

是这样，可能在不知不觉中受到他人的操纵。这种沟通的方式就是一种暗示，生活中有大量的话不用直接说出来，可以用其他暗示的方法表达，暗示在生活中最常见的却又是特殊的心理现象。所谓暗示，指的是人这一主体或者主体的周围环境通过语言的或者非语言的方式向我们发出的某些信息，我们在无意识的状态下接收了这一信息，然后产生了一定的心理作用或者做出了某些行为。

俄国心理学家巴甫洛夫说过：暗示是人类最简化、最经典的条件反射，可极大地诱发人的潜能。那么，我们该怎样利用暗示法影响他人的选择呢？

1. 语言暗示法

这是暗示的最普遍的方式，因为通常情况下，人们在用直接的语言无法表达的时候，最先想到的都是隐晦的语言，以此来旁敲侧击，以表达自己的主观意愿。

同时，暗示的目的是调动潜意识的力量，让对方做出我们希望看到的选择，因此，暗示的语言首先要精练，不能用复杂的语言进行描述，因为人的潜意识一般不懂得逻辑，喜欢直来直去。其次，一定要使用积极、肯定的语言，用肯定句进行暗示，消极的语言暗示恐怕只会适得其反。

2. 动作暗示

人的肢体做出的各个动作，是人的第二语言，在表达的时候比语言更有效。因为人的一举手一投足，一回眸一顾盼，都能表现特定的立场，表示特定的寓意。“A箱和B箱”这一表演便是动作暗示得到的结果。

就拿手来说，手的动作更能起到间接沟通作用：如果对方伸出手来表示想与你握手，而你也伸出一只手送上去握住它，那就暗示了你的交往诚意；若你伸出两只手上去紧握它，那就暗示了你的热情；若是你懒懒地握对方的手，或者干脆手也舍不得伸出去，那就意味着你不想与他交朋友。

说服他人，如果有些话不适合说，那么，你不妨借助你的肢体语言来表达，一般情况下，对方都会明白你的暗示。

3. 眼睛也是传神达意的最好身体部位

正如人们常说的，眼睛是心灵的窗户。如果对方在表达意见时，你双目发光，瞳孔放大，表明你对对方说的话很感兴趣，并赞同。而如果你的眉毛挑高，眼睛四处张望，表示了你对对方意见的不屑……

4. 空间暗示

这种暗示方法指的是除语言暗示和动作暗示外的其他暗示法。

比如，现在社会上出现的一些送礼的现象，因为送礼的人不好当面求人办事，于是，一般都会送点小礼，如果对方收下了，就表明对方答应办事，通常情况下，这种方法，都比正面要求效果要好得多。

还有一种情况，有些下属对领导的工作不满，可是当面说会得罪领导，甚至危及自己的工作，于是，这些聪明的下属都会选择写封信或者发个电子邮件，直陈事情的利害，领导权衡利弊后，都会做出明智的决定，并且这也有利于改善上下级之间的关系，调动了员工的工作积极性，激发部下的潜能。

可见，在日常生活中，我们要学会暗示，掌握一些暗示的方法，那么，我们便能轻松影响甚至掌控他人的选择和决定！

退避三舍，说服也要以退为进

生活中，有时候，我们说服别人，正面说服、苦口婆心的结果似乎总是事与愿违。但此时，假如我们能先后退一步，采用迂回的方法，或从侧面，或步步为营，通过潜移默化的方式影响对方，那么，对方接受起来可能容易得多。

我们可能忽视了一点，那就是人们都有逆反心理，我们越是与之争辩，越是费劲口舌劝服，他们越是不肯听从我们的建议，此时，我们要想达成说服目的，只有从其他方面入手。

我们先来看下面的故事：

唐庄宗李存勖是一个昏庸无道的君主，他极爱打猎。

有一次，他带领人马杀气腾腾来到中牟县打猎。中牟县令闻讯赶忙前去迎驾。县令跪在庄宗马前，为民请命，希望在打猎时不要践踏农民的庄稼。庄宗大怒，呵斥县令道：“你给我滚开！”

伶官敬新磨见势不妙，便带领他的演唱人员把县令捉至庄宗面前，斥责他说：“你身为县令，难道不知道我们的天子爱打猎么？”

县令低着头说：“知道。”伶官道：“既然知道，你为何要放纵你的百姓种田来向皇上交纳赋税？为什么不让你的百姓饿着肚子把田让出来给皇上打猎？你说，该当何罪？”说完，便恳请庄宗杀掉县令。其他伶人也一齐附和道：“请君王让我们把他杀掉！”

庄宗听后置之一笑，要大家放了县令。

这则故事中的伶官是个智者，面对昏庸无道的皇帝即将杀害忠臣良将，他并没有直接阻止，因为这样做的结果只会是让自己也招来杀身之祸，此时，他选择了反问式的幽默，从反面提问：“你为何要放纵你的百姓种田来向皇上交纳赋税？为什么不让你的百姓饿着肚子把田让出来给皇上打猎？”很明显，这个问题的答案是利于这位县令的，于是，唐庄宗自己得出了正确的结论，放了县令。

当然，说服中的迂回策略有很多，除了反问这一语言策略外，还有以下几种：

1. 提问

在一次集体活动中，当大家风尘仆仆地赶到事先预订的旅馆时，却被告知当晚因工作失误，原来订好的套房（有单独浴室）中竟没有热水。为了此事，领队约见了旅馆经理。

领队：真不好意思，这么晚还给您打电话，但我们走了这么远的路，一身的汗，不洗澡怎么睡觉呢？请您谅解一下。

经理：这事我也没有办法。这么晚了，这些锅炉工也回家了。不过，这附近倒是有个集体浴室，我觉得你们可以去那里洗。

领队：是的，我们可以自己掏钱去外面的集体浴室洗，但我必须声明的一点是，因为我们住的是带单独卫生间的套房，这个标准是每人50元一晚上，而假若我们去集体浴室的话，那么，我们只会按照到同一水平也就是一人15元付费了。

经理：那怎么能行?

领队：很简单，那只有供应套房浴室热水。

经理：我没有办法。

领队：您当然有办法!

经理：你说有什么办法?

领队：您有两个办法：第一是把锅炉工叫来给我们烧热水；第二是您亲自提着两桶热水来为我们服务，当然，我们一定会保持耐心，我也会劝大家等您来的。

当然，这位经理并不笨，他当然会选择第二个方法，于是，40分钟后每间套房的浴室都有了热水。

这位领队也是运用了“威胁”这一说服技巧，但是我们发现，在整个说服过程中，他丝毫没有表现出任何恶意，这也是为什么旅馆经理最后妥协的原因。如果领队对旅馆的服务大加指责或者言辞激烈威胁的话，恐怕就是另外一种结果了。因为没有人愿意被真正地威胁。攻心里所谓的“威胁”策略与恶意的恐吓没有任何关系，而是对对方进行的善意提醒。

当然，既然是提问，就有问有答；问什么，答什么；怎么问，怎么答，这是一般规律。作为言语策略，提问和答问在言语交际中，又不是这么简单，往往变化无穷。

2. 正话反说，激起对方的挑战欲

人们都有不服输的逆反心理，越是被否定，越是要证明自己；越是受压迫，越是要反抗等。因此，我们不妨反其道而行之，正话反说，这能激起对方的挑战欲，从而达成劝服目的。

勾践出兵伐吴，半路上遇见一只眼睛瞪得大大的，肚子鼓得圆圆的，好像在发怒的大青蛙，勾践于是手扶车木，向青蛙表示敬意，手下人不

解，问其缘故，勾践说："青蛙瞪眼鼓肚，怒气冲天，就像一位渴望战斗的勇士，因此我对它敬重。"全军将士都觉得受大王恩惠多年，难道还不如一只青蛙？于是相互劝勉，抱着坚定的信念，驰骋疆场，为国立下了战功。

勾践的一番话，让战士们产生一种"难道还不如一只青蛙"的心理，于是，激起了他们心中的战斗激情，从而立下战功。

3. 用情感打动对方

感人心者，莫先乎情。对于说服别人，在很大程度上，可以说也就是情感的征服。只有善于运用情感技巧，动之以情，以情感人，才能打动人心，以至说服别人。

总之，说服他人的过程中，在正面劝解无效的情况下，采用迂回策略、步步引导对方将会使你如虎添翼。

话要巧说，用对方喜欢的方式说服对方

曾有心理学家称，心理上的亲和，是别人接受你意见的开始，也是转变态度的开始。根据这一点，我们可以看出，在说服他人的过程中，"用刑"不如"用情"，用对方喜欢的方式去劝服，比直接灌输大道理效果好得多。

陈勇在一家珠宝公司的企划部上班，他做事认真，为人也很耿直，为此，也得罪了不少领导。和他同时进公司的刘鹏是销售部的，但因为一件事，刘鹏却进了公司总部，成了陈勇的上司。

那天，在每月的例会上，宣传部部长决定："为了促进公司新款珠宝的发售，我决定加大宣传力度，这月月末就在本市的水上乐园举行一次大型展览，希望大家努力办好这次展出。"陈勇一听，觉得荒谬之极，他本来就觉得这个宣传部长太专制，什么事都喜欢自作主张，也不和其他人商

议。这一点，他看不惯已经很久了。他性格太直，当着众人的面，他就回了宣传部长一句："你这太草率了吧，都不做市场调查吗？这可关系着我们公司下半年的销售额和资金的运转啊！"这些话脱口而出。当时，会场上的很多人都屏住了呼吸。

"你知道什么！等你坐到宣传部长的位子再说！"说完，宣传部长气急败坏地离开了会议室。

但令陈勇奇怪的是，那月的水上公园展览居然没有办，而自己的好朋友刘鹏也爬到了宣传部副部长的位子。原来，当时会上，刘鹏也很不同意部长的做法，但是他并没有在会上指出来，而是等会开完了，对部长道出了事情的利害："我一直都很佩服您，你做事一向都很有魄力，但这次我们推出的是公司今年的主打产品，去水上乐园玩的一半都是孩子，这么昂贵的奢侈品并不怎么适合在那展出，到时候做了无用功就不好了。"部长一听，觉得他说得没错，就向总部推荐刘鹏担任副部长，成为自己的左右手。

针对同一件事，两种不同的说话方式，导致了不同的结果和职业命运。有时候，说话不能太诚实就是这个道理。面对领导的错误决定，陈勇开门见山地提出了反对意见，让领导在众人面前下不来台，使其尊严受到了损害，领导自然很生气。而相反，刘鹏的做法明显好得多，先赞美领导，肯定了领导果断的行事作风，这至少让领导觉得自己的能力是被肯定的，这样，在听取意见的时候，也自然容易接受了。

案例中刘鹏使用的就是赞美法。这一现象是有一定的心理原因的，因为人都有一种获得尊重的需要，即对力量、权势和信任的需要；对地位、权力、受人尊重的追求，而赞美则会使人的这一需要得到极大的心理满足。可见，赞美不仅能用于求人办事，还能让他人接受我们的批评与指正，尤其是当我们批评的对象是我们的上司时。要明白，领导也并不是完人，也会犯这样那样的过错，行为上也会有些失误与不足，我们在指出领导不足时，一定要注意方法，硬碰硬、针锋相对只会侵犯领导的权威，这种情况下，别指望领导会向你屈服。而相反，假如你能先对领导赞美一番，顺从了对方的心理，你再劝说的话，就会少很多阻力。

当然，除了恭维法以外，他人所喜欢的说服方式还有很多，我们可以进行一些简单的总结：

1. 利益诱导法

现实生活中，人与人之间的交往，并不是完全脱离利益而存在的，比如，有时人们参加社交，就是为了获得一定的人际资源。我们在选择话题的时候，如果能从人们的这一心理出发，主动给予利益上的诱惑，那么，对方一定会上钩。举个简单的例子，在我们想请朋友吃饭、以获得他们的帮助时却发现，原来与对方的关系并没有多深厚，如果你直接邀请，很可能让对方觉得你是有利可图，也会随便找个借口拒绝。而如果我们能委婉一点，先找一个能诱惑对方的理由，比如，我们如果告诉我们的同事："今天晚上我们公司的张总可是会来哦！"再或者告诉我们的普通朋友："这次的晚宴，我们挑选的是你最喜欢喝的××酒，你去不去？"在这样的利益引诱下，我们邀请成功的可能性就会大很多。

2. 暖人心扉法

现代社会，竞争之激烈早已毋庸置疑，在说服他人时，正因为双方都是精明的。所以说服工作才多了更多阻碍，为此，一些人认为效果最佳的方法就是给对方施加压力，但事实上，无论是何种较量，"用刑"不如"用情"，用情说话会更容易打动对方，让对方臣服于我们的真情实意，说服结果自然会有利于我们。因为人都是情感动物，都会"感情用事"，即使谈话过程中涉及利益问题，对方也可能会因为"情"做出"有失偏颇"的决定。

总之，我们若想成功操控他人心理，达成我们的说服目的，一个行之有效的方法就是用对方喜欢的方式，在此基础上，你再提出自己想法，对方自然就很容易接受。

软磨硬泡，一步步给对方“洗脑”

现实生活中，我们发现，我们会遇到这样一种情况，我们的说服对象十分固执，无论我们拿什么理由来验证观点，他们也总是能说出个一二三四，根本不考虑别人的意见。倘若我们与这样的人意见不合，即使你与他争执，你也很难占上风，因为他根本不给你反驳的机会，但若你能抓住其心理特点，采取曲径通幽的方式，那么，就会容易很多。

当然，在说服他们的过程中，你首先应该隐藏好自己，不要让他看出你的企图，然后对其恭维一番，然后把他放到一个较高的位置上，这样，他们内心的阻抗就会小很多，其态度往往容易转变。

毕加索的妻子弗朗索瓦兹·吉洛特很喜欢绘画，而且在画画的时候不喜欢被别人打扰。一次，儿子小科劳德想让妈妈带他出去玩，可吉洛特已全身心投入到绘画上，听到敲门声和儿子的喊声，只是回应了一声“哎”，之后接着埋头作画。儿子没放弃，接着又说：“妈妈，我爱你。”可得到的回应也只是：“我也爱你呀，我的宝贝儿。”门却并没有打开。儿子又说：“我喜欢你的画，妈妈。”吉洛特高兴了，她答道：“谢谢！我的心肝儿，你真是个小天使。”但是仍旧没有开门。儿子又说：“妈妈，你画得太好看了。”这时吉洛特停下笔，却仍然没有开门的意思。儿子继续说：“妈妈，你画得比爸爸画得还好。”吉洛特知道，自己的画肯定不及丈夫画得好，但儿子的话却让她心花怒放，她也从儿子那夸张的评价中感到了儿子的急切心情，终于把门打开了，答应陪儿子一块出去玩儿。

例子中的小科劳德正是用软磨硬泡的办法敲开了专心作画的母亲的门。其实，现实生活中，对于那些固执的人，我们也可以运用这种方法敲开对方的心门。表面上看这种方法很简单，但却并不容易做好。具体说

来，我们该如何慢慢给对方“洗脑”呢？

1. 先找到共同的话题

面对不熟悉的人，一开始最好不要太过直白地表明自己的目的，而应该先谈谈其他方面，诸如新闻、体育、生活娱乐等方面，从中可以找到共同点，当对方对你产生好感后再巧妙地过渡到正题上，这样往往会取得更好的效果。

2. 秉持“说三分，听七分”的原则

任何一个懂得沟通的人都知道倾听在沟通中的重要性，只有善于倾听，才能把握对方言语间的真实意图，才能采取进一步的交际策略。同时，你应该明白的是，把商谈的主要地位让给对方，也是一种尊重和理解对方的表现，这样做能博得对方的好感。

3. 注意运用容易为对方所接受的说法

有时候，我们发现，即使意思相同的两句话，其表达方式不同，听者的感受也会不同。因此，在表达前，我们最好做一番推敲，尽量让我们所说的话让对方感受到亲切、自然，而不是生硬。

另外，还要尽量防止自己的话无意间冒犯了对方。所以，在说话前应先对对方有所了解，若无意中冲撞了对方，岂非前功尽弃？

为此，我们需要把握好以下两个条件：

首先，必须控制好自己的情绪，要有打持久战的准备。

在现实生活中，有些人是火暴脾气，一旦遇到烦心事就恼火甚至发怒。其实，发火并不能帮你解决问题，因此，你要告诉自己，凡事要冷静，不要冲动。并且，你要学会忍耐，多对他人表示理解，只要能做到这点，那么，你就能“反客为主”，就能控制整个交谈进程。

可能你会认为“软磨硬泡”需要消耗大量的时间，但实际上，时间恰恰是我们打好这一战的有力武器，因为任何人都不想浪费时间，也耗不起时间。所以，只要你能克制住自己，摆出一副“打持久战”的架势，对方最终便会妥协。所以，你一定要沉住气，耐心地牺牲一点时间，成功就会等着你！

其次，必须是“赞美”“哀求”“硬磨”三种方法一起上，缺少任意一个都达不到让对方哭笑不得的效果，也就难以达到你想要的结果。

总之，软磨硬泡是一种针对难说服之人的成功诀窍，它考验的是你的耐力，只要你坚持，你就能获得积极的效果，你应该表达出自己不达目的誓不罢休的决心，让对方看到你的态度，就能影响对方对你的态度。

运筹帷幄，一问一答中掌控对方思路

我们都知道，在说服他人的过程中，我们只有掌握整个谈话的局势，才能引导对方跟着你的思维走，最终达到我们的说服目的。然而，我们该怎样把握整个沟通的局势呢？其实，我们可以通过提问来引导对方的思路，在一问一答中，我们便能把观点植入对方的思维中，相反，毫无悬念地陈述，对方很容易分散注意力，更别说最终认可我们的观点了。

当然，要让这一方法百试百灵，我们必须还得掌握几点小技巧：

1. 事先了解，不打无准备的仗

说服工作绝对不能打无准备之仗，为此，我们最好事先设计好对话脚本，要问哪些问题，对方可能给出怎样的答案等，我们都要进行事先规划，这样，对于对话中可能出现的意外状况，我们也能给出第二套方案，否则很容易乱了方寸，甚至让说服工作无法进行下去。

2. 用提问调动对方的谈话兴趣

我们在与对方的沟通中，只有了解对方在意什么，不在意什么，才能做到有的放矢。事实上，很多人却忽视了这一点，总是只顾自己讲，而不明白对方的真实想法，最终导致沟通方向与对方期望的方向背道而驰，那么，怎么才能解决这一问题呢？唯有提问，提问可以更好地控制谈话的进程，最大限度地调动对方的兴趣和积极性。而对于我们来

说，提问可以使我们得到更多的信息，这些信息都会促成我们成功说服对方。

3. 巧妙过渡，将提问的重点转移到我们要说服的关键问题上

在提出一系列问题后，我们需要巧妙地将话题转移到要说服的核心问题上。例如：

“阿姨，我听天气预报说未来几天又有冷空气来袭，今年冬天确实比往年冷得多。您岁数大了，更要注意身体，尤其是冬天，一定不能忽视了保暖问题，否则一不小心就容易感冒、头疼。您看一下这件羊毛裤，它既暖和又舒适，而且非常耐穿……”

4. 有所避忌，有些问题不可问

在与对方谈话的时候，有的东西是需要特别注意的：

不要问及对方的花费，比方说别人衣饰的价钱或送礼的价值以及请客所花的费用，这会让人觉得你触及他的经济能力或者怀疑他送礼的心意。

不可问收入。

不可问家庭经济条件。

不可问别人如何支配金钱。

不可问女子的年纪（当然，如果对方是儿童或者老年人就另当别论了）。

不可问别人工作上的机密，“己所不欲，勿施于人”，凡是你不想让人知道的事你也应该避免询问对方，谈话的目的在于引起对方的兴趣，而不是使任何一方没趣，能令对方滔滔不绝是你说话本领，也是你增广见闻的方式。

当然，在与对方沟通时，提问也是有一定技巧的，如果用得不恰当，事情也会适得其反。很明显，我们要多提令对方感兴趣的话题，这些话题可以说俯拾皆是，关键在于要能够依照特定的情境去发掘，并且恰到好处地运用！

正话反说暗示对方的错误，让其心知肚明

生活中，人们在指出他人错误、希望对方接受我们的指正时，往往采取的是训斥和教导的口气，而出于逆反心理，对方未必接受，其实，我们可能忽视了一点，人都是有自尊心的，与其正面批评他人，不如反其道而行之，采用正话反说的暗示方法，诱导对方进入圈套，从而最终让对方心知肚明。

秦朝的优旃是一个有名的幽默人物。有一次，秦始皇要大肆扩建御园，多养珍禽异兽，以供自己围猎享乐。这是一件劳民伤财的事，但大臣们谁也不敢冒死阻止秦始皇。这时能言善辩的优旃挺身而出，他对秦始皇说："好，这个主意很好，多养珍禽异兽，敌人就不敢来了，即使敌人从东方来了，下令麋鹿用角把他们顶回去就足够了。"秦始皇听了不禁破颜而笑，并破例收回了成命。他的话表面上是赞同皇上的主意，实际意思则是说如果按皇上的主意办事，国力就会空虚，敌人就会趁机进攻，而麋鹿是没有能力用角把他们顶回去的。这样的正话反说，因为字面上赞同了秦始皇，优旃足以保全自己；而真正的含义，又促使秦始皇不得不在笑声中醒悟，从而达到了他的说服目的。

交谈中，如果我们反对他人的意见，但又不想因此得罪人，把气氛搞僵，不妨运用这种正话反说的语言，既不伤害对方的面子，更能收到想要的效果。

的确，正话反说是一种运用隐晦的语言，在批评他人时，采取这一方法更易让对方接受。如果你是一个深谙批评艺术的人，就要努力去满足他人的这种心理需求。那么，具体来说，我们该如何通过正话反说来达到让对方心知肚明的效果呢？

1. 先肯定

一般来说，没有人喜欢被直接指出错误，批评的副作用也是可想而知

的，而相反，人人都爱表扬，但这并不意味着不需要批评。日常生活中，面对他人的缺点、失误以及小错误时，我们不妨先采取正面鼓励、肯定和表扬的方式，这样，会把对方的错误意识上升到制高点，在后面的批评指正工作中，对方的领悟也就越深。

一名小学生天生是个犟脾气。一次课间，因他的同桌以“打呆子”的方式同他开了个玩笑，在同班同学面前，他感觉自己自尊心受到了伤害而恼羞成怒，一把揪住对方扭打起来，嘴里还直喊：“今天被狗咬了！今天被狗咬了！”

此时已到上课时间，老师走进教室，看到这“热闹”的一幕，立即叫他们松手再说。但此学生就是“咬定青山不放松”。只见他额上青筋暴起，脸涨得通红，口中仍在喊个不停。老师灵机一动，接过他的话茬说：“是呀，你今天是被小狗咬了一口，但是，我们只看到过狗咬人，哪有人咬狗的！狗咬了你，你也非要咬狗不可，这不是说明你与狗一般见识了吗？狗有狗的主人，你被狗咬了，去找狗的主人论理才对呢！”

几句话，说得全班学生都笑了起来，这名学生也“扑哧”一笑，松了手。

2. 矛盾法得出正确结论

皮埃尔是巴黎的画家之一。他以前卫派自居。

有一次，他在塞纳河畔开了一个画展，把自己的作品都张挂起来。有个五十多岁的妇人从旁边走过，见了他的画，说：

“哎哟，这画可真有意思。眼睛朝那边，鼻孔冲向天，嘴是三角形的呢！”

皮埃尔对老妇人说：“欢迎你来参观，太太。这就是我描绘的现代美。”

“哦，那太好了。小伙子，你结婚了吗？我把长得和这张画一模一样的女儿嫁给你好吗？”

老妇人的一句话，使皮埃尔陷入双重标准的窘境。

这种主观世界与客观世界的矛盾，造成一种强烈的反差，形成一种幽默的氛围。这种方法能制造幽默，因为它常常把人置于几种不同的环境中，凸显人类的弱点，令我们惊讶、羞惭、深思，让我们觉得有趣、可笑、意味深长。

3. 幽默法

一天早上，在上班高峰期，一辆公交车上挤满了人。突然，公交车一个急刹车，惯性的作用下一个老人一不小心踩了站在旁边的一个姑娘的脚。年轻人脾气大，姑娘立即说了一句："你个老不死的！"

车上的人都看着姑娘，也都想看看老人会怎么回答，没想到老人一点也没生气，反而笑着说："谢谢！谢谢！"

老先生为什么这么回答？车上的人都糊涂了。人家骂他"老不死的"，他不但不生气，反而乐着说"谢谢"，想必是已经老糊涂了。

此时，就有一人问老先生："人家骂你，你还谢人家，这是为何呢？"

老先生说："她哪里骂我了？她这是祝福我呢，她说，第一我老了，第二我不会死，这不是给我祝福吗？我不应该感谢她吗？"听到此话，周围的人都笑起来了，而姑娘也惭愧地低下了头。

例子中的老先生的做法就是对的，他运用的就是正话反说的语言暗示法，面对年轻姑娘的无礼，他心中肯定不满，但却没有当即用语言回击，而是采用一种语言转移暗示法，将不利于自己的话，转移为有利于自己的话，让姑娘认识到自己的失礼。

总之，即使要让他人心知肚明，目的也不在于批评，而在于指正，正话反说更能起到效果，更发人深省！

简单实用的说服技巧

第9章

巧辩攻心：先了解对方才能成功说服对方

我们都知道，人都是一种有感情的动物。古人云：士为知己者死。这是情感的积极效应产生增力作用；反之，是消极效应产生减力作用。而要达到这一效果，我们首先要做的就是把握人心，说服只有做到攻心为上，才能把话真正说到对方心里，感动对方，最终实现我们的说服目的。

说服他人的关键在于把握心理，而不是口才

我们都知道，很多情况下，我们对某个问题的关键点的把握直接决定了我们对整个问题的处理。举几个很简单的例子：做一道菜的关键在于各种作料的搭配；唱好一首歌的关键在于把握歌曲的曲调曲风；写好一篇文章的关键在于确定文章的中心思想……把握事物的关键点，才能让成功离我们更近。同样，要想掌握说服的技巧，我们也需要首先寻找说服的关键。那么，要说服他人，到底靠的是什么呢？有人说是口才，诚然，我们不能否定口才在这一过程中的重要性，但滔滔不绝地谈论自己的观点，未必能让对方心悦诚服地接受，我们更要做的是把握对方的心理，有的放矢地劝说，才能起到事半功倍的效果。

小李是一名保险推销员，她从事这个工作好几年了，业绩一直很好。但这次她发现，她的客户姜先生确实是块难啃的骨头，这位蒋先生完全有能力购买家庭保险，而且他也很关心自己的家人。可是当小李劝他投保时，他总是提出异议，并且进行了一些琐碎且毫无意义的反驳。小李意识到，如果不用点什么好对策的话，这次谈判大概不会成功了。

小李凝视着姜先生，说："姜先生，实际上您对自己购买家庭保险的要求已经十分明确了，而且您也有足够的能力支付相关的保险费用，更重要的是，您比任何人都关爱家人的安全和健康。不过，您仍然不能下定决心购买保险。"稍微停顿一下之后，小李转开话题继续说道，"对了，您平时是如何支配您的休息时间呢？为了更有保障，您可能会选择待在家里。其实据有关统计数据表明，家庭这个地方是最容易发生危险的地方。"说着，小李将一些数据资料交到姜先生手中。

刚才还出现在姜先生脸上的喜悦表情这时已经荡然无存了。小李此时将声调提高了一点，她说："姜先生，如果您现在马上让我从您家出去的

话，我会认为那是情理之中的事。但我担心您会想：‘如果我正是在这个时间里发生意外伤害怎么办？’”

姜先生很诚恳地点了点头，表示认同小李的说法。

小李直视着姜先生说：“而有了这种保险，您一周7天之内的任何一天都有足够的安全保障，在一天24小时里的每一小时都不会被忽略。不管在什么地方，不管您是在工作、出差还是休闲，您都会享受到安全的保障，您的家人也会得到这样的保障，这一定正是您所希望的吧？”

此时姜先生还有什么可说的呢？他高高兴兴地购买了费用最高的那种保险，因为他要保证自己和家人时刻都处于一种足够安全的保险体系当中。

案例中的小李在劝服不成后及时转变说话方式，直击客户最担心的问题——安全问题，让原本犹豫不决、总是提出异议的客户迅速做出了购买决定。

可见，真正有口才的人在说服他人时，是会将心理学运用其中的，他们能在三言两语间就让对方心服口服。那么，我们该怎样做才能在较短的时间内抓住对方的心理诉求呢？接下来是几点建议。

1.学会倾听

与人沟通，不能一味地“说”，还要“听”，而“听”也不只是简单地用耳朵听，还需要把对方沟通的内容、意思把握全面，这样，当你回馈对方的时候，才能与其想法一致。否则，如果你因为没有听清而急于表达自己的观点，结果有可能无法达到深层次的共情。而最重要的是，在倾听的过程中，我们能了解更多的信息，也就能更全方位地把握对方的心理诉求。

2.养成揣摩别人心思的习惯

要了解别人的心理，最重要的还是要有敏锐的观察力，然而，这并不是一下就能获得的，这就要求我们在日常生活中多思考，凡事多问几个为什么，并通过与对方的不断交流与沟通，来验证你的揣摩。长此以往，当你在与人沟通时，也就能通过对方的一言一行、一举一动揣摩其心思了。

3. 养成换位思考的习惯

换位思考说起来简单，但是真正能做到的人却不多，这并不是因为我们没有这个能力，而是没有这个习惯。所谓换位思考，就是要求在观察处理问题、做思想工作的过程中，设身处地地思考与说话，真正了解对方所想，这样，我们对别人心理诉求的把握也就更准确、更全面，说出的话也才能真正说到别人的心窝里。

总之，任何一个想练就高超说服技巧的人都要明白一点，说服的关键点不在于“说”，而在于“服”，只有真正了解对方的心理，说对方想听的话，才能真正用语言俘虏对方。

少说一点，很多事情你说得越多越没用

我们都知道，任何沟通都是双向的。赢得人心需要一个好口才，但决不可卖弄口才。有些人总希望用出色的口才让对方产生信任感，让对方认可我们的观点，进而达成我们的说服目的。但却忽略了一点，那就是，人们通常会以为那些巧舌如簧、很能说的人是不值得信任的。这大概就是为何一些人感慨为什么很多事情说得越没用的原因。因而，我们在与对方交谈中不仅要有度的表现，还需要巧妙地沉默。

“发明大王”爱迪生曾经遇到过这样一件不可思议的事：

在发明了自动发报机之后，爱迪生想重新建造一个实验室，但资金是个很大的问题，于是，他决定卖掉目前这项发报机的发明。但他对市场行情不是很了解，于是，他找来妻子，希望和妻子商量一下。妻子给他的建议是两万美元。听完之后，爱迪生很诧异：“两万美元，太多了吧？”米娜见爱迪生一副犹豫不决的样子，说：“我看能行，建一个实验室，最起码要这么多钱。要不然，你卖时先套套商人的话，让他先开价，然后看情况再说。”爱迪生想了想，觉得这种方式比较好，就决定试

一试。

事实上，当时的爱迪生在美国，已经小有名声了，很多商人都听说过他的名字。在朋友的介绍下，爱迪生决定与一名商人谈判。很自然地，双方谈到价格问题。对方让爱迪生出价，但爱迪生觉得自己的要求可能高了，始终不好意思说出口。

商人无奈之下，就说：“那我先开个价吧！”10万美元，你看怎么样？”

这个价格出乎爱迪生的意料，兴奋的他，一时竟然不知道如何继续谈判。当然在表面上他并没有表现出来，反而面带难色，说要等自己的妻子回来再商量一下。商人一看这种情况，也担心夜长梦多，于是对他软磨硬泡，爱迪生一看时机差不多了，便顺势与对方签了交易合同。

后来，爱迪生对妻子开玩笑说：“没想到晚说了一会儿就赚了8万美元。”

通常情况下，人们会认为能说话，会说话是口才。殊不知，有时候不说话，保持沉默也是一种口才，甚至这时的不说话比说话的效果还要好。

确实是这样，我们总是不愿意在接受别人批评的时候保持沉默。其实，有时候，“此时无声胜有声”，沉默才能堵住对方的嘴，沉默可以给对方和自己都留余地，沉默甚至可以使局面发生翻天覆地的变化。

可见，适当沉默是你沟通中无声的“武器”，它会让你在与人沟通的过程中畅通无阻！当然，要真正运用好沉默的艺术，我们还需要明白几点：

1. 控制自己的情绪，不让情绪出卖你

很多时候，我们保持沉默是为了让对方产生信任感，但任何人都是有情绪的，但你千万不能因为自己的情绪而暴露自己。

2. 细心观察，了解对方

说服他人，最重要的是对对方心理的把握，这就需要我们具备一定的观察能力。只有这样，你才能处于沟通中的主要地位，当然，说服过程中要观察的，无外乎针对对方的眼神、动作以及语言！

3. 说话保持客观公正的态度，尽量隐藏好自己的目的和动机

我们强调说服过程中的沉默，并不是说三缄其口、闭口不言，而是少说。一般来说，我们若想说服成功，就必须要探知对方的内心世界，从而攻破对方的心理堡垒，但无论使用什么方法，一定不要让他知道你的企图，为此，在说话时，你要保持公正客观的态度。如果对方发现你说话时带有某些情绪色彩，那么，自己的意图就很容易被对方识破。

当然，说服的主要途径依然是说，沉默固然能起到有效地掌控局势的作用，但到了该你说话的时候，众目所注，等你表态，等你议提，你三缄其口，还是会惹大家不满意的。所以到了非说不可的时候，还是要大胆开口，这时要讲究艺术，小心用词。

总之，你若希望自己在人际交往中能做到语言有震慑力，能攻破他人心防，那么，你最好在日常生活中锻炼自己的说话能力，要做到说精练的话，少说话，只有这样，才能让对方产生信任感，才能在三言两语中掌控对方的心理，达到我们的说服目的。

了解他人内心的需求，你就能操控他

我们都知道，在人与人交流中，说话投其所好是一种高超的表达技巧。要想和他人顺利交往，首先你就要学会针对对方感兴趣的地方说话，用动听的语言打开对方的心防。一般而言，当人们的意见、观点一致时，彼此就会相互肯定、信任，反之，就会彼此否定，产生戒备心理。所以，那些善于经营人际关系的人都懂得在与人沟通中先观察和了解对方的喜好，然后尽量投其所好地交谈。我们也发现，没有谁会对那些自己没有兴趣的话题投入过多的热情，而相反，如果对话题有兴趣，则会积极主动地加入到话题讨论中。同样，在我们试图说服对方之前，也应先深刻地了解对方，了解他的心理需求，从而实现进一步的交流，最终达到我们的说服

目的。

民国时期的袁世凯，一直都梦想着当皇帝，在成为中华民国临时大总统后，他的这种想法更是日益强烈。

一天，袁世凯正在午睡，这时候，一个婢女端进来一碗参汤，准备等大总统睡醒之后让他进补的，但谁知道，婢女不小心让门槛绊了一下，不但参汤泼了，就连袁世凯最心爱的羊脂玉碗也被打碎了。内屋的袁世凯听到声音赶紧起来，看到已经跪在地上的婢女，顿时大怒："今天俺非要你的贱命不可！"

此时，婢女灵机一动，连忙哭诉："这不是小人之过，小人有下情不敢上达。"

袁世凯大骂道："有话快说，我看你能编排出什么鬼话。"

"小人端参汤进来，看见床上躺的不是大总统，这才惊了。"侍婢哭着回答。

"你放什么屁，床上不是总统我，还能是谁？"袁世凯一听，更觉婢女在胡编乱造，于是气生得更大了。

"小人实在不敢说！"婢女哭声更大了。

此时的袁世凯已经怒不可遏了，他指着婢女说："你再不说，瞧俺不杀了你！"

"我说，我说。床上，床上……床上躺着一条五爪大金龙！小人一见，吓得跌倒在地……"

袁世凯一听，刚才的怒气一下子烟消云散了，心中一阵狂喜，他更加坚信自己有当皇帝的命。于是，他一高兴，居然赏了婢女一笔赏金。

这里，我们发现，这是一个聪明的婢女，在生命垂危之际，她居然能为自己想出一条逃脱的妙招，并且还得了一笔赏金。那么，她这一番话为什么能打动袁世凯呢？其实很简单，就是因为她抓住了袁世凯想当皇帝的心理，她编出的这个谎正是迎合了袁世凯自认为是真命天子的美梦，给了他心理好处，使袁世凯化盛怒为狂喜。

从这个故事中，我们可以看到说话迎合他人心理需求的重要性。卡耐基也曾经说过，如果想要和他人顺利沟通，并成功地获得他人的好感和认同，最好的方法就是和对方谈论他感兴趣的话题。话说得好不好是有技巧的，这并不是要我们巧舌如簧，而是要懂得把话说到对方心坎里去，这就是投其所好，对方高兴了，自然愿意听你的意见。而首先，我们必须要猜透对方心理。

要猜透对方心理，无外乎两个原则：

1. 饰其所矜

那些他认为骄傲的、值得夸赞的地方，你一定要渲染一下，以提高他的听话兴趣。

2. 减其所耻

他自认为不足的、过去所做过的亏心事等，你要会为其辩解，从而使其放心。

站在他人的立场上分析问题，能给他人一种为他着想的感觉，这种投其所好的技巧常常具有极强的说服力。要做到这一点，知己知彼十分重要。唯先知彼，而后方能从对方立场上考虑问题。

此外，在交流过程中，我们还要学会通过对方的手势、姿势、表情以及当时的整个反应，去分析对方的感情变化，体会对方的话语意义。要知道对方说话时的感受要比他的话语本身更重要。

总之，在说服他人的过程中，如果我们所谈论的话题迎合了对方的心理需求，他就会投入十二分的热情，但是如果他对所说的话题没有丝毫兴趣，即使场面再热闹，对方热情再高涨，他也会觉得寡淡无趣的。心理学家研究表明：每个人由于所处的位置以及性格、年龄的差别，内心的需求是不一样的。所以，要想说服他人，你最需要做的还是要彻底地了解对方的心理需求，知己知彼，真正做到迎合对方，投其所好。

给足他人面子，他就会听从你的话

我们都知道，中国人最重视面子，面子就是尊严，伤什么都不能伤面子。在很多人的心目中，面子是尊严的代名词，生活中也有很多人，无论何时，都为自己做足面子：囊中羞涩却硬要充胖子，因为面子上过不去；生活困难也不求助，为爱面子；不愿作为却勉强为之，为给面子……面子，实在太重要了，丢失了面子，就丢失了光荣，失去了光彩，矮了身份，感到脸上无光，心中无味。

其实，中国人爱面子是虚荣心的表现，爱面子固然不好，但我们可以利用人们的这一心理来进行对他人的说服工作。

然而，交际中，我们不难发现这样的人，表面上看，他们能说会道、口若悬河，但一交流，就让人感觉到他很狂妄，因此别人很难接受他的任何观点和建议。其实，这种人大多数都是因为表现自己，想让别人认为自己很有能力、让人看得起自己，但结果却事与愿违，他们妄自尊大，高看自己，小看别人的行为总会引起别人的反感，最终在交往中使自己走到孤立无援的地步，失掉了在朋友中的威信。

以前，有个很出名的画家，这天，他和弟子们去某画廊看画。接待他们的是一位漂亮的小姐，小姐很敬业，总是亦步亦趋地跟在他们身边，并且不断地介绍画廊的各种字画。

这会儿，画家停在了一幅字画前，并一字一句地读上面的诗句，有一张字画是用草书题的，大概写得太草了，画家读着读着，突然停住了，应该是不认识这个字。此时，画廊的小姐脱口而出：“您看不出来啊！是意思的意嘛！”只见大师脸色一整，沉声骂道：“这里有你多嘴的吗？”跟着一转身，怒气冲冲地走出画廊。

画廊小姐的错误之处在于急于表现自己，让画家没面子，因为爱出头而造人嫉恨。

因此，无论你劝服的对象是你的朋友、同事还是陌生人，都不要想着表现得要比他们优越，因为他们会形成一种自卑感，也就容易对你产生嫉妒心理，而相反，如果我们学会示弱，把光彩让给他们，他们就有一种被重视的感觉。正如法国哲学家罗西法古所说："如果你要得到仇人，就表现得比你的朋友优越吧；如果你要得到朋友，就要让你的朋友表现得比你优越。"

在交往中，任何人都希望得到别人的肯定，都在不自觉地强烈维护着自己的形象和尊严，如果你的谈话过分地显示出高人一等的优越感，那么无形之中就会对他人的自尊和自信形成一种挑战与轻视。而聪明人则会让自己"低人一等"，给足对方面子，这样，在获得对方认可的情况下，他们再提出自己的要求，对方也会顺其自然地接受。

那么，我们该如何给足他人面子呢？

1. 放低身份，表现自己的良好修养

这一点，在与比自己身份低的人说话时尤为重要。偶尔说一句"我不明白""我不太清楚""我没有理解您的意思""请再说一遍"之类的语言，会使对方觉得你富有人情味，没有架子。相反，趾高气扬，高谈阔论，锋芒毕露，咄咄逼人容易挫伤别人的自尊心，引起他人反感，以致他人筑起防范的城墙，从而导致自己的被动。

2. 承认对方的能力

一位成功人士说："为他人叫好，并不代表自己就是弱者。为对手叫好，非但不会损伤自尊心，相反还会收获友谊与合作。"同时，这也是一种心理策略，任何人都爱听赞美与肯定的话，我们承认对方的能力，有利于消除对手的戒备心理，甚至有利于我们从对手那里获得经验教训从而提高自己，在不断提升和完善自我之后，我们赢得对手就势在必行。

3. 重视对方说的每一句话

那些说话妄自尊大，小看别人的人总会引起别人的反感，最终在交往中使自己走到孤立无援的地步。与人沟通，目的在于交流意见、达成共

识，只有重视对方说的每一句话，才能赢得尊重。

4. 懂得倾听，并适时反馈

沟通的过程，并不完全是说的过程。我们有说的权利，但每个人都希望被倾听，这是一种自我价值的认定，而我们的反馈则是倾听的最好证明。因此，只有满足对方说的欲望，才会让人对你产生亲近的愿望。

5. 当对方遇到尴尬时巧妙维护其面子

毕竟，每个人都有强烈的自尊心和虚荣心，都会注意自己社交形象的塑造，没有人愿意当着众人的面出丑，而事实上，人们心知肚明，你这样做，不仅能赢得当事人的感激，还能让人觉得你是个善解人意的人。

总之，我们要明白的是，虚荣心是人性的弱点。因此，如果我们能在说服他人的过程中，多抬高他人，放低自己，那么，对方心中必会产生一种莫大的优越感和满足感，自然也就会高高兴兴地听从你的建议，从心里接受你。

表达你的关爱，说服会事半功倍

我们都知道，人与人之间相处，情是最能触动人心的，正所谓“欲晓之以理，必先动之以情”。通常我们会见到这样的场面，两个人初次打交道，其中一方欲与另一方打交道，于是，他百般客气谦逊，但另一方却不为所动，依然一副冷漠的样子，这时作为主动方，如果你能对对方实行温情关怀，一点点加温，那么，即使对方心里有一座冰山，你的温情也能如烈火般将其融化。正如人们所说“人心都是肉长的”，再铁石心肠的人也会被你坚持的温情感动。其实，在说服他人的过程中，何尝不是如此呢？人都是情感动物，想要说服他人，与其苦口婆心地劝说，倒不如用温情打动人。用温情打动别人，我们首先要做的就是表达关爱。

在松下电器公司，包括松下幸之助在内的所有领导，都很注重员工的利益，并从内心真正关心他们，正是因为这样，员工们才愿意与公司同甘共苦，共渡难关。

20世纪30年代初，世界经济都陷入萧条状态。很多厂家为了自保，都不断裁员，减少工人的薪酬，但松下公司却没有这么做。那时候，松下幸之助因病在家休养，但此时，他依然站出来说，坚决不能裁员，也不能降薪。相反，他决定，生产实行半日制，工资按全天支付。与此同时，他要求全体员工利用闲暇时间去推销库存商品。松下公司的这一做法获得了全体员工的一致拥护，大家千方百计地推销商品，只用了不到3个月的时间就把积压商品推销一空，使松下公司顺利渡过了难关。

其实，在松下的成长史上，还有好几次更为严重的危机，但正是因为松下幸之助始终都坚持和员工一起共存亡的信念，在不忘民众的经营思想下，使公司的凝聚力和抵御困难的能力大大增强，每次危机都在全体员工的奋力拼搏、共同努力下安全度过，松下幸之助也赢得了员工们的一致称颂。

从松下的管理经验中，我们看到了温情管理为员工营造了一种和谐的工作氛围，让员工感到了家的温馨，增进了企业内部的相互信任，增加了员工对公司的忠诚度。

那么，在具体的说服他人的过程中，我们该怎样表达我们的关爱呢？

1. 时刻不忘微笑的力量

人们总是愿意与那些热情、开朗的人打交道，善于微笑的人，总是能给他人留下良好的第一印象。

2. 态度要诚恳、说话要亲切

在与他人沟通的过程中，要让对方感到你是诚实的，人们是不愿意和一个虚伪狡诈的人打交道的。另外，一定要把话说得亲切、和蔼，这样才能使对方感到愉快，从而对你产生信任，因此，你说话一定要恰如其分，符合双方的身份，不然就会引起对方的反感。

3. 不要急于表露我们的说服目的

人都会受情感的左右，尤其是那些感性的人。所以，在刚开始接近对

方的时候，我们不必急于表达自己要说服对方的目的，先与对方寻找共同感兴趣的话题，这样，在只是聊天的前提下，和对方取得了心灵的共通，博得相互之间的认同。

4. 用行动来打动客户

我们不仅要用语言表达关爱，更要用行动来证明，比如，在对方最无助的时候及时出现帮助其解决某些生活中的难题，为其做些举手之劳的小事等，让对方真正感受到我们送去的温暖，他们自然愿意对我们打开心扉！

5. 重视对方的谈话，显出你的关心

人们参与人际交往，都有同样一个心理，那就是希望得到别人的理解和关心。因此，如果我们能满足对方的这一需求，就能赢得他的好感，当然，当我们向对方表示关心的时候，并不需要过分表现出来，因为通常时候，隐匿的关心更有效果，比如，我们可以重复别人说过的话："以前，你曾说过……"特别是当你说出了对方的兴趣或爱好之时，对方会因你对他的重视而感到欣喜，马上打消对你的戒备，由此增进彼此关系。

6. 说话饱含感情

比如，我们若希望邀约别人，那么，你若能表达出对对方如约而至的渴望，对方必当盛情难却，比如我们可以说："如果您今天晚上不来的话，那真是一件遗憾的事，我们的老领导都不在，整个晚宴肯定会大为失色。"而相反，如果我们说话毫无感情："希望您届时参加我们的晚宴。"那么，对方感受不到你的热情，也就没有参加的欲望了。

总之，即便我们说服对方的目的是有益于我们自身的，但我们与对方之间的关系也不是赤裸裸的礼仪关系，其中还包含着人与人之间的温暖和真情。因此，我们要想真正说服对方，还是要多关心对方的生活，关注他身边发生的事情。这样无形之中就会把关爱渗透到对方的心里去，进而形成真正的友谊！

比起口才，说话的态度更重要

我们都知道，人们之间的交往交流离不开语言，沟通中要想达到预期的目的和结果，很大程度上取决于运用语言的艺术。孔子说："文质彬彬，然后君子。"说话人人都会，但语言显然有文粗雅俗之分。具备现代文明修养的我们，要想成功说服他人，就要在语言交流中彰显自己的谈吐，表现自己谦和之态度。相反，那些说话夸夸其谈、目中无人者是令人讨厌的，为此，我们可以说，说话的态度比口才更重要。

一天，某生产设备推销员小王刚进公司，就接到了客户张总的抱怨电话，电话那头的张总一腔怒气。

"当初我真是瞎了眼，买了你们的机器，一大早，机器就不转了，这是怎么回事？真搞不懂你们是怎么弄的，修了一次还没修彻底！"

小王听完以后，深呼吸一口气，用清晰明朗的语气对客户说：

"张总，您好，实在抱歉！这台机器的问题真的让您费心了。您放心，我会马上处理这事，我们将以最快的速度给您送过去一台备用机先用着，不耽误您正常的生产工作，坏的机器我们马上拉回来维修，并再详细检查一遍。"

听到这里，张总的怒气也就没那么重了："好吧，请尽快！"

这则案例中，我们发现，客户张总从刚开始的怒气冲冲到怒意消除，最主要的原因在于销售员小王能以正确的态度、爽朗的语气和有力的解决方式加以回应。在处理客户抱怨的问题上，销售员的口语表达至关重要。销售员的说话方式可以影响甚至是控制客户，并且也是处理客户抱怨的利剑，从而使客户更加相信销售员。

心理学研究表明：情感引导行动。积极的情感，比如谦和、大度等往往能产生理解、接纳、合作的行为效果；而消极的情感，如傲慢、无礼

等，则会带来排斥和拒绝。所以，如果你想要人们相信你是对的、接纳你的说服，那么，你就首先要以礼待人，让对方感受到你积极的情感。

在现实中，我们该如何在言语间春风化雨，让对方感受到我们谦逊、诚恳的态度呢？

1. 让你的微笑活泼一点

生活中的每个人，生来都会微笑，但随着年龄的增长以及生活压力的来临，我们逐渐忘记了这一本能，似乎我们总能找到让自己愁眉苦脸的理由，尤其在陌生的环境里，微笑最容易被我们忽略。

事实上，你如果能笑一笑，并让你的微笑活泼一点，那么，别人就会被你的真诚和快乐所感染。因此，当你接受过别人的帮助后，你不妨面带微笑地对他说声“谢谢”；清晨，当第一缕阳光照在你身上的时候，不妨对你的爱人说声“早安”；当你的同事升职后，你应该发自内心地祝福他“恭喜你”。一旦你的言词自然而然地渗入真诚的情感，你就拥有了引人注意的能力了。

2. 不可傲慢无礼

那些说话夸夸其谈、目中无人者是令人讨厌的，为此，我们要做到态度自然、和蔼。

3. 注意你声音的音量

与人交谈时，不要认为高声谈笑就是真实自然的表现，声音分贝过大，不仅会影响到别人，让别人觉得刺耳，还是一种无礼的表现，因此，你说话应轻声细语，声音大小以对方听清为宜。

4. 不要卖弄你的口才

即使遇到意见不合的情况，也不可高声辩论，不要当面指责，更不要冷嘲热讽，甚至恶语伤人，而应语气委婉，各抒己见，尽量说服对方或求同存异。

5. 不要顾此失彼

在和多人交谈对，千万不要只关注一个人而冷落了其他人。最好是用一个话题唤起大家的兴趣，让每个人都发表自己的意见。

6.不要打断别人的讲话

对方讲话时，话题突然被打断，会让对方产生不满或怀疑的心理。认为你不识时务，水平低，见识浅；认为你讨厌、反感这类话题；认为你不尊重人，没有修养。

当然，语言谦和也要把握好度，说话只是表达思想，说明事情，没有必要靠语言来乞讨怜悯或树立威严，你不必唯恐别人不高兴，极力表现出毕恭毕敬的样子，唯唯诺诺、点头哈腰，堆砌一大堆客套话，其实这只会被人瞧不起；而盛气凌人、出口伤人，摆出一副傲慢的姿态，则会令人敬而远之，或觉得这人不知天高地厚，浅薄之极。正确的方法是不卑不亢、客气大方、讲究实在、有理有节。

总之，在劝服他人的过程中，若我们做到以诚待人，真诚能帮助他人，可以使不认识的人对自己微笑，可以消除他人的疑虑、冷漠、拒绝，换取他人对自己的信任和好感。

第10章

由己及人：先说服自己再去考虑说服别人

相信我们每个人都知道一个道理，我们要想成功说服他人，就要让对方从内心接受我们，然而，如何做到这一点呢？我们首先要做的就是说服自己，这要求我们不但要从外在形象上入手，更要学会如何说话、如何说适度的话，用绝对的自信和说服力去征服对方，我们也就获得了“特许”、获得了这种心理认同感，只有这样，我们才能成功说服对方。

花点心思在穿着上，迅速赢得人心

前面，我们强调说服的关键点在于攻心，事实上，我们要说服他人，第一步要做的就是给对方一个良好的印象。而一个人最先在无声中打动别人的办法就是靠自己的形象。好的形象可以给人留下心情愉快的印象，见了第一面就期盼见第二面，或者不反感见第二面。而较差的或者不适当的形象则会给别人留下再也不想见的印象。

所以在说服中，用什么样的形象打动对方的心，怎么才能通过形象使对方心动是很值得去细心体味和研究的问题。

小王与妻子出国后，很快与周围的外国朋友打成一片，因为他们善良、乐于助人。但他们第一次参加朋友们的派对，就出了一次丑。

那天是圣诞节，他和妻子因为一件小事刚吵过架，心情很不好，这时，电话响起来了。朋友邀请他们参加一个圣诞派对，他与妻子没多想，穿着T恤衫、牛仔裤就出发了，结果在踏进朋友家时看见大家都穿着得体优雅的礼服，真的有一种想找个地方躲起来的冲动。当朋友把这对中国夫妻介绍给自己的朋友时，他们表现出来的这副没精打采的态度，更是让这些朋友很沮丧。

事后，小王还专门打电话给这位朋友，为自己当天在派对上的失态而道歉。后来，他们专门找到一位形象设计师讨教一番，因为在他们的生活圈子中，少不了要经常参加这样的场合。

随后，他们与家人一同前往新加坡，参加侄女的婚礼时，回来后，他对这位形象设计师说："婚礼上，我们受到了很好的礼遇，我觉得在很大程度上是因为我们穿对了衣服，让对方很好地感受到我们真诚、懂礼、有素养的一面，给国外的亲戚、朋友们留下了深刻的印象。"

这则案例中，小王夫妻给外国朋友的印象有如此巨大的反差，就在于他们赴宴时的不同装扮。第一次，他们因为吵架心情不好，就穿了一身随意的衣服，为此，他们失态了。而第二次，在经过形象设计师的一番指导后，他们掌握了如何穿着才得体，正如小王说的："婚礼上，我们受到了很好的礼遇，我觉得在很大程度上，是因为我们穿对了一身衣服，让对方很好地感受到我们真诚、懂礼、有素养的一面，给国外的亲戚、朋友们留下了深刻的印象。"

古人云："人要衣装，佛要金装。"自古以来，着装永远是个经久不衰的话题，着装关乎一个人的外在形象，在交际中，着装的作用就更明显了。尤其是在与人初次打交道与应酬中，得体、有品位的服装能给别人留下良好的第一印象。因为人们对他人的印象很大一部分是视觉上的，这就是"三分钟印象"。

可能很多人认为穿着打扮是一个令人费神的问题，不知道怎样才能穿出品位、穿出神采。其实，要想穿出一身富有精气神的行头，也并非难事，对此，我们不妨从以下几个方面努力：

1. 独特的着装风格

不管干什么事情，最忌讳的就是跟风，因为跟风很容易迷失自己，着装也是这样。既然着装反映了一个人的修养和品位，那么，我们就应该保持自己的着装风格，不要盲日地追赶潮流。

2. 整体协调

着装的时候，不要把各个部分分开看，而要把它们作为一个统一的整体，进行合理搭配，使之看起来和谐自然，完美地衬托出你的气质。

3. 干净整洁

不管在什么场合，也不管你所穿的衣服是昂贵还是便宜，首先的要求就是干净整洁。即使你因为家境贫寒而衣服上有补丁，也要保持干净清爽，因为这样能够使别人觉得你是从内心热爱生活的。当然，现在已经很少有人穿打补丁的衣服了，所以在保持衣服干净整洁的基础上，还要保持衣服的平整，最好不要有洗不掉的污渍等。

4. 着装文明

人和动物的很大一个区别，就是人穿衣服，而动物不穿。但是，现在很多人在着装的时候为了标新立异，往往穿得非常暴露。而正规社交礼仪要求人们不要穿过于暴露的服装，尤其是在正式场合，尽量不要穿袒胸露背、暴露大腿、脚部和腋窝的服装，更不要在大庭广众之下赤裸着胳膊。

5. 着装技巧

在着装方面，其实是有很多讲究的。例如，女士穿裙子时，所穿丝袜的袜口应被裙子下摆所遮掩，而不宜露于裙摆之外；男士穿单排扣西装上衣时，三粒纽扣的要系中间一粒或是上面两粒，两粒纽扣的要系上面一粒等。

老话说得好，“佛要金装，人要衣装”“人靠衣妆马靠鞍”。作为社会的一员，不管我们是否有足够的收入满足自己对于服装的要求，都要保证着装的朴实大方、干净舒适，这样才能给人留下好印象。

打造良好第一印象，留下完美初见

生活中，我们常常听到这些话：“我从第一次见到他，就喜欢上了他。”“我永远忘不了他留给我的第一印象。”“我不喜欢他，也许是留给我的第一印象太糟了。”“从对方敲门入室，到坐在我面前的椅子上，就短短的时间内，我就大致知道他是否合格。”从这些话中，我们不难理解第一印象对一个人人际交往的重要性。

所谓第一印象，指的是人们在短时间内、根据一些片面的资料对某些人、事、物产生的印象。第一印象一般都是先入为主的，并且，这种印象带有明显的主观倾向，还会直接影响以后的一系列行为。

第一印象效应是一个妇孺皆知的道理，为官者总是很注意烧好上任之初的“三把火”，平民百姓也深知“下马威”的妙用，每个人都力图给别

人留下良好的“第一印象”。

蔡小雅是一家大型化妆品公司的业务主管，这次，她很有幸代替公司高层去与某大客户签约。

这天，蔡小雅出门前，还是和平时一样化了一个精细的妆，好好打扮了一下，来到签约地点，客户还没到，平时大大咧咧的她就拿出自己的化妆包，取出指甲剪，跷起了二郎腿，剪起了自己的指甲，并戴上耳机，听着自己喜欢的摇滚音乐。不知不觉，客户来了，她居然没看见，客户一看见惬意无比的蔡小雅，当时就气愤地离开了，并给蔡小雅的公司打电话：“我真不知道你们公司怎么会让这种没有教养的小丫头当主管，我可不敢与你们合作！”

事后，蔡小雅悔不当初，但已于事无补。

心理学研究发现，与一个人初次会面，45秒钟内就能产生第一印象。这一最先的印象对他人的社会知觉产生较强的影响，并且在对方的头脑中形成并占据着主导地位。故事中的蔡小雅之所以会失去签约的机会，给公司造成损失，是因为她在签约地点不合时宜的表现：跷二郎腿、剪指甲、听歌等。表面上看，这些对年轻人来说并不为过，但从对方角度考虑，这样的表现未免显得有失礼仪。相反，如果蔡小雅在客户到达签约地点前能端坐于谈判桌前，表现得温文尔雅、含蓄恬静、自然庄重的话，估计就不会出现这种情况。

当然，要想给对方留下良好的第一印象，我们除了要注意自己的衣着打扮和行为之外，还需要注意的一点就是言语。初次结识，一声温馨的问候，几句深入人心的话语，都能给对方留下美好的第一印象，而且这种良好的印象将会持续保留下去。总的来说，要想给对方留下好的第一印象，我们要从以下几个方面努力：

1. 仪表形象影响交际

虽然以第一印象来判断和评价一个人并不是明智之举，但生活中大多数人都是以第一印象来判断和评价一个人的。

仪表给人的第一印象一般都是最直观的，你的相貌、穿着等会直接让人联想到你的品德、修养、品位等各个方面。比如，很多时候，我们会认为，一个长相甜美、笑容灿烂的女孩，一定也是心地善良、性格好的人。当然，其实我们自己也清楚，相貌与心灵之间并没有直接的、必然的联系，甚至很多时候还是相反的。但一个良好的仪表形象是很有必要的。

2. 才华好、谈吐好才有魅力

美的表现并不一定在外在美上，初次见面时，一个人的谈吐也能给人留下一个好印象。在与人交谈的过程中，你的谈吐、说话气度、是否有思想等，都会给他人留下不同的第一印象。要知道，一个儒雅、有才华的人，一般更容易得到他人的喜爱。而假如你擅长琴棋书画中的任何一种，或者会唱歌、跳舞等一些才艺，你就会受到别人的赞叹和喜欢，甚至是崇拜，成为别人心目中的“才子”，从而增加别人与你交往的欲望。

3. 多使用礼貌语

俗话说：“礼多人不怪”“你好”“谢谢你”“对不起”和“请”这些礼貌用语，如使用恰当，对调和及融洽人际关系会起到意想不到的作用。比如，“谢谢”，无论别人给予你的帮助是多么微不足道，你都应该诚挚地说声“谢谢”。正确地运用“谢谢”一词，会使你的语言充满魅力，使对方倍感温暖。当然，道谢时要及时观察对方的反应，对方对你的感谢感到茫然时，你要用简洁的语言向其说明致谢的原因。对他人的道谢要回复，可以用“没什么，别客气”“我很乐意帮忙”“应该的”来回答。

4. 在你的语言中注入正面积极的情感

你说出的每一句话都是你精神面貌的体现，要开朗、热情，让人感觉随和亲切，平易近人，容易接触。另外，在说话的时候，你应该放松心情，保持自己的既有特点而不故意矫揉造作。而有的人在交谈时语言气势逼人，跟人接触时过分热情……这样故作姿态，不仅会令别人难受，连你自己也觉得别扭。

5. 拥有迷人的个性也是让别人喜欢自己的重要原因

事实证明，一个人拥有迷人的个性就等于给自己披上了一层魅力的外

衣，而这层魅力的外衣像一块磁铁，吸引别人成为自己的朋友。

有充分的自信，才能征服别人

生活中，人们常说：“你自己永远是信任你的最后一个人——全世界没有一个人信任你了，还有你自己信任你自己。”列宁也说过：“自信是走向成功的第一步。”而同样，那些自信十足的人说话时才更有说服力，因为他们散发出来的精神面貌是积极向上的。这一点也证明了“人不自信谁信你”这一道理。当今社会，我们要想获得别人的信任、认可，最起码的，要从相信自己开始做起……

自信，是建立在正确的自我认知的基础上，是相信自己能达到一种目标的表现；而反过来，自卑则是只看到自己的缺点和不足，看不到自己的优点和长处，是不相信自己、自我贬低的表现，并且，自卑者很害怕失败，在与人交往时更显得行为萎缩、被动。

我们来看看下面这个故事：

小泽征尔是世界著名的音乐指挥家。一次他去欧洲参加指挥家大赛，在进行前三名决赛时，他被安排在最后一个参赛，评判委员会交给他一张乐谱。小泽征尔以世界一流指挥家的风度，全神贯注地挥动着他的指挥棒，指挥一支世界一流的乐队，演奏具有国际水平的乐章。

正演奏着，小泽征尔突然发现乐曲中出现不和谐的地方。开始，他以为是演奏家们演奏错了，就指挥乐队停下来重奏一次，但仍觉得不自然。这时，在场的作曲家和评判委员会权威人士都郑重声明乐谱没问题，而是小泽征尔的错觉。他被弄得十分难堪。在这庄严的音乐厅内，面对几百名国际音乐大师和权威，他不免对自己的判断产生了动摇，但是，他考虑再三，坚信自己的判断是正确的，于是，大吼一声：“不！一定是乐谱错了！”他的喊声一落音，评判台上那些高傲的评委们立即站立向他报以热烈的掌声，祝贺他大赛夺魁。原来，这是评委们精心设计的圈套。前面的选手虽然也发现了问题，但也放弃了自己的意见。

是什么让小泽征尔敢于“挑战权威”，并大胆地告诉评委们：“不！一定是乐谱错了”？是自信！而倘若他不能坚信自己的判断是正确的，而是和其他几位选手一样，即使发现了问题，也不敢提出来，或者放弃自己的意见，那么，在这场比赛中，他也只能和其他选手一样，被淘汰出局。

可见，“自信”是力量，是一种涵养，一种品质，更是说服他人的一把利器，相反，你若连自己都无法说服，又怎样折服别人呢？当然，自信也要有“度”，否则，自信就会变成狂妄自大，走向反面。

那么，日常生活中，我们该怎样历练自己的信心呢？以下是几条建议：

1. 做自己能做好的事

生长中，每个人都在扮演着自己的角色。其实，你不必刻意地表现自己，只要你做好自己的本职工作，并且做到专注、认真，那么，你的个性魅力就会释放出来。总之，你要做好计划，要了解当下你需要做什么，然后加以实践，你没有必要非要扮演交际中的中心人物，没有必要非做伟大、不平凡的行动，只要做自己能力所及的事就足够了。

2. 挑前面的位子坐

不知你是否注意到，曾经偌大的教室，那些后排的座位，早已被成绩差的学生占满了，这是为什么？大部分占据后排座位的人，因为成绩不理想而缺乏自信心，故而选择不起眼的后排座。

而坐在前面能建立信心。你不妨把它当作一个规则试试看，从现在开始就尽量往前坐。当然，坐前面会比较显眼，但要记住，有关成功的一切都是显眼的。

3. 练习正视你的交往对象

眼睛是心灵的窗户。如果你不敢正视别人，会让别人产生这样的想法：“他想要隐藏什么呢？他怕什么呢？他会对我不利吗？”很明显，对方就产生了一种不信任。而实际上，这也是你不自信的表现。而正视别人

等于告诉你：我很诚实，而且光明正大。我相信我告诉你的话是真的，毫不心虚。

4. 稍微加快你的走路速度

生活中，我们可以发现，那些信心十足的人，走路的时候，总是抬头挺胸、昂首阔步，而那些信心不足的人，走路总是萎靡不振。可见，如果我们能稍微加快走路速度，也会在无形中增加我们的自信心。

5. 练习当众发言

那些在重要场合不发表言论的人，并不一定是能力不足，或者没有自己的观点，而是因为他们缺少信心。他们通常会认为："我的意见可能没有价值，如果说出来，别人可能会觉得很愚蠢，我最好什么也不说。而且，其他人可能都比我懂得多，我并不想让大家知道我是这么无知。"可见，要想树立信心，就要打破这一魔咒，从积极的角度来看，如果尽量发言就会增加信心，下次也更容易发言。

如果我们按照以上五点来不断提升自己的信心，你就会感到自信心在增长，你在别人心中的威信也会不断增长！

贴心一点，说话要顾及别人的感受

我们都知道，与人沟通要想让他人从内心真正接受我们，是需要一个过程的，这个过程就是良好印象不断累积的过程。的确，那些有说服力的人毋宁是那些"贴心的"让别人觉得"了解我""信任我""接纳我"这种类型的人。因此，如果你认真努力地去了解别人的心意，大家不但会抢着和你交流、想和你谈恋爱、买你的商品，也会蜂拥而来想和你做朋友。

所以，在说服他人的过程中，我们千万不可趾高气扬，目空一切，不可一世，也无论你有怎样出众的才智，都不要把自己看得太了不起，你要做的是多从他人的角度考虑，说话贴心一点，只有这样，才能获得他人的支持。

张阿姨身体一直不好，有心脏病，还经常失眠。而最近，隔壁邻居家好像在装修，经常大清早的就来了，夜间失眠的张阿姨好不容易刚睡着，又被吵醒了。为此，张阿姨的儿子很生气，要去对面理论一番。

谁知第二天一大早，对面的邻居就敲开了张阿姨家的门，张阿姨从厨房走出来，这位邻居急忙上前做了一个作揖的动作："大妈，我今天来是想说声对不起，我今天才知道您心脏不好，昨天打扰到您了，不过您放心，我给装修工人说好了，装修时间就定早上8点半到中午11点半，下午2点半，最晚到晚上6点半，他们如果违反规定，我就扣他们的工钱。这是我的名片，他们如果做得不好您就给我打电话。"

第二天装修的时候，这些工人果然遵守这位邻居定好的规矩，而且很会办事，他们在使用那些噪声比较大的工具时，都会事先和张阿姨说一声，让老太太有个思想准备。以前，其他邻居在装修的时候，整个楼层的人都会倒霉，不仅是噪声，楼里楼外又脏又乱。而这家的装修工人却把废料装在编织袋里，整齐地码放在楼角处。每天，他们在装修完之后，都会把这些废料一起带走。另外，他们严格遵守规定的工作时间，所以楼层的邻居们都没有被吵到，两居室足足装修了两个多月，时间确实长了点，可没招来邻居一句抱怨。

为此，张阿姨对儿子说："多为人家想想，就没什么可生气的了。"

的确，替别人着想是一种美德，是解决问题的首要途径。换个角度来讲，替别人着想，不仅释放了自己，改善了自己的心境，使自己不容易生气，还能减少人际间的矛盾，让彼此关系更进一步。

人际交往中，我们也应该像故事中的邻居以及张阿姨一样，凡事多为对方考虑，让对方感受到你的贴心，那么，对方便会认可你和接受你。具体来说，我们可以这样做：

1. 凡事多询问对方的意见和想法

询问与倾听，不仅能防止自己为了维护自己的权利而侵犯他人，还能

帮助我们鼓励对方说出自己真正的想法，了解他们的愿望与感受。一个懂得沟通艺术的人，都是善于通过倾听来获得好感的。

2. 说话要有耐心

耐心地说话，不仅有利于对方听懂你的意见，更能让你慢条斯理地厘清思绪。生活中，人们经常因为没有花时间系统地质疑自己的先入之见而身陷糟糕的交谈中。心理学家把这种急切的心态称为“确认陷阱”——他们没有去寻找支持自己想法的证据，同时又忽视了那些能证明相反意见的证据。

3. 换位思考

如果你与对方产生了分歧或者利益争端，就应当把自己和对方所处的位置关系交换一下，站在对方的立场上，以他的思维方式或思考角度来考虑问题，这样，通过换位思考，你就会发现，他的要求并不过分。通过换位思考，你会真切地理解他此时此地的感受；通过换位思考，你也会变得宽容。

总之，人都是情感动物，我们要想真正说服他人，“用刑”不如“用情”，多为对方考虑，站在对方的立场说话，他会觉得你在为他着想，对方就会臣服于我们的真情实意。

话不能乱说，要掌握分寸和火候

现实生活中，我们常说做人要有分寸，这就是度的把握。其实语言何尝不是如此呢？在说服他人的过程中，我们若希望自己的说服是成功的，很大程度上决定于你说话的“度”的把握，中国有句古话叫作“说者无心，听者有意”，大概就是这一含义，你明明只是无心地说了一句话，却“有意”地伤害到了别人，轻则引起对方的反感，重则给自己引来灾祸。可见，说话是要注意分寸的，尤其是与陌生人说话，因为彼此不了解，如果不谨言慎行，很容易让对方产生不快的情绪。而从另一个角度来说，与人说话，尤其是与陌生人说话，是要讲究技巧的。让对方觉得你是得体的人，才会让对方从心底产生继续与你交往的愿望。

小张在一家软件公司工作，从进公司的时候，就一直在销售部工作。在一次销售大会上，同事小李谈了一些自己对当前软件销售前景的看法，并提了一些具体的建议，而这些建议与小张一向采取的销售策略和主张都是截然不同的，小张自然很生气。心直口快的小张丝毫不隐瞒自己的观点，在会上慷慨激昂地进行反驳，以他对市场调查得来的第一手资料，说得小李面红耳赤，哑口无言。

事后，小李一直怀恨在心，慢慢地，他与小张由以前的好朋友变成敌人。奇怪的是，小李也真“神通广大”，后来领导一纸调令，小张被“流放”到仓库去当管理员了。

这次会上，小张为逞一时之快，实话实说，否定了小李的观点，让小李丢了颜面，结果导致小李经常在领导面前说他心高气傲，目中无人，由此小张被流放的“命运”也就不足为奇了。

通过上面的故事，我们可以得知，如果你想在社交场合中成为一个有说服力的人，就必须时刻提醒自己不要犯无心伤人的错误。而要做到这一点，你应该知道以下两点：

1. 谈话的禁忌

我们要想在陌生人心里建立起良好的口碑，赢得好人缘，你必须知道下面几个谈话的禁忌，从而在谈话中避开这些暗礁：

（1）别把自己的隐私拿出来大谈特谈。虽然说，在与人交往时，适当的自我暴露可以拉近与对方的距离，但你的话题一直围绕着自己的隐私，就会引起对方反感，觉得你是一个没有分寸的人。

（2）不要询问别人的隐私。要记住，“男问收入，女问年龄”是交往过程中的大忌讳。如果你在和陌生人谈话时问起这些，则显得你很无礼，因为问这些问题是无知和没分寸的表现。

（3）别总盯着别人的健康状况。有严重疾病的人，如癌症、肝炎等，

都不希望自己成为谈话的焦点对象。不要做个大嘴巴，对初次见面的人说："听别人说，您一直在治疗肝病，是这样吗？"这样你会成为对方最想痛揍的人。

（4）让争议性的话题消失。除非你很清楚对方立场，否则应避免谈到具有争论性的敏感话题，如宗教、政治、党派等容易引起双方抬杠或对立僵持的情况。

（5）不要随便评价别人。如果你实在忍不住要谈论谣言，去找你最贴心的朋友，不要拉着一个陌生人絮叨他完全不感兴趣的东西。没有人愿意第二次与一个造谣生事的人交往。

以上列出的忌讳，完全值得我们重视，哪怕只是偶尔犯这样的错，也会让对方误以为你是个没有分寸的人。

2. 掌握说话的分寸

要让说话不失分寸，除了提高自己的文化素养和思想修养外，还必须注意以下几点：

（1）维护别人的自尊心。每个人都是有自尊的。那些有某些显而易见的缺陷的人，自尊心反而会更强。所以，说话时，一定要避开对方的敏感点，比如对方身材矮小，你就最好不要在谈话中提起身高的问题，等等。你避开这个话题，对方会觉得你是个识大体的人，进而对你多一分尊重。

（2）客观才能得人心。这里说的客观，就是尊重事实，实事求是地反映客观实际，应视场合、对象，注意表达方式。没有人喜欢与那些首次交往就主观臆测、信口开河的人交往。

（3）不要让自己过于兴奋。与陌生人说话，我们提倡的待人接物方式以热情温和为佳，态度保持宠辱不惊，切勿太过兴奋，以至于口不择言，伤害他人。

（4）注意语言的地域差异。不同地域存在不同的文化差异，在某些人看来是很平常的说话方式却很可能会影响到对方的情绪。因此，我们尽量在与陌生人说话的时候，仔细思量，用普通话和对方交流。

（5）善意很重要。所谓善意，也就是与人为善。说话的目的，就是要让对方了解自己的思想和感情。俗话说：好话一句三冬暖，恶语伤人六月寒。在人际交往中，如果把握好这个分寸，那么，你也就掌握了礼貌说话的真谛。

因此，我们要把握好说话的分寸，管住自己的嘴，知道什么该说，什么不该说，该说的时候说得恰到好处，你才会成为一个会说话、能说服他人的人。

话不说满，给自己留条退路

人生在世，无论是谁，都避免不了这两点：一为说话，二为做事。生活中我们常说“做事要留退路”，其实我们说话何尝不是如此呢？很多时候，我们与人沟通的目的是说服他人接受我们的观点和建议，但即便如此，我们也不能把话说绝，要做到既有条又有理。这其中的条理，即为“度”的把握，也就是人们常说的分寸问题，说话懂得把握分寸，懂得给自己留条退路，这是成功说服他人的前提。

美国经济大萧条时期，有个姑娘，高中毕业以后，她来到一家珠宝店上班，她很珍惜自己的工作。为此，她非常努力。

就在圣诞节的前一天，在她当班的时候，珠宝店来了一个衣衫褴褛的顾客，她很明白，这个贫民顾客只不过是看看而已，因为他买不起。

这名顾客在店里随便溜达着。此时，电话响了，年轻的姑娘去接电话，突然，她一不小心撞翻了放在展览柜上的一盒钻石，6枚钻石就这样掉在了地上，她赶紧蹲下去捡钻石，可是她找了半天，却只有5枚。她抬起头，看见刚才那个男人正要向门口走去，她很清楚一点，那就是第6枚钻石一定被他拿走了。

于是，她赶紧站起来，柔声说道：“请等一下， 先生！”男子听到姑娘的话后停止了脚步，然后转过身来。

“什么事？”男子问。但年轻姑娘并没有回答，他开始紧张起来，便重复了一下自己的问题：“什么事？”

“先生，今天天气很冷，我们还得工作，没办法，现在工作真是很难找，我想您也深有体会，是不是？”姑娘神色黯然地说。

听到年轻姑娘的话，男子久久地凝视她，终于一丝微笑浮现在他脸上。他说：“是啊，真是不容易，但我相信，你一定会取得好成绩的。我可以为你祝福吗？”他向前一步，把手伸向姑娘。

“谢谢您的祝福。”听到男子这么说，年轻姑娘也伸出手，两只手紧紧握在一起。姑娘用十分柔和的声音说：“我也祝您好运！”

男子在握手后，说了句再见就转身离开了，而姑娘却站在原地，久久没有说话，男子已经走远了，她才转身走到柜台，把手中握着的第6枚戒指放回原处。

这个故事中，这位年轻姑娘的方法是值得我们效仿的，她既拿回了钻石，又为这位贫民顾客保留了面子。如果面对这种情况，她大喊大叫甚至严厉地质问对方，执意追查都会让这个男子怀恨在心，甚至可能对她实施报复行为。

“人非圣贤，孰能无过。”很多时候，我们放他人一马，就是给自己创造机会。很多时候，我们都需要宽容，宽容不仅是给别人机会，更是为自己创造机会。

诚然，人们常说：“凡事要认真”，这原本没错，但我们不可太较真，在说服他人的过程中也是如此，毕竟没有人喜欢说话咄咄逼人的人，无论是建议还是批评，点到为止更易让对方接受。为此，我们需要尊重几点说话的原则：

1. 尊重对方的想法

不少人常常犯的一个错误就是把自己的想法强加给他人，以为对方的想法与自己一致，实际情况并不如此。每个人都是单独的个体，所接受的教育和所处的生活环境都是不同的。因此，与他人沟通时一定不要自以为是，以为自己所想就是对方所想，否则只会适得其反。

2.说话先考虑对方的感受

也许你会认为你们已经关系很好，你的做法对方一定同意，但实际上，这只是你自己的想法而已。如果你换个角度看，你是自私的，甚至无意中伤害了对方。因此，要想让对方真正接受你的想法，你就要懂得为对方考虑。

3. 批评也不可伤害对方自尊心

心理学家分析了这种现象：通常，人对受到的批评有一个“限度”，在这个限度之内，一般不会做出反抗，一旦超出这个限度，就会激起受批评者的反击。这个限度包括言语的激烈程度，时间的长短及尊严和人格不受伤害。根据人的这种心理，在表达批评的时候，注意不要超过这个“限度”，适当保护受批评者的情感和尊重他们的人格和尊严。

总之，“话不说满”，要求我们在说话上把握好分寸，留有余地，这往大的方面说，就是一种适度原则与中庸智慧。因此，不妨从现在开始，在说话时注意分寸，给自己留条后路。

第11章

破除阻碍：解除对方内心疑虑使其甘愿被说服

在我们说服他人的过程中，对方总是存在这样那样的疑虑，而这正是阻碍我们成功说服他人的最大障碍之一。面对对方的顾虑，我们不可强制对方接受我们的意见。因为从心理学的角度看，人们更愿意相信自己推理得出的结论，而对于他人的一味劝解，则会加深疑虑。此时，我们可以以退为进，在一开始接触对方的时候，要从一些简单的认同开始，慢慢地侵蚀对方的心理防线，进而逐步开展我们的说服工作。

主动说出对方心里的疑虑

我们都知道，很多时候，我们的说服工作之所以出现障碍，是因为对方心存不安，对我们的话有疑虑，如果不采取积极的措施打消对方的不安感，那么，我们最终会被对方拒绝。事实上，对方出现疑虑是出自一种十分正常的自我保护与防卫心理，也是因为很多情况下他们听到的都是“报喜不报忧”的正面信息，比如说，一些销售人员为了说服客户购买，会吹嘘产品的功效，并不会提及产品的不足等。其实，假如我们能主动说出对方心里的疑虑，能显露出我们的真诚，打消对方的戒备心之后，我们与对方的谈话才有进展。

销售员张小姐与一位要批量购买产品的客户已经进行过多次电话沟通了，但对方迟迟不成交。这天，张小姐又拨通了电话：“郑经理，关于设备购买的事情，您考虑得怎么样了？”

“我暂时还没打算购买……不好意思。”对方冷冷地说道。

“我能理解您的想法，虽然我向您保证我们公司的产品性能属于业界一流，估计您也心存疑虑。不过在您没有亲眼见到我们公司的规模和生产状况前，存在这种担心和顾虑是正常的，为公司采购需要认真、负责，不能出半点纰漏。不然会影响到公司的运营等。”张小姐语重心长地说。

“是啊，真难得你能理解我的想法……”

“对于我们公司的设备，您大可放心。您也派技术人员来试用过，我想知道您还担心哪些方面的问题呢？”

客户说道：“其实我们急需一批这样的产品，对于你们公司本身的生产能力及产品质量我已经没有什么可顾虑的了，不过我担心的是你们能否在合同签订的15天之内就能将产品全部发到指定地点。”

听到客户这样说，张小姐马上说：“原来您担心的是这个啊，您稍

等，我马上为您传真一份资料。”

一分钟后，张小姐对客户说：“我给你传真的是我们公司专门针对紧急订货的客户制定的‘快速订货通道’，通过‘快速订货通道’，我们公司可以按照您的要求送货到指定地点，只要您能按照要求及时支付货款，到时候就可以凭单取货了……”

听到张小姐这样说，电话那头的客户松了一口气，认真思考了一会儿之后，他对张小姐说：“明天我会到贵公司签合同。”

案例中，张小姐深知客户是因为有戒心，对产品存在某方面的顾虑，才迟迟不肯签订合同。于是，她首先站在客户的角度，以几句真诚的话表达了对客户心情的理解，迅速拉近了与客户的心理距离，得到客户的信任之后，她再询问客户顾虑的原因就容易得多。面对真诚的销售员，这位客户也没有拐弯抹角，而是直接道出了自己所担心的问题，此时，精明的张小姐拿出了最有力的保证，从而彻底打消了客户的戒心，让其决定购买。

那么具体来说，我们该怎样说出对方内心的担忧呢？

1. 理解对方的不安感，表达同理心

同理心就是站在对方的立场，从对方的角度出发来考虑问题。这一点是非常重要的，表达同理心能让对方意识到你跟他始终是站在一起的，无形之中就有效地拉近了双方的距离。表达同理心的方法有以下几种：

同意对方的需求是正确的；

陈述该需求对其他人一样重要；

表明该需求未能满足所带来的后果；

表明你能体会到对方目前的感受。

在上面的案例中，张小姐就是站在客户的立场说话，对客户的顾虑表示理解，进而消除客户内心顾虑的。这一点，值得所有销售人员学习。

当然，说服过程中，我们在表达同理心时需注意：不要太急于表达，更重要的是一定要站在对方的立场去表达同理心，以免让对方以为你是在故意讨好他。

2. 主动向对方提供自己的、积极正面的信息，打消其顾虑

我们要想消除对方的戒备心，让其最终接受我们的意见，最有效的方法是说“实话”，但我们一定要用恰当的方式把有利于自己的信息传递给对方，让对方听从你的意见是一个正确的决定，这样可谓一举两得。

当然，整个说服过程中，当对方存有戒备心时，我们一定要有耐心，要用真心话拉近与对方之间的距离，对方才会逐步信任你。

巧言让对方看到接受说服后带来的益处

现实生活中，人们参与社交活动，多半是有一定目的的。即使两个人的友谊再深，也不可能完全脱离利益关系，比如，对方想认识某个名人，而你若能为其提供结交的机会，那么，对方就会主动先与你结交。因此，我们要想说服他人，也可以根据人们的这一心理，巧妙说出对方在接受说服后带来的益处，对方一定会主接纳我们的意见。

乔·吉拉德是世界著名的推销大师，一天，他所在的汽车展厅又迎来了一位客户。经过沟通和了解，乔·吉拉德向她推荐了一款合适的车型。那位客户看着崭新的汽车，左转转右转转，好像非常欣赏。

“夫人，如果您不介意，可以坐上去试试的。”

“是吗？你们对面的福特车行，每款车上都写着‘请勿触摸’的字，你们这里真的可以试吗？”

“当然可以！”

这位女士坐在驾驶座上，握住方向盘，触摸操作一番。从车里出来，那位女士说：

“不错，新车的味道真好！”

“那您决定买这辆车吗？”

“哦，我再考虑考虑，好吗？”

“亲爱的夫人，您可能还不知道这辆车驾驶起来有多么舒服。您愿意把它开回家体验一下吗？”

“真的可以吗？”这位女士感到不可思议。

“当然，没有任何问题！”

后来，这位女士决定购买乔·吉拉德的车，因为她把车开回家之后，丈夫、孩子和邻居都赞不绝口，这让她感到很满意，于是马上决定购买。

可以说，乔·吉拉德可以成功推销这辆车，是因为他在让客户参与方面做得很成功，让客户了解到了这款车的方方面面，满足了客户的好奇心。其实每个人都有很强的好奇心，特别是对自己不太了解的产品，都喜欢亲自接触和尝试。

从乔·吉拉德的推销经验中，我们也可以获得一些说服技巧上的启示，人们之所以不愿意接受别人的说服，要么是“没有看到自己即将失去的”，要么是“没有看到自己可能得到的”，关于后者，如果我们能通过语言描述法，让其看到接受说服后带来的益处，他一定毫不犹豫地答应。

可以说，当今社会，任何人都逃不出利的引诱，暗示利益的存在，能让对方上钩，我们的说服目的也就在无形中达到了。具体来说，我们可以这样说服对方：

1. 开发对方的想象力

人的想象力是惊人的，对于同一个事物，不同的人会得出不同的看法。

因此，如果我们能在说服他人的过程中，充分调动对方的想象力，为对方描绘出美好的蓝图，将会对你说服他人有很大的促进作用。因为从心理学的角度看，一旦人们在内心世界已经形成一种美好的愿望，那么，他们是极其愿意接受实现这种愿望的途径的。下面这段话展现了一个销售人员是如何劝说客户购买产品的：

“周末的早晨，您带着你的孩子，穿着我们公司的户外运动鞋，来到郊外，舒展已经劳累了一周的身体。郊外有座山，那天，有很多人一起爬山，当爬到半山腰的时候，有些人的运动鞋居然出现了问题，这些人面临的将是难以前进的道路……而您，却带着你的孩子挑战山顶的高度！”

这是一段具有强烈对比性的想象，想象之所以为想象，毕竟不是真实的，但客户听到这段话后，是不会产生异议的，因为这是对产品的一种自信。

2. 让对方参与，体验互动

人们常说："耳听为虚，眼见为实"，相比你所说的，人们更愿意相信自己的眼睛，更愿看见真实的幸福生活，此时，如果你能调动起对方的视觉、嗅觉、味觉、触觉等感觉，那么，一旦他们对你的话产生了信心，是很愿意相信你的。

3. 要找到对方最想看到的"利益"问题，进行"利诱"

不同的人，关心的问题不同，能对其起作用的点也就不同。也就是说，我们"利诱"对方，要分清对象，比如，销售过程中，有些客户比较爱贪小便宜，那么，你可以暗示他会有某些小礼品赠送；请客吃饭中，一些人比较看重可能会结识哪样的人，为此，你可以告诉对方饭局上会有某个名人、权威人士或者对方一直想认识的人……

4. 你所应允的"好处"应当属实

若对方答应我们的请求，是因为我们加以"利诱"，而当他们发现我们的承诺并不属实时，自然会心生不悦。这样，我们的说服目的也就难以达成了。

总之，聪明的人在劝服他人的过程中，都会巧妙攻心，他们并不会苦口婆心地劝说，而是使用"未来憧憬法"这一方法加快对方接受意见的脚步，一旦对方感受到你所描述的蓝图是美好的，那么，他们会毫不犹豫地选择听从你的意见。

巧妙过渡，别在一开始就表明你的说服目的

我们都知道，人都是精明的，很多时候，我们的目的是说服别人，但对方也会存在一定 防备心，直截了当、一开始就表明我们的说服目的，对

方很可能拒绝我们。这时，要想攻破这层堡垒，我们可以先不提自己的说服主题，先从家常式的谈话开始，层层递进，让对方在不知不觉中接受和认同我们的价值体系和理念。

这天，孕婴产品推销员孟青来到某小区。

“阿姨，您好，您怎么一个人在家？您儿媳妇呢？”

“你弄错了，这是我女儿的家，她怀孕了，我是来照顾她的。”

“唉，真是可怜天下父母心啊，这么大年纪了，还为女儿着想，想当年，我岳母也是，生怕我妻子冷着饿着，孩子出世后，也是一刻不闲着。”孟青语重心长地说。

“可不是嘛！不过我女儿很好动，身子也不错，这会儿她婆婆带着她出去散步了，我们两个老太婆还怕照顾不好一个孕妇吗？”老太太爽朗地笑了起来。

“是啊，我看阿姨您就是一个和善的人，全家一定都很幸福。对了，阿姨，只顾着和您聊天，都忘了跟您说了，您看，这是我们公司的产品，是专门针对婴儿设计的，包括奶粉、益智玩具，还有各种婴儿期的书籍等。”

“原来你是搞推销的啊。”

“是的，阿姨，不过您不购买也没关系，打扰您这么久，我赠送您一个小玩具吧。”说着，推销员拿出了一把玩具手枪，老太太一看，欢喜得不得了，但她一想：要是女儿生的是女儿，那岂不是不合适？再说，亲家也会以为自己重男轻女，要不再买个小娃娃吧。就这样，老太太主动提出再买个娃娃。

孟青一看自己的方法奏效了，就对老太太说：“对了，阿姨，您女儿还有几个月生？”

“两个多月。”

“现在的女人呀，都爱美，对于孕后的身材可是很在意的，我妻子就是，当年生完孩子后，一年多了还没恢复，我那时候想，要是我能多挣点钱，给她买点有助于产后恢复身材的产品，就不会那样了。阿姨，现在我

们公司的这种产品，正是针对孕妇的，只要产后每天锻炼十几分钟，就能起到很好的效果。您要是给您女儿买一个的话，她一定会很高兴。”

“是啊，那我也买一个吧，反正女儿生孩子，我这个做母亲的，也没为她买什么。”

接下来，在孟青的轮番轰炸下，这位老太太居然一次性购买了上千元的孕婴产品。

案例中，推销员孟青在道明自己的拜访目的后，对反的反应是：“原来你是搞推销的啊。”这句话里，我们发现，即使前期孟青做了很多亲近对方的工作，但还是被对方拒绝了。此时，他采取了以退为进的策略，提出为客户赠送产品的要求，面对免费产品，谁会拒绝呢？而这一“送”，就产生了“一发不可收拾”的后果，在孟青的劝导下，对方产生了各种产品的购买需求，于是，对方“上钩”了。

其实，不只是销售，很多情况下，我们在表明自己的说服目的之后，都会被对方拒绝，而如果我们能“曲线救国”，先从一些简单的认同开始，当对方消除防备心之后，再能让对方一点点认可你的观点，效果可能完全不一样。为此，我们可以这样做：

1. 得体的形象会给对方留下良好的第一印象

在和对方正式见面前，一定要穿着整齐干净，交流的时候不要太强势，要有很好的亲和力。让地方在轻松自在的环境中和你交流。也许对方会抵触你的说服话题，但不要让他抵触和你交流，所以，给对方留下良好的第一印象是我们成功说服对方的前提。

2. 先不提说服目的，向对方提出一个令其无法拒绝的要求

这里，我们还是以销售为例，很多客户对销售人员有很强的戒备心理，所以看到销售员时，态度非常冷漠，甚至是敌视。这时候，聪明的你不妨先抛弃自己的销售员身份，以一个普通人的身份提出一个人性化的要求。比如上个厕所，或者是喝杯水，要么问个地址。这些最起码的人性化要求，一般人都不会拒绝。自然你的客户也不会拒绝你简单的要求。因为对方觉得即使满足你这样的要求，也不会影响到他，再说了，这些连陌生

人都能满足的要求，销售员专门来拜访你，要是不能满足的话，也有些太不近人情了。往往在满足这些人性化要求的时候，销售员要抓紧机会和客户套近乎，从而提出更高一些的要求。

3. 淡化利益观念

我们可以不和对方提说服的目的，只是聊家常，这样，对方认可你这个人之后，自然愿意主动接纳你的观点。在消除芥蒂和化解误会后，双方之间观点达成一致也就是水到渠成的事了。

4. 层层递进，让对方接纳你的观点

也许你在做了很多工作后，对方还是不接纳你的观点，此时你不可焦躁、把自己的观点强加到对方身上，你要层层递进，慢慢地接触对方的内心，不要急于求成，避免引起对方的反感，和对方发生对抗。

所以，我们要明白一点，任何说服工作都不是一蹴而就的，需要我们做足心理准备、逐步打消对方的顾虑，进而认可和接纳我们。

设身处地为对方着想，让对方绝对信任你

我们都知道，我们若想说服他人，第一步要做的就是让对方信任我们，建立良好稳固的关系，没有信任就没有说服，而要实现这一步，我们就要做到最基本的一点：从对方的角度出发，了解对方心里想什么、顾虑什么，说能打动对方的话，只有这样，对方才会真正放下戒备心理，愿意接受你的建议。

琳琳是一名化妆品推销员，一次，公司推出一款新品，琳琳就想给自己的几个老客户都推荐一下，看谁对这款产品有兴趣。她拨通了第一个客户的电话。

琳琳：“张姐，您好，我是琳琳啊。”

客户：“哦，是你啊。有事吗？”

琳琳："我们公司新推出一款产品，我觉得很适合您，就给您打个电话，您上次不是让我留意的吗？"

客户："哦，这样啊，我知道你说的这款，我不怎么喜欢，要不，你给我拿套那个××吧，那是大牌子。"

琳琳："我知道您说的这款，其实，姐，这套相对来说贵很多，您可能并不在乎钱，我卖给您贵的，我拿的利润当然也高，但贵并不一定就适合您。说实话，那款产品，你用的话，因为肤质的关系，我怕您会过敏。我建议您还是不要买。"

客户："琳琳啊，你可真是会为我考虑啊，我信得过你，那我就订新出的这款吧。"

情境中的琳琳可以说是一名称职的销售员，她站在客户的角度思考问题，自然会赢得客户的信任。这种情况下，可能不少销售员以为只要约到客户然后卖出产品就大功告成，也不管产品适不适合客户。其实，这种想法是错误的，忽略客户的需求，即使约到了客户，客户也不一定购买；即使客户购买，当客户意识到你推销给他的是不适用的产品，他以后就不会再购买你的产品。而你如果在第一时间也就是预约客户的时候就考虑客户的要求，则会赢得客户的信任，你的工作就能够更顺利地进行，并且你做成的不只是一笔生意，还赢得了一名忠实的客户。

从这一案例中，我们还能获得启示，那就是，在说服他人时，我们要想消除对方的顾虑，就要学会换位思考，真正说为对方着想的话，对对方提出最真诚的建议，才会获得对方的信任，把你当成死党，最终愿意采纳你的建议。

具体来说，在说服之前，我们可以这样做：

1. 提供真诚的建议

对于说服别人，在很大程度上，可以说是情感的征服。任何说服的言辞，也只有建立在真诚的基础上，才能真正说服别人。

因此，即便我们希望对方认可和接受我们的说服，也不要为了说服而说服，要考虑到对方的需求，在沟通中认真加以分析，然后提出最符合对

方需求的建议。

2. 认同对方顾虑的合理性

和案例中销售员一样，如果我们能认同对方的顾虑，表达同理心，会让对方觉得是在为他考虑，就能争取到对方的心理支持，继而拉近彼此的距离，为我们接下来的说服工作奠定基础。

3. 给出证据，打消对方的顾虑

客户：我觉得你们的产品还是比较符合我们的要求的，但我还是比较担心产品问题，这样质量的产品，应该不值这个价吧？

销售方：我知道您的顾虑，但您大可以放心，国家质检部门已经做过多次检验了，我们所有产品的合格率都在95%以上，而且这型号的设备质量比其他的都好，它的合格率达到了98%，而其他公司的产品才85％。

客户：你说的是真的？

销售方：是的，您看，这是我们产品的合格证以及质检部门的检测报告……

客户：是这样啊。

销售方：目前这款产品的销售情况非常好，全国一百多个城市都有我们的销售点。更重要的是，直到现在我们仍然没有接到任何关于这款设备的退货要求，所以，您大可放心。

这里，作为销售方的谈判者，就是抓住了客户担心产品质量的心理，从事实出发，从而打消了客户的疑虑，最终让客户觉得购买该产品物有所值。

4. 帮对方认识立即做决定的好处

以销售为例，比如，我们还可以对某位女客户说："其实，这不仅仅是一件产品，而是一种心意，是一种爱，不管它怎样，只要是您买的，您老公都会喜欢。再说了，如果他真有什么不满意的地方，只要不影响再次销售，我们特别允许您在三天内可以拿回来调换，您看这样成吗？"

总之，在说服过程中，聪明的人并不会从正面劝说，而是运用语言的艺术，并设身处地地位对方着想，合理铺垫，让对方自己得出结论。

多渠道找到对方的顾虑并巧妙解决

现代社会，无论是寻找合作伙伴，还是业务洽谈，我们都免不了要说服他人，我们需要说服的对象也是形形色色，有的人在参与这些活动时，有着明确的目的，可以说是直奔主题，这对于我们来说，倒也是很轻松，但大多数人却是疑虑重重。比如，有的客户在购买产品的时候，就有怕贵、怕假、怕不适合、怕“花钱不识字”的心理；还有一些合作者，总是怕被骗、怕损失等，这种情况该如何解决呢？这就需要我们善于观察，找到对方的顾虑，并用正确的、积极的信息打消其内心的顾虑，最终达成说服目的。

一天上午，某汽车4S店来了一位打扮不入时的先生。店内的推销人员对这位先生上下打量一番后，都没有主动上前为其服务。而销售员陈玲则不同，她走过去主动和客户打招呼：“先生您好，我是这家4S店的销售员陈玲，很高兴为您服务。”为了不打扰顾客看车，做完自我介绍后，她就站一旁陪同，并未出声。

就这样，这位先生一个人在店内转悠，一会儿说这辆车车价太高，一会儿又说那辆款式不漂亮。看到一旁的陈玲，他说：“我今天只是随便看看，没有带现金。”

“先生，没有问题的。我和您一样，有很多次也忘带。您尽量看，有什么问题尽管问我。”

“好的，谢谢你。”然后，稍微停顿一会儿，陈玲观察到客户有种脱离困境、如释重负的感觉。陈玲想：他是真的没带钱，还是没有购买能力呢？于是，针对这个问题，陈玲决定大胆地试探一下。

“先生，您有中意的车吗？”

“那辆奥迪不错。”

“是的，您的眼光不错，这辆车最近卖得很好。”

“是吗？可是，能分期付款吗？”这下子，陈玲明白了，原来顾客是担心价格和付款方式问题。于是陈玲说：“当然可以，你现在就可以与我们签约。事实上，您不需要带一分钱，因为您的承诺比钱更能说明问题。”

接着，陈玲又说：“就在这儿签名，行吗？”等他签完后，陈玲再次强调说：“您给我的第一印象很好，我知道，您不会让我失望的。”

结果确实没令她失望，第二天，这位顾客就付了首付提走了那辆车。

这则销售案例中，销售员陈玲之所以能轻松推销出去这辆车，是因为她和其他销售员不同，面对打扮不入时的客户，她还是愿意一试。并且，最可贵的是，她敢于主动试探顾客，从而让客户自己道出了购买的顾虑——希望分期付款。的确，客户的购买能力是决定客户能否完成购买的关键因素之一，客户没有经济实力，即使他们的需求再强烈，也不会购买。

当然，在具体的说服活动中，对方的顾虑还有很多，需要我们采取多种方式获得，具体来说，我们可以这样做：

1. 善于观察对方的一举一动

在面对我们的谈话对象时，我们要善于观察对方的一举一动，通过对对方举手投足所折射出来的心理活动，大致猜测出对方的顾虑。

2. 巧妙提问找到对方产生顾虑的原因

一位销售人员试图将一台新复印机推荐给客户。客户看起来也很有兴趣，但是他说要考虑一下。

“好极了！想考虑一下就表示您有兴趣，对不对呢？”

客户：“你说得对，我们确实有兴趣，我们会考虑一下的。”

销售员：“先生，既然您真的有兴趣，那么我可以假设您会很认真地考虑我们的产品，对吗？”

此处，销售员的这种方法就能问清楚客户的疑虑所在，销售员还可以尝试着这样继续问下去：“先生，有没有可能会是钱的问题呢？”如果对方确定是钱的问题，销售人员已经打破了“我会考虑一下”定律。而此时如果销售人员能处理得很好，就能把生意做成。

3. 积极发问确定对方的顾虑

在猜到了对方的疑虑后，我们可以采取发问的方式来对问题进行确定，只有这样，才能抓住时机，步步深入，逐步打消对方的顾虑。

然而，与我们的说服对象初次沟通的时候，出于防备心理，对方会有意无意隐瞒一些信息，而这些信息对我们的说服工作起着至关重要的作用。所以，我们在发问时，一定要注意方式，最好以温婉探问的方式，尽量在悄声无息中了解，否则，很容易引起对方的反感，弄巧成拙。

总之，在说服他人时，只要我们善于观察、巧妙探寻、积极提问，便能了解对方的某些隐秘信息和顾虑，但我们一定要注意自己的言行，太过直接、明朗会让引起对方的负面情绪！

适时展现诚意，消除对方的不信任感

相信我们每个人都承认一点，人与人之间的交往、沟通，无论出于什么目的，要想达成所愿，都必须建立在彼此信任的基础上。我们在说服他人时同样也是如此，如果对方不信任我们，即便我们口若悬河、滔滔不绝，也无济于事。当然，信任感的获取有很多方法，其中一点就是我要懂得适时展现诚意，这样能增加对方内心的安全感，最终愿意接纳我们。

萧何设计杀了韩信后，消息传到了刘邦的耳朵里，刘邦表现得非常高兴，立即下诏封萧何五千户食邑，并派一个五百人的都尉组，给他当护卫队。朝中大臣纷纷向萧何表示祝贺，只有召平表示非常担忧。萧何对召平的反应感到非常奇怪，便问他为什么会担忧。

召平忧心忡忡地说：“这些奖赏并不是皇上对你的欣赏，相反，表明皇上对你已有疑心了！”萧何大吃一惊，忙问召平其中的微妙之处。召平

说："如今你留守京城，难道真的有危险吗？他派人来不是为了保护你，而是监视你的。"

萧何立即醒悟。召平接着说："我觉得你要立即向皇上表示，目前国家正在备战，急需要财源，您不但要捐出加封给你的五千户，还要变卖田产，用作战争的粮饷，祝愿皇上早日凯旋。"萧何赶紧按照召平的方法做了，刘邦知道萧何的所作所为后非常高兴，对萧何放下了戒心，不但收回了五千户封邑，也撤除了相国的卫队。

萧何感觉到皇帝的不信任之后，急忙给刘邦回信，来向他表示忠心，最终重新获得了刘邦的信任。心理学家表示：人有多疑的心理，当感觉不到别人的忠诚后，心理感觉到极度的不安全、猜忌和防范，以避免你的背叛会给他带来伤害。

在这种情况下，我们要及时展现自己的诚意，以换取对方的信任。说服他人时，当发现对方心存疑虑，我们要适时展现诚意，增加对方内心的安全感很有必要。具体来说，我们需要做到：

1. 始终真诚表达

诚心是一种真心待人、忠于人、勤于事的奉献情操，它是出自内心，而不是伪装出来的。与领导说话，同样应该"诚"字当前，做到不虚伪、不做作、诚恳自然。

2. 多说事实

你若让自己的话听起来更可信，就要学会站在事实的角度说话，事实胜于雄辩，客观事实总是能让人信服的，而假若你说的是谎言，那么你的话就是经不住推敲的。因为从心理学角度来分析，人们都有同样的心理趋向，那就是求真、求实。只有真实的东西，才是人们最可信的。

3. 寻找合适的时机表示自己的诚意

在说服过程中，如果对方在一开始就顾虑重重，那么，你最好在正式交谈之前先不要提及我们的说服目的，而只与其沟通感情。而如果对方对我们的不信任已经根深蒂固，我们最好让对方先冷静一段时间再与之接触；而如果对方对我们的不信任已经发展到十分强烈的地步，我们应停止说服，只以谦逊恭敬的态度与之相处。

4. 先从一个对方无法拒绝的要求开始

我们都知道，我们一定要尊重对方的情感需要。对方内心的误解和抵触不化解，他们是绝对不会委曲求全地认可和合作的。而如果你能耐心一点，先提出一个对方无法拒绝的要求，再让对方逐步相信和接受我们，这样则能逐步达到我们的说服目的。

5. 善借第三者为我们说好话

营销中，都有个观点，那就是首先要“营销自己”，其实，我们也要学会“营销自己”，然而，会营销的人往往不会自吹自擂，而是善于借用他人之口。因为人们都有一个心理，他们认为第三者的评价比当事人的言语更中肯、更客观。这一点，已经被很多营销人员运用到说服工作中。

这也就是人们所说的“借助他人之口来为自己说好话”。如果你无法让对方信任你的话，那么，你还可以尝试这样一招：找一个信任你的人做个人形象代言，借他之口，来为你间接公关。例如，在销售中，在无论是否最终购买，客户似乎总是有这样那样的异议，甚至有时候，洽谈伊始，客销售人员就要遭受客户一盆冷水。其实，这是因为客户对我们存在戒心，对我们不信任，认为销售员是为销售而销售。此时，如果有第三者出现，并支持我们的产品，为我们说话，那么，客户对我们的信任度也就大大提高。所以，很多聪明的销售员都利用“第三者干预”的方法来扭转客户拒绝的局面。

当然，让第三者为我们说好话以博得对方信任的前提是，我们要搞好与对方的关系，与其做朋友。

第12章

把控时机：让人不和自己对着干的说服术

我们都知道，社交活动中，每个人都在扮演着自己的角色。但我们却发现有这样一些人，他们似乎总是能成为众人信服的对象，他无论说什么，都能让别人信服，无论做什么，都能得到他人的支持，这是为什么呢？因为他们更懂得如何巧妙地运用说服术，他们有魄力、有能力，他们有信心、有耐心，他们思维灵活……因此，如果我们也能掌握一些基本的让他人臣服于我们的说服策略，那么，你就会感到自信心在不断增长，你在别人心中的威信也会不断增长！

竞选大会上一些人为何总能让对手屈服

大学毕业后，跟很多毕业生一样，小王也加入了销售行业。他是个勤奋的年轻人，平时努力工作的同时，他还学习到很多专业知识。因此，两年下来，他成长了不少，就连公司的领导也常常在会议上夸奖他。

最近，公司出现了一些人事变动，原先的副总出国了，公司董事会决议在员工中选拔出新的副总。小王作为业务尖子，是优先考虑的对象。但就在公司竞选大会上，居然半路杀出个程咬金，一个20岁刚出头的年轻人走上了台。他叫何剑，是公司去年刚招聘进来的业务员。何剑外语能力很强，过了专业八级，平日里业务做得非常棒，几乎跟小王不相上下。实话说，公司上下也只有他能跟小王一决雌雄。

在公司为他们安排的各项竞赛中，他们都表现得极为优秀，难分伯仲。在最后一道题目中，董事会觉得一定要分出输赢，于是设置了一个非常特别的项目，那就是聘请了公司的海外总监，美国人鲍威尔，让小王和何剑当面和鲍威尔谈一桩30万美元的生意。

这种面对面的谈判，实话说有一定的难度，小王和何剑谁也没有必胜的把握。在比赛前，他们都在积极地做着准备。小王明白，何剑的口语能力绝对要比他优秀，但是何剑刚来公司才一年多，很多业务还不是很熟悉，他要想取胜只能从专业上做文章。

抽签的结果是，小王先与鲍威尔谈判。上场后，小王积极向专业化靠拢，在和鲍威尔的谈话中，尽管他的口语不是太好，但是他的业务能力的展现却非常的出色，尤其是专业领域的谈判，进行得非常顺利。谈判结束后，鲍威尔竖起了大拇指。

这时候，台下的何剑渐渐坐不住了。小王所说的很多专业名词他根本就不会。虽然他的口语好，但是专业领域的业务接触得很少。等到他上台

的时候，本来信心十足的他，却显得非常狼狈。在与鲍威尔的交谈中，不但专业领域的东西不会，就连他平常拿手的口语交流，也说得结结巴巴。还没等谈判结束，就被鲍威尔赶下了台。

这则故事中，小王是如何让自己的对手屈服的？因为他适时地显示出自己的威力，让他的对手方寸大乱，从而轻松地赢得了最终的竞选。

现今社会，人际交往中，我们不仅要与我们的朋友、合作者打交道，还不可避免地要与我们的对手较量。那么，我们该怎样才能说服我们的对手呢？一些人在面对竞争对手的时候不知所措，也有一些人因为急切的求胜心而使得自己方寸大乱。其实，此时你若能在对方面前表现出自己的威严，进而让对方产生心理畏惧，那么，便能最终达到扰乱对方阵脚的目的。

其实，很多时候，与对手之间的较量，就是心理的较量，谁能获得心理上的主动权，谁就赢了，适时表现自己的危险，能给对方一个暗示——我比你强！在这种积极的心理暗示之下，你会比他更有信心，也会表现得更加出色。同时，给对方压力，暗示对方你是个很有实力的人，比他强，从而使得对方产生畏惧心理，在不知不觉中听从于你。

在具体的人际交往中，我们面对强大的对手的时候，到底该如何让对方屈服呢？

1. 知己知彼，找到对方的劣势和自己的优势

任何人都有自己的优势，也有自己的劣势，与对手较量，一定要知己知彼，了解自己的优势和对方的劣势，才能用自己的优势折服对方。因为即使你表现得不是很优秀，只要比对手表现得好，就会给对方造成一定的压力。因为他会因不如你而产生畏惧心理。

2. 将优势发挥到极致

在面对竞争对手的时候，我们要将自己的优势发挥出来，以此来掩盖自己的劣势。既然是优势，那么自然有自己独到的一面。那么，在关键时候，就要将自己的优势发挥出来，而且发挥到极致。就像故事中的小王一样，把自己在专业领域的优势发挥了出来，而且发挥到了极致，这样一来

不但弥补了口语交流上的劣势，还给对手造成了一定的心理压力。

的确，在竞争中，我们要想说服对手就要把自己武装到足够强大，以使对方足够弱小。在能力在相差无几的对手之间，说白了就是心理的较量。适时地显示自己的威力，让自己变得更加自信，发挥更加出色，从而震慑对手，让对方心生畏惧，从而产生消极的影响，最终达到不战自败的结果。

为何出色的销售人员总是能让犹豫不决的客户决定购买

强森是一个教育书籍推销员，他的销售纪录一直是该行业销售员中的第一，他有自己独特的一套成交秘籍。

当有位女士表示对他的商品没有兴趣后，强森一言不发地站在原地，一脸不敢置信的表情。接着他说：乔治太太，你的意思是，不帮孩子买这些书籍？你知不知道自己在做些什么？你准备袖手旁观，任由孩子去独自面对未来的竞争！你这样做，等于让孩子丧失竞争的能力。你只不过一天投资几块钱，就可以为孩子提供更好的教育机会，而你竟然不愿意，宁可让他们自求多福！

“我不相信你会这么做，乔治太太。只不过在一个月中，一天只花几块钱，你的孩子就可以大大扩展知识面。我相信你愿意投资这些钱，让自己的孩子有个好的开始。”

经过他的这种强硬说服，乔治太太最后接受了他的建议。

也许你会认为，销售员强森简直是在玩火！用这样的语气说话一定会激怒客户！其实，的确，面对犹豫的客户，约翰冒了一次险，虽然他的语气比较强硬甚至略带有责备的意思，但却句句在理，但客户绝不会为此

而动怒，反而会感激约翰的提醒。所以，在销售中，当客户犹疑不决的时候，销售员一定要及时采取措施，甚至不妨冒险一下。

在现实生活中，我们说服他人的时候，其实也可以从这一方法中获取经验，为此，我们可以帮对方做决定：

1. 不妨语气强硬些

范例中的强森运用的就是这一方法。有时对待无限拖延的客户也可以用此招。面对这种状况，我们要学着扑克牌高手说："先生，请摊牌。"

马克也经常采用这种销售技巧。

"碰到棘手的交易，"他说，"业务员必须建立自己的权威，而不是将顾客当作权威。"有一次，马克遇到的客户是一家只有5人的小型公司，正需要会计系统。

马克说："一天，我们将这5个人全请到公司，解释我方提供的解决方案。他们很认真，评估了市面上所有的会计系统。1.5万美元的交易，讨论了好几个小时还是无法定案。最后我将机器关掉，把钥匙放入口袋。我说再不定案，请你们都回去。这 5 个人突然像被驯服了的小猫！乖乖签下了合约。"

使用此法应谨慎，技巧必须非常娴熟，并且要根据客户的具体个性特征与接受能力，掌握好用词的度，否则只会适得其反。

2. 暗示法：通过暗示别人的看法，来坚定对方听从我们的意见是正确的

"这个礼品多显档次啊，您送给客户，客户一定会很高兴的。"

还有许多的促进成交方法，在实际的促销过程中需要根据不同的顾客，采用不同的促进成交策略。

最后，我们来通过日常生活中一个小小的细节，来看看那些精明的人是怎样替别人拿主意、巧妙说服他人的：

我们都有这样的经验，去菜市场买菜的时候，当你问商贩蔬菜怎么卖，商贩会一边告诉你价钱，一边为你递上塑料袋，这时，即使你觉得商贩报出的价钱有点贵，但你还是会接上塑料袋开始挑选蔬菜了。这是一种很奇怪的现象，似乎人们都无法拒绝，其实，这些小商贩并没有多少销售

理论知识，但却是“促进成交”的“高手”，其实，递塑料袋这个简单的动作本身，已经是在暗示你做出购买的决定，鼓励你下定购买的决心。

可见，只要善于观察和总结，每个人都能成为说服他人的高手，所有的说服理论与技巧，都是来源于日常生活，同时服务于日常生活。但使用这些技巧帮助他人做出决定的时候，我们一定还要注意：

（1）说话时一定要把握好度，要技巧娴熟。

（2）有些人并不喜欢别人给自己做决定，我们一定要善于观察，对于这类人，要循循善诱。

的确，当我们以正面的、积极的方式去劝服一个人接受一件事并即将成功时，你越是劝服，恐怕只会招其反感，而如果我们能主动、大胆地为对方做出决定，对方反倒会被我们的自信折服、减少不安感，最终爽快答应。

会说话的领导是如何批评部下而不让其产生抵触情绪的

唯一蝉联三次世界冠军的天才教练蓝柏第挑出了一位身材高大的后卫，叫作卫杰瑞。可是在比赛中，他屡屡失误，以致被迫下场。教练把他叫到跟前，训斥说：“你是个卑劣的运动员，你没能阻止住对方的进攻，你完了！”后卫沮丧地走进了更衣室。一会儿，当蓝柏第走进更衣室的时候，看到后卫在低头哭泣。他走上前去，用手臂环在后卫的肩膀上，说：“孩子，你是一个卑劣的运动员，然而，凭良心说，我应该告诉你，你自己的内心中有一个伟大的橄榄球运动员，我正要紧紧地保住你，直到你内心中的运动员有机会站出来，并且声名他是一个伟大的橄榄球运动员为止。”这些话让卫杰瑞感动不已。

面对后卫卫杰瑞的拙劣表现，蓝柏第并没有指责他，而是改用鼓励的方式，让他对自己充满信心。事实上，也正是因为有了蓝柏第的鼓励，才出现了后来历史上的天才球星。

事实上，那些口才好的领导者都深谙批评的艺术，他们总是能让部下虚心接受批评而不产生抵触的情绪。俗话说，人无完人，作为领导者，在管理企业的过程中，难免会遇上员工和下属犯错误的情况，此时，你如何批评下属就体现了你的领导艺术。很多领导表示，表扬起来容易，批评却很难。批评容易使上下级之间的关系受到影响，也会使下级对上级安排的工作表现出消极应对的情绪。造成这种后果的主要原因是领导者不懂得如何批评员工，也没有掌握批评员工的艺术。而无论如何，只要领导者掌握以下几点批评和表扬的艺术，尽量做到公平公正评断，则能让下属心服口服。具体来说，身为领导者的你要做到：

1. 客观、真诚

之所以要批评，是因为下属在工作中出现失误，对此，领导者一定要深入了解事实，调查情况，通过研究分析后，对员工的思想行为作出实事求是的评价，给予公正合理的批评。

批评的目的就在于“惩前毖后，治病救人”。在现在以人为本的管理环境中，这仍然要作为领导者运用批评这一管理手段的原则。领导者在批评员工时一定要真诚，端正自己的态度，注意批评的语言，一切本着解决问题、提高管理水平而批评。而不是出于某种打击目的，唠唠叨叨，长篇大论，言语千万不可含讽刺、嘲笑、污辱的意思。

2. 要对事不对人

“金无足赤，人无完人”，下属不是领导，领导都会犯错误，更别说下属。所以领导者一定要弄清这一点，我们批评的是他做错的事、他的某个缺点，而不是他整个人。批评他的错误，可以帮助他改正错误，却并不否定他的成绩，这才是科学的观念。假如批评他的人，那就表示他一无是处，这样不仅于事无补，于错误无补，反而会伤害他，同时也间接地伤害其他人，这是不科学的。

3. 在提出批评之前，先对下属充分肯定

这有助于减轻他的恐惧心理，然后适时地提出批评，让其理智地思考自己的过错，而不是陷入情绪的对抗当中，最后再次给予肯定和表扬，让下属带着积极的心态离开你的办公室。

4. 不要伤害下属的自尊与自信

批评下属要把握一个核心，就是不损害对方的面子，不伤害对方的自尊。例如："我以前也会犯下这种过错……""每个人都有陷入低谷的时候，重要的是如何缩短低谷的时间""像你这么聪明的人，我实在无法同意你再犯一次同样的错误""你以往的表现都优于一般人，希望你不要再犯这样的错误"。

5. 表达你的期望

没有人喜欢被否定，即使你的下属也是如此，因此，批评不当很容易给对方造成一定的压力，对其造成心理负担，甚至对你产生对抗情绪，这并不利于以后沟通工作的开展。为了避免这一点，你可以在批评结束时，以友好的态度表明你的期望，比如："我相信你一定能做得更好。"这是一种鼓励。而如果你说："今后不许再犯"，那么，对方势必会认为这是一种警告，那么，这无异于是另一次打击。

6. 选择适当的场所

下属也是爱面子的，公共场合的批评会让他下不来台，因此，你最好不要当着众人的面指责，指责时最好选在单独的场合。例如，独立的办公室、安静的会议室、午餐后的休息室，或者楼下的咖啡厅都是不错的选择。

的确，批评本身就不是一件愉快的事情，所以领导者应该注意自己在批评时的态度，还要使用恰当的批评方法，只有这样，下属才能心甘情愿接受你的批评指正。

客户服务部门的人是怎样巧妙解决不讲道理的投诉者

一天，某饮料公司经理办公室突然闯进一位先生，并直接对经理大喊大叫："你们哪里是饮料公司，简直是要命公司！只顾着自己赚钱，都掉进钱眼里了！你们眼里还有消费者吗？万一你们的产品把我们消费者喝出个好歹来，看你们怎么收拾！没有一点社会责任感！典型的奸商！"很快，秘书准备叫保安，但被经理拦下了。

这位经理不紧不慢地说道："先生，究竟发生了什么事情，请您告诉我好吗？"

"你自己看吧，饮料瓶里居然喝出玻璃碎片，这简直是谋杀，我要告你们！"这位先生把一个饮料瓶重重放在办公桌上。

经理拿起瓶子一看："怎么会发生这种事，太骇人听闻了，人吃了这东西会要命的，先生，这都是我们的错！"他立刻拉住对方的手，"请你快告诉我，你家人有没有误吞玻璃片，或者被玻璃片割破口腔，咱们现在马上送他们到医院治疗。"

这时，这位先生的火气消了些，说没有人受伤。

听了这话，经理显得轻松了许多，然后对对方表示感谢，并愿意赔偿李先生的损失，并表态以后杜绝这种事情的发生。最终，这位先生的火气全消了，满意地离去。

看完这则案例，也许你会佩服这位经理处理问题的能力，实际上，很多客户服务部门都有这样的处理问题的能力。我们不得不说，有时候，客户的抱怨并不是什么大问题，而是希望获得一个满意的答复，这时就要看我们的态度了，这才是客户最在意的。此时，如果我们能够抱着尊重他们的态度，认真倾听他们的抱怨，并适当做一些安慰和同情，他们一定会把我们当成朋友，情绪自然也会缓和下来，这样，很多问题就顺利解决了。

在推销过程中，耐心是一种巨大的力量，也是赢得客户的关键素质之一。而面对客户的抱怨，只要你可以平静从容，耐心倾听，最终问题必然会圆满解决。

被誉为“经营之神”的日本企业家松下幸之助曾说过：“对待有抱怨的顾客一定要以礼相待，耐心听取对方的意见，并尽量使他们满意而归。因为，他们将会为你的产品做免费的宣传员和推销员。”作为销售员，我们应该理解客户，并建立客户“发泄机制”，认真倾听对方的抱怨，而只有这样才能为客户提供优质的服务，同客户建立长久的合作关系。

那么，销售人员该如何在言语间春风化雨，成功让客户把怨气撒出来，进而解决客户的抱怨呢?

1. 态度真诚，倾听为首

一般来说，客户产生抱怨，说明已经对我们的产品或服务态度产生质疑，此时，我们要想重新赢得客户的信任和认可，就需要以真诚的服务态度打动客户的心。比如，我们应该用关怀的眼神看着客户，耐心倾听，并以真诚、认真的态度回应客户，如：“您的意思是因为……而觉得很不满是吗？”“总的来讲，主要有如下几点令您不满意……是吗？”而如果我们不能做到这点，在处理抱怨的时候心不在焉，敷衍塞责，那么只能火上浇油，不仅得不到客户的信任，而且还会招致客户反感，甚至影响到客户对产品的认同。

2. 感谢客户提出的问题

客户抱怨时，我们不但不可反驳，还要感谢客户提出的问题，因为客户愿意花时间和精力来抱怨，让自己有改进的机会，这当然应该感谢他们。对客户表示感谢，能让客户感受到你的素质，情绪也就缓和下来了。

3. 表达歉意

一旦发现是自己造成的错误，要赶紧向客户真诚致歉，即使错误与自己无关，也要对客户的麻烦表示同情和歉意，例如，“很抱歉让您这么不

高兴……”

4. 善加提问

当客户抱怨完后，我们要停顿几秒，然后像案例中的这位经理一样询问对方：“请你快告诉我，你家人有没有误吞玻璃片，或者被玻璃片割破口腔，咱们现在马上送他们到医院治疗。”这类询问表达的是一种关心。另外，通过提问可以真正弄清对方的意思，避免不必要的误解，也可以表明你在认真聆听，与对方形成呼应，并能对客户加以引导，让对方跟着你的思路走，让对方感受到重视，也可弄清对方对你的话理解到什么程度。

5. 承诺立即处理

在客户发泄完自己的不满后，我们在道歉完，一定要积极表示处理事情的诚意，如“我一定会尽快帮您处理这个状况……”。当然，这并不是一句空话，需要销售员及时为客户处理，能够当场解决的就当场解决，不能当场解决的，要记下关于客户提出抱怨的日期、情况等，并给客户处理的承诺。

另外，在处理客户抱怨的过程中，我们还要保持微笑，俗话说：伸手不打笑脸人，微笑是矛盾最好的缓和剂。即使客户的抱怨再怎样咄咄逼人、不堪入耳，销售员也要时刻保持微笑和心平气和的状态，用真诚的态度逐渐熄灭客户心中的怒火，最终消除客户抱怨。

聪明的父母会让孩子做“番茄蛋汤”还是“西湖牛肉羹”的选择题

生活中，我们都可能遇到过这样的聪明的服务员：

一天，你来到某中餐餐馆，服务员来为你点餐，你对他说：“我要一份米饭，一份宫保鸡丁。”听到你这么说，服务员立即说：“好的，您点的是一份米饭，一份宫保鸡丁，那您是要番茄蛋汤还是西湖牛肉羹呢？”

于是你接着回答：“番茄蛋汤吧。”

多么高明的“捆绑销售”。而假如此处服务员换一种问法：“你要不要来点汤呢”，你回答的是“要”或者“不要”，而对方问你是要“番茄蛋汤”还是“西湖牛肉羹”，那么，你的选择就不一样了——你只能在这两种汤之间选择。

其实，在教育孩子的过程中，我们大可将这种巧妙的说服术运用进来。

比如，若你的孩子和你意见不合，孩子就是不愿意听你的话，此时，你怎么办？你不妨也让孩子做道选择题，让孩子在“番茄蛋汤”还是“西湖牛肉羹”中间选择，这样，能减少亲子间的冲突，并通过把决定权交给对方的方式，让孩子觉得受到尊重，因而会愿意做出配合的决定。

再比如，你想让孩子按时上床睡觉，但他就是想看电视，此时，你可以这样对孩子说：“宝贝，《喜羊羊与灰太狼》很好看，对吧？那你以后是饭前看呢，还是饭后看呢？”这样，用选择题代替是非题，因此孩子不论做出哪个选择，都能达成共识。

我们再举个例子，妈妈想叫孩子关上电视，去做功课，这时与其大吼“快把电视关了，去做功课”，不如说“乖，你是要先吃饭还是要先做功课”。这么一来，不论孩子做任何选择，做妈妈的都可达到让他离开电视机前的目的。

很多家长在教育孩子的过程中，都遇到这样一个头疼的问题，孩子太固执了，想尽办法也说服不了他！其实，如果我们能找到孩子喜欢的沟通方式，让孩子在一开始就认同你，那么，他自然会接受你。具体来说，我们家长要掌握以下几条原则：

1. 检查自己的行为

有时候，孩子之所以和你对着干，其实是因为他们觉得你过度控制他们，对此，你一定要反省一下，自己是不是管得太多了？是不是总在下命令？是不是经常责备孩子，让孩子觉得受委屈了？

2. 多倾听，先不急着发表意见

即使孩子的看法与大人不同，也要允许孩子有自己的想法。父母应考虑到孩子的理解能力，举出适当的事例来支持自己的观点，并详细地分析双方的意见。父母不压制孩子的思想，尊重孩子的意见，孩子自然会敬重父母。

3. 晓之以理、动之以情

我们来看看林先生是怎么教育他的孩子的。

林先生是一名物理教师，他在教育孩子这方面很有自己的心得，他曾这样陈述自己的一次教子经历：

儿子在上小学时，有一次，他和小伙伴玩疯了，晚上回家居然没带语文课本，他怕我骂他，还让他妈妈帮他隐瞒，妻子在吃晚饭前就把事情告诉我了。

对于这件事，我自然很生气，孩子从现在就开始撒谎，一定要教育，于是，我叫他不要吃晚饭了，他哭着叫他妈妈和他去找书，终于在学校保安室拿到了书。回来后，我对他说，一个学生，最大的任务就是学习，这就和一个军人最大的任务是保家卫国一样，一个军人丢了武器还怎么保家卫国？一个学生丢了书本还谈什么学习？听了我的一番话后，儿子低下了头，接下来，我说："一个人不能忘记自己的责任啊！"他好像听懂了我的话。

前些天，孩子他妈去外地了，就我们爷俩在家里，我发现他每天夜里都要检查煤气、检查家门。一天我因为去学校早了点，忘记拿牛奶了，回去以后发现孩子已经拿回家了，而且放到了冰箱里。孩子长大了。

林先生对孩子进行的责任教育，并不是陈述大道理，而是从生活中孩子丢了书本入手，让孩子明白书本对于学生的重要性，从而让孩子从这一小事件中明白做人必须要有责任感，后来孩子检查煤气、家门、拿牛奶等事，证明了林先生的教育起作用了。

的确，每个孩子都有他自己喜欢的沟通方式，作为父母，我们要想成功说服孩子，就要从他喜欢的方式入手，并掌握一定的说服技巧，而不是硬性地把自己的观点传达给孩子，这样孩子才能接受你的观点。

机灵的下属是怎样让上级主动为其加薪的

心理学家曾经做过这样一个心理学实验：让两个下属去跟领导谈薪水。第一个下属直接跟领导摊牌，问道："你能给我开多少钱的薪水？"领导看了一眼，很不高兴地说："暂时说不上。"第二个下属则比较聪明，认真工作了两天之后，领导非常满意，这时候他故意有话要说，但是欲言又止，领导看到后说："你的薪水开3000元你看满意吗？"事实上，这已经超出了对方的期望。

同样是谈薪水的问题，两人采取的方式方法不一样，最终结果也完全不一样。这究竟为什么呢？心理学专家做出了解释：这里涉及一个原则——"主动被动"原则，也可以理解成"欲擒故纵"原则。谈判是一场心理的博弈，如果你过早地暴露自己的"底线"，往往会被对方当作"高线"。如果你过早地把问题提出来，那么这个"问题"是属于你的，但是如果你暂时保持沉默，无疑把"皮球"踢给对方，成为别人的问题。对方就会暴露他的底线。可见，在职场里谈及薪资的问题时，要学会以静制动，让对方先开口，从而占尽先机。

某公司市场部的员工刘杰已经是公司的老员工了，从他毕业到现在三年多的时间一直效劳于这家公司，可是工资始终没有涨。这让他的工作热情消减了不少。可是他又不想离开这家公司。于是，刘杰想到了这一招，这天早上，他敲开了总经理的办公室，将事先写好的辞职申请递交了上去。总经理热情地和刘杰交流了一次，在谈话中，总经理充分肯定了刘杰这三年来所做出的努力，然后将刘杰递出的辞呈又还给了刘杰，刘杰悬着的心终于落下来了。总经理这么做，无疑是要为刘杰加薪。果然刘杰的工资一下子涨了500块，这对他来说是个不小的激励。刘杰又以饱满的热情投入到工作中去。

此处，刘杰并没有向老板提及增加薪水的问题，而是采取了“假辞职”的攻势，以此来提醒和暗示老板，最终如愿以偿。心理学专家研究表明：对于领导来说，尽管和下属之间是上下级的关系，但是时间久了，也会有感情，因此直接赤裸裸地主动提及金钱，难免会让领导觉得心里不痛快。但是不提，作为员工，又会损害自己的利益，这时候巧妙地暗示既表达了自己的意思，又顾及了和领导之间的感情和关系。这个过程，事实上把自己的“问题”摆给了领导。以静制动，欲擒故纵，很好地掌控了全局。

在职场里，这样的问题非常普遍。大学毕业后的李丽获得了一个不错的工作，当经理问她期望薪水是多少的时候，李丽为难了，直接说出自己的要求吧，担心自己还没有把工作做好就要求薪水，会被领导轻视，但是不谈又不行。考虑再三之后，还是没有说。这个问题就一直被搁浅了下来，等到发薪水的时候，李丽只得到了别人薪水的一半，这让她多少有些难受。于是她找了个机会向经理表达了不满。经理坦然地说：“你也没有告诉我究竟想要多少钱啊！”听了这话，李丽非常后悔。可见，与上司谈判薪水是个博弈问题，要有一定的方法和技巧才能保证自己的利益不受损害。

那么，究竟如何和领导谈薪水呢？

1. 在绝对的优秀表现之后提

很多职场新人在面试的时候就开出了自己的价位，觉得自己就值这个钱。可是，对于领导来说，花这个钱要冒一定的风险，出了这个价钱还不知道你究竟行不行。这时候，不妨先别急着亮底线，而是好好表现一番之后再提，让领导绝对地放心，你是物有所值。

2. 欲擒故纵，不要主动提及

谈薪水也是个博弈的过程，这个过程中，谁先亮牌，谁就会被动。因而，作为下属，不要随便采取主动的进攻，保护好自己的底线，把“皮球”踢给领导。让领导先开口，这样你就会占据绝对的主动。因为领导担心开得低了，被你笑话，冷了你的心。

3. 绝不能等着领导为你解决

在谈薪水的过程中，不要随便采取主动，但是并不是要求你不闻不问，这样，你的被动就会成为最终的吃亏了。当你把“皮球”踢给领导之后，如果发现领导装疯卖傻，要及时地暗示和提醒他，让他明白你在等待他来解决这个问题，这样，领导便不好意思再拖延了。

第13章

随机应变：变不利为有利的实用说服策略

我们都知道，语言是一门艺术，是能变不利为有利的艺术，只要我们善于运用，我们就能在三言两语之间扭转局势，同样，在说服他人的过程中也是如此，有时候，表面看来，我们无法说服对方，但只要我们转化语言策略，也同样能化腐朽为神奇，达到意想不到的说服效果。当然，这还需要我们思维灵活，只有面对不同的语言环境随机应变，才能取得最佳的表达效果。

优秀的领导干部是怎样预防自己的谈话弱点被人攻击的

无论是职场还是企业单位，身为一名领导干部，自然免不了要在下属、员工甚至公众面前说话，说什么、怎么说的问题都涉及他的说服力和威严的问题，这一问题也让不少领导干部感到头疼。实际上，一些口才良好的领导干部总能做到说话不偏不倚，即便语言间会出现一些不足和弱点，也不会让听众攻击，这是怎样做到的?

某家企业的老板，每次在员工面前说话，一旦发现自己可能会出现某些不足的地方，便会先发制人："可能会讲得比较抽象……"或者是"可能显得有点仓促……"在开口前先讲出自己的不足，再进入正题，此时，最重要的是他使用了模糊的说法"可能"，而不是绝对的说法"讲得比较抽象……"如此，听众怎么可能还会站出来反驳和攻击他呢？事实上，此时，可能会有一些员工做出不可思议的举动——站出来，然后对他说："怎么会呢？不会那样的。"即便听众们不是绝对肯定他的说法，也不会因为他已经指出的不足而对其进行指责。

其实，这是人的心理作用，与人交谈，如果对方说的话滴水不漏，没有丝毫破绽，那么，我们很可能变得态度强硬，总想与之对抗；相反，对方稍微暴露自己的一点不足，将优越感让给我们，我们却愿意心甘情愿接受对方的意见。

不仅口才好的领导干部懂得如此提高自己的说服力，精明的商人或者推销人员也是如此，事先就将产品的某些无伤大雅的缺点说出来，客户反倒更容易接受并购买产品。我们再来看下面一则故事：

一天，某手机大卖场来了一位年轻时尚的小姐。在卖场转悠了半天的

她终于停在了一款时尚新型的手机旁，并比对着其他几款手机看了起来。这时候，销售员迎了上去。

销售员："小姐您好，您的眼光真好，我们这专柜的手机都是国内很知名的品牌，这几款手机都是今年的新款，都是针对您这样时尚靓丽的女性设计的。依我看，这款玫红色的手机就很适合您。"

客户："是不错，我感觉挺好的，可是这价格有折扣吗？"

销售员："这款手机的确挺适合您这样的时尚大方的女孩子。不过我们这些手机都是新款，是不打折的。如果是我，也会觉得有点贵，毕竟现在的手机也都越来越便宜，不过，一分价钱一分货，我们这款手机之所以价格相对较高，是因为它不仅有非常多样的功能，而且颜色鲜艳、时尚，款式设计新颖，不俗套，看起来非常高贵、典雅，是一种品位和个性的表现，相对这些来说，这个价格绝对是划算的。"

客户："可是我还是觉得贵，要比普通的手机贵出一千块呢。"

销售员："您说的没错，一般的手机真的便宜很多。但可能是我还没有解释清楚，这款手机不仅外观吸引人，而且在功能方面也是相当先进的。您看一下手机功能介绍，无论是日常功能还是娱乐功能都非常好。而且，这是一款新上市的手机，相对一般的新品来说，还是相对便宜的。最重要的是，我真的觉得这款手机很适合小姐您，可以说与您的大方气质相得益彰，您用再合适不过了。"

客户："我是挺喜欢的，可是真的不打折吗？"

销售员："是的，小姐。如果您真的喜欢，就拿上吧。这种概念型的手机都是限量版的呢，国内就几十款，如果您以后想买的时候很可能厂家就不生产了呢。那样的话您一定会觉得遗憾。"

客户："是吗？那我就买这款了。"

这位销售员是精明的，当他发现客户看上了这款手机后，立刻迎上去并肯定客户的眼光，而当提及价格问题时，他先澄清价格贵的原因，这样就打消了客户还价的理由，于是，客户最终还是决定购买。

从以上两种情况中，我们可以将这一方法推广到任何的说服工作中，将丑话说在前面，我们就能先打个预防针，堵住了可能出现的某些反驳和对抗的情形，也就掌握了谈话中的主动权，也让对方接受起来更容易，最终，说服结果才能有利于我们。

精明的企业是怎样在广告战略中成功宣传产品的独特之处的

现代社会，在我们的生活中，只要我们一打开电视，充斥在我们眼前的就是无尽的广告，广告内容众多、品种繁杂，但真正让我们记住并且吸引我们的似乎不多，一些家庭主妇们甚至一到广告开始时，就立马换台。那么，该怎样把商品的特点植入大众的心里呢？还是有不少商家找到了方法，他们是这样宣传自己的产品的：

××沐浴露："经过连续28天的使用，您的肌肤可以……"

"科学证明，我们的电池能待机15天。"

××牙膏："只需要14天，你的牙齿就可以……"

"我们的洗衣粉能99%地去除污渍。"

"我们已经对全国超过1000名的使用者进行了连续1个月的跟踪调查，没有出现任何的质量问题。"

这些宣传标语有什么特点？用数据说话！同样，精明的销售员在推销过程中，也总是把产品的情况通过数字展现给客户，比如在产品的性能和指标方面。冰箱销售员在介绍产品的时候，会这样告诉所卖冰箱的省电量："你知道吗？即使你的冰箱24小时都在使用，但相比其他品牌的冰箱，你可以节省××度电。"这样说，不仅能体现出销售人员的专业，更为重要的是，使该冰箱的优越性立竿见影。

而在产品的普及程度方面，销售人员会告诉客户他所销售的彩电已经在全国多少省市畅销，获得多少消费者好评等，如此一来，产品的质量也就有一个很好的证明。

当然，客户最关心的是利益问题，而真切的数字会让客户更信服。比如，生产机器类销售员会这样告诉客户："你假如从现在开始使用我们的机器，那么，在一个月以内，贵厂的产品出产量将会增加××，收益会增加××。"

其实，用数据说话并不只是商家和销售员们的专利，我们可以将其运用到任何一种说服目的中。的确，任何时候，最忌毫无事实证据的论述。更何况，对于处在利益对立面的对手，谁都会心存戒备，更别说信任了。此时，若你的言谈没有事实依据，则会加深对方的疑心，也就无法激发对方接受的欲望。而如果我们能摆出数字，给对方吃一颗定心丸，自然会说服对方。

为什么数字能提高语言的可信度？从心理学的角度分析，那些空洞的语言往往表达的是主观的想法，会让听者觉得查无实据；而具体的数字则可以提供难以质疑的具体证据。比如，在向用人单位证明自己的实力时，同简单表示"提高了生产能力"的应聘者相比，一个在"7个月内将工厂产量提高156%"的人无疑会令你印象更加深刻。

虽然用数据和事实来说服对方和很多说服技巧一样，具有很好的作用，可以增强语言的可信度，但是如果使用不当，同样会造成极为不利的后果。因此，我们在用数字证实的时候，数据一定要可靠，否则，一旦对方识破你的这一虚假信息，你所有的努力都会白费。

总之，我们在劝说他人的过程中，若希望自己的语言更有说服力，就不要一味地堆砌华丽辞藻，因为这些说服的语言毫无根据，完全站不住脚。你可以在你的语言中加入一些具体的数字，就会提高你话语的含金量，让人感到信服。

睿智的领导者是怎样让毫无斗志的下属全力以赴的

辛辛监狱曾被称为西方最恐怖的一座监狱，多少管理人员因为无法胜任自己的工作而离职。很明显，这座监狱是缺少管理人员的，纽约州州长艾尔·史密斯很是头疼，到底该找谁呢？最后，他派人把新汉普顿的刘易士·路易斯请来。

刘易士在知晓州长把自己叫来的目的后，很是为难，因为他知道这份工作的难度。典狱长来了又走多少个了——其中有一个只干了三个星期。他必须考虑他的前途，这是否值得冒险？

史密斯州长自然能看清刘易士的想法，于是，他决定以激将法让他答应。他说："年轻人，我不责备你吓成这样子。这不是个容易应付的地方，它需要一个大人物到那边去坐镇。"

刘易士一听，州长这不是看得起自己吗？于是，他答应去了辛辛监狱，并且待下去。他一直没离开，最终成了当代最著名的典狱长。

他的著作《辛辛两万年》，卖了数十万册。他曾在电台里广播，他的监狱生活的故事也被改编成十几部电影。而他的罪犯"人性化"的措施，在监狱改革上带来了奇迹式的改变。

刘易士为什么同意接受这份艰巨的任务？ 就是因为史密斯的那句话——"我不责备你吓成这样子。这不是个容易应付的地方，它需要一个大人物到那边去坐镇。"这句话点明了这项任务的艰巨性，也激发了刘易士的挑战欲。

同样，在我们的现实生活中，有不少和史密斯这样睿智的领导，当他们发现自己的某个下属在工作中毫无斗志和激情时，为了激发下属的士气，他们会采取激将法来激发下属的斗志和开发他们的潜能，让下属接受他所指派的任务。

人们常常说："树怕剥皮，人怕激气。"人们都有不服输的心理，越是被否定，越是要证明自己；越是受压迫，越是要反抗等。作为领导者，工作中，也可以利用激将法帮我们达成工作目的。比如，如果你希望你的下属接受一件任务，那么，你可以告诉他此项工作的难度很大，没有一定的工作能力和时间，是无法完成的。他可能心里已经在想：是不是太小看我了，我偏要试试，把时间控制在10个月内！结果，他真的10个月不到，就大功告成了。

在刘备夺取汉中的作战中，诸葛亮就曾连续两次使用激将法，调动老将黄忠用智破敌的积极性，使这位年近七十的老将军，在这次作战中立下汗马功劳。又如，诸葛亮首次下江东，履行联孙抗曹的使命。诸葛亮知道其中的关键是周瑜，而且他也知道周瑜的性格，于是他使用了激将法。他和周瑜见面时闭口不谈时局，却背诵了曹操的《铜雀台赋》，周瑜听罢勃然大怒，终下抗曹的决心。这是为何呢？原来在曹操的诗中提到了"二乔"，大乔是孙策的妻子，小乔是自己的妻子，妻子都要被人夺走了，他自然火冒三丈。所以，诸葛亮的激将法是成功的。

激将法是一种很有力的心理技巧，使用激将法，往往能够使对方感情冲动，从而去做一件他平常不会做的事。可以说，周瑜与黄盖都被诸葛亮这一计谋"利用"了。

另外，如果你熟悉《西游记》，就可能知道，孙悟空也经常采用激将的方法来刺激猪八戒去做一些他不愿意做的事，这一计谋通常在那些爱争强好胜的人身上更起作用。

的确，作为领导的你，如果直接对下属下达一个有难度的工作任务，那么，他可能不愿意涉险，即使接受任务，也不一定会全力以赴，不过，人们还有一种心理，那就是如果我战胜困难，那我该多有面子。几乎每个人都有挑战自身潜力的渴望。对成功怀有强烈渴望的人尤其如此。他们渴望挑战困难，以此来超越自己，证明自己。对于这样的人，你越是表明某事难干，他越有可能去干。

不过，对下属巧言激将，一定要根据不同的交谈对象采用不同的激将法，才能收到满意的效果。犹如治病，对症下药，才有疗效。因此，总的来说，在运用这一心理策略的时候，要注意以下几个方面：

1. 了解下属的弱点

逆反心理能否起到应有的作用，就要我们了解对方的弱点。“请将不如激将”，也要了解“将”的“致命伤”。比如那些爱表现的下属，我们不妨从反面说：“我知道您也是能力有限……”这样一激，对方肯定会答应你的请求。

2. 因人而用

我们在运用这一心理策略的时候，要先了解对方，因人而用。要对对方的心理承受能力有所了解，如果激而无效，那么也是白费力气。

3. 掌握火候，语言不能“过”

如果说话平淡，就不能产生激励效果，如果言语过于尖刻，就会让对方觉得你瞧不起他；语言不能过急，也不能过缓。过急，欲速则不达；过缓，下属无动于衷，无法激起下属的自尊心，也就达不到目的。

罗斯福总统是怎样让怯懦的机械工人打起精神的

据说美国前总统罗斯福记忆人名的能力惊人。

有个曾为美国历届领导人制造小汽车的汽车公司，在一次聚会上，公司经理曾把机械师坎茨介绍给总统。几年后，当张伯伦带着机械师坎茨再次见到总统时，罗斯福首先热情地和他们握手，亲切地叫着他俩的名字，这使张伯伦和机械师都特别兴奋。为报效总统的热情记惦和知遇之情，回公司后，他们精心设计，用上将近一年的时光，专门为罗斯福制造出了一辆特别坚固精致的汽车。

相对于普通民众来说，国家领导人高高在上，而罗斯福却能记住他们的名字，这就是一种尊重。

生活中，我们常有这样的感受：在一些偶然的场合，你被多年不见的朋友、同事、同学叫上名字，心中肯定分外高兴，因为感到自己被人尊重，顿时觉得暖意融融。同时，你也可能会遇到这样的尴尬事：遇到一位熟人，突然将他（她）的姓名忘掉了。此时如何是好？要么以“你好”或“您好”相称，要么招手示意、一笑了之。不管怎么蒙混，总觉得对对方不太尊重。的确，每个人的内心深处，都渴望别人的在乎、关注和尊重！而关注、尊重他人很重要的一步，就是叫出他人的名字！

杰姆·费雷是美国历史上很有影响力的一个人，他成功地帮助富兰克林·罗斯福当上了美国总统。但可能我们根本不会想到的是，他从来就没有机会受教育。

年少时候的他在曾在一家瓦窑做学徒，每天烧瓦片，然后置于阳光下晒干。但他并没有听从命运的安排。他的人生就因为能成功记住他人的名字，而发生了巨大的变化。

虽然杰姆从不知道上学的滋味是怎样的，但截至他46岁，他已经获得了美国的四所大学的荣誉博士的学位，并且，他还是美国的邮政总监，美国民主党委员会的主席。

对此，有人问他成功的原因，杰姆的回答居然是他可以叫出五万人的名字，而这也是他可以帮助罗斯福进入白宫、成为美国总统的原因。这大概就是记住他人名字的神奇效应吧。

在富兰克林·罗斯福开始竞选总统的前几个月，杰姆的工作很多，刚开始的一段时间，他每天需要写好几百封信给西部以及西北的各个州的人。

然后，他需要走访西部那些人，他登上了火车，在19天之内，行程12000公里，足迹遍及20个州，用遍了马车、火车、汽车、快艇这些交通工具。

每到一站，他都会停下来与接见他的人一起共同进餐，并进行一番亲切的交谈，然后继续他的旅途。

杰姆一回到美国东部，就立即给那些自己曾经遇到的小城镇中的人写信，并请对方帮忙。但这些人实在太多了，需要写信的人也实在太多了，但到最后，他们却都收到了杰姆的信。并且，这些信中，杰姆都是这样开头的“亲爱的比尔”或“亲爱的杰恩”，而最后总是签着“杰姆”的名字，结果，他的这一做法帮助富兰克林·罗斯福拉取了大量的选票，使其成功地当上了美国总统。

在政界，应该所有人都知道这句话：“你能记住选民的名字，这就意味着你能成为国务活动家；而忘记选民的名字，就意味着你将成为被遗忘的人。”其实，这句话不仅仅适用于政治活动，我们在说服他人的过程中，如果你也能记住他人的名字，那么你也会得到他人的青睐。

一位学者曾经说过：“一种既简单但又最重要的增加亲密感的方法，就是牢记别人的姓名，并且在下一次见面时喊出他的姓名。”而相反，如果此时，你只是觉得“眼熟”，再次向对方请教“贵姓”，双方一定觉得非常尴尬。在日常的社交活动中，记住对方的名字很重要，这就是无形中的对对方的赞美，而忘记对方的名字或者记错、写错，都是一种不尊重对方的表现。

美国的钢铁大王卡内基并不如人们所想的那样深谙钢铁制造，他手下有好几百个经理人，每个人都比他更了解钢铁。卡内基成功的原因何在呢？实际上，在他很小的时候就显示出其组织领导才能。

十岁时的卡内基，有一天抓到了一只母兔，这只母兔不久生了一窝小兔子。

饲料因而不够食用，卡内基如何处理呢？他一点也不头痛，他的脑海里早就有了很美妙的构想，他把邻近的孩子们集合起来宣布：谁能拔最多的草来喂小兔子，就以他的名字给小兔子命名。于是孩子们都争先恐后地为小兔子寻找饲料，卡内基的计划顺利地实现了，他始终没有忘记这一次的成功。终其一生，他都是利用人们的这种心理成功地领导着许许多多的人。

一个十岁的孩子就懂得一个人的名字与他自己有着微妙而不寻常的关系。正是因为了解这一点，卡内基便利用人们的这种心理获得很多人的

协助，而成就了不凡的事业。他曾经说过：“一个人的姓名是他自己最熟悉、最甜美、最妙不可言的声音，在焦急中最明显、最简单、最重要、最能得到好感的方法，就是记住人家的名字。”其实，记住对方的名字，就很容易赢得对方好感。因为姓名代表一个人的自我，只有在自我受到尊重的时候，人们才会感觉快乐。我们应该注意到这一点，一个名字所能包含的奇迹。

为何机灵的营业员总是能让客户看到商品最好的一面

不知道你在购买商品的时候有没有发现一个奇怪的现象：当你走进一家商店，准备购买一件产品的时候，营业员如果先将产品缺点告诉你，再说出产品的优点，你会对产品印象深刻，甚至有可能下狠心购买，但如果反过来，把优点放在前面说，你的态度可能是“还是下次再说吧！”其实，这是人的心理作用在作怪，人们对后听到的东西比先听到的东西印象更深刻，所以，商场上机灵的营业员们普遍使用这一方法俘获客户。我们来看下面一个案例：

销售员：“的确，可能您觉得我们的产品贵，但其实这不是一个大问题。试想一下，如果您花较少的钱买到质量极差的东西，在使用过程中总是出问题，那岂不是更郁闷？我们这种产品的质量绝对值得信赖，在质量上您完全不用担心。”

客户：“既然你们的产品这么好，为什么又比我刚看的几家产品便宜呢？而且，你们似乎也不是什么名牌吧。”

销售员：“是的，我们家的产品的确不是什么国际大品牌，但我们产品的设计水平和质量都是国内一流的，只是在外形上不如国外某某企业的产品，正是由于这点不足，我们的价格要比国外那家产品的价格低了将近三分之一。”

客户：“好吧，我就订你们家的产品吧！”

这则案例中，我们发现，这名销售员之所以最终能说服客户购买，并不是因为他一直夸赞自己的产品，而是因为他在刚开始就道出了产品的一个不足——贵，但也说明了产品“贵”的原因，而这正是产品的优势，最终，客户被他颇有说服力的言辞打动，最终决定购买。这里，销售人员运用的就是欲扬先抑定律，也就是说，要是让客户接受产品的优点，不妨先说出产品一些无关紧要的不足，这样，不仅能让客户看到销售人员的诚实，更对产品的优点有更加深刻的认识。

的确，在销售过程中，客户总是存在这样那样的疑虑，而这正是阻碍成交的最大障碍之一。这也是有原因的，有些销售员为了尽善尽美地展现自己的产品，总是只报优点不报缺点，甚至把产品吹嘘成完美，并刻意隐瞒产品或服务的缺陷。而实际上，假如你先把产品的一些缺点“晾”出来，再提产品优点，客户反而对产品的优点印象深刻，从而对我们产生信任。

其实，这一方法可以运用到我们生活中的方方面面，比如，我们在评价一个人的时候有两种说法，一种是：“这人虽然嘴厉害，但心眼很好。”相反，如果对其评价是“这人心眼不坏，就是嘴太损了。”这两种评价中的人物给我们的印象是完全不同的。

聪明的媒人们当然也学到了这一介绍他人的方法，“这女孩人性格很好，就是长相一般”或者“这男孩人很老实，就是个子矮了点”。换种说法是，“这女孩长相一般，但性格绝对很好，这我可以保证”或者“这男孩虽然个子矮了点，但人很老实”。听着对这两种完全不同的评价所获得的印象也是完全不同的。

当然，运用这种欲扬先抑法，在我们诉说不足的时候，也是有讲究的，我们需要注意的是：

1. 态度认真，展现真诚

我们要注意，在说这些问题的时候，态度一定要认真，让对方觉得你足够诚恳，但是这些问题的内容一定是无碍大局的，不影响对方对所述对

象的整体印象。例如，某些技术型的产品外观不是特别好看，如果你能先提出，反而会使那些理智型或挑剔型的客户更快对你产生好感，这样接下来的沟通也会更加通畅。

2. 叙说不足要讲究巧妙

我们并不是要将所陈述的对象的问题简单地罗列在对方面前。这样冒冒失失将其缺点告知对方，对方可能会因为无法接受而放弃说服。这需要我们掌握一定的技巧，这样不仅可以赢得对方的信赖，而且还可以更有效地说服对方，使对方产生更加积极的反应。

以销售为例，你可以转移话题，告诉产品的其他方面的优点，许多时候，当你运用恰当的技巧诚恳地解释清楚个中原委时，明理的客户不但不会产生情绪，反倒会被销售的诚实可信所打动。

3. 用好转折“但是”，让对方承认所述对象的优点

我们还是以销售为例，销售过程中，最具说服力的劝服技巧无非是让客户自己承认产品的优良、服务的到位等，为此，当我们先道明产品的一些小小的不足后，可以再对客户说：“××先生，但您应该知道我们的产品向来都比A公司的产品保养期长一些吧？”这样，客户自然承认了我们的产品优点。

当然，我们在说服他人、讲述事物的优缺点时要对其情况有十足的把握，不能让对方抓住把柄，进而给其反驳我们的机会。

第14章

权威效应：利用人“名”提升说服可能性

心理学中有个著名的“权威效应”，所谓“权威效应”，是指如果一个人地位高、有威信，就会受人敬重，而他所说的话以及所做的事情就很容易引起别人重视，并让他们相信其正确性。很明显，如果我们能巧妙地将名人运用到我们的说服语言中，是能增强我们语言的说服力的，当然，除此以外，我们自身也都需要修炼自己的说话风格和方式，不断提高自己讲话的水平，在面对各种对象之时，都可以树立超凡出众的形象和应有的权威，以使得自己也成为他人心中的“名人”和“权威人士”。

权威效应：有分量的话他人更易接受

生活中，我们往往对那些有权威机构保证的产品更放心，这就是权威效应。权威效应，又被称为权威暗示效应，也就是人们常说的“人微言轻、人贵言重”，“权威效应”的普遍存在，一方面在于满足了人们的崇拜心理，威信、权势对于每个人都有一种强大的吸引力，崇拜心理的作用使得他们对那些权威人士所说的话深信不疑；另一方面由于人们都有“安全心理”，人们总是认为权威人物才是正确的楷模，听信他们的言论会使自己更具安全感，增加不会出错的“保险系数”。

我们在说服别人时，也可以运用人们的这一心理，这样，他人接受起来也更容易。

美国心理学家曾经做过一个实验：在给某大学心理学系的学生们讲课时，向学生介绍一位从外校请来的德语教师，说这位德语教师是从德国来的著名化学家。试验中这位“化学家”煞有其事地拿出了一个装有蒸馏水的瓶子，说这是他新发现的一种化学物质，有些气味，请在座的学生闻到气味的举手，结果多数学生都举起了手。

对于本来没有气味的蒸馏水，由于这位“权威”的心理学家的语言暗示而让多数学生都认为它有气味，可见，“权威效应”的普遍存在。

在我们现实生活中，利用“权威效应”的实例很多，比如在广告中请权威人物赞赏某种产品，在辩论说理时引用权威人士的话作为论据，等等。相传，南朝的刘勰写出《文心雕龙》后由于无人重视，他想请当时的大文学家沈约审阅，但沈约却不予理睬。后来他装扮成卖书人，将作品送给沈约。没想到沈约阅后评价极高，于是《文心雕龙》成为中国文学评论的经典名著了。

那么，我们该如何利用权威效应来说服别人呢？

1. 用事实说话，制造“权威”

“百闻不如一见”，事实胜于雄辩。如果从心理学的角度来分析，人们的心理趋向是求真、求实，只有真的东西，才是人们最可信的。如果我们不是“权威”，就要善于制造“权威”。要使别人心服口服地接受你的观点、意见，就要让事实说话，事实充分交流法使你言重如山。在说服中，要善于运用事实充分交流法。这种说服方法最根本的一点就是唯实、唯事，尊重客观事实，用事实说话。运用事实充分交流法进行说服最能打动人心，最能使人信服。

2. “引经据典”，使你的语言更具说服力

我们在说服别人的时候，如果能适时地引用某些权威人士的语言，将会增强说服力，比如，为了证明你产品的效果，你可以这样对客户说：“××说过……”

3. 借用专家的话，比如“某专家认为”

很多健康专家认为，晚上身体往右侧睡才是最健康的睡姿。于是，当你在向朋友或家人证实这言论的真实性时，不妨这样说“健康专家都这么说，难道还有假？”比如，在每一只牙刷上面都会标明“牙医建议，三个月更换一只牙刷”。

4. 借用位高权重人士的话，比如“市长认为”“国家主席说”

最近几年国家经济飞速发展，物价也跟着猛涨，对此，国家相关权威人士表示会抑制部分经济泡沫。于是，在平日闲聊中，邻居大妈可能更愿意相信物价不跌反涨，你就可以搬出权威人士的话“央行行长都发话了，要出台一系列措施，抑制物价……”

5. 用各行业权威人士的话

在每个行业都有相应的权威人士，比如文学领域里的矛盾、鲁迅，艺术领域里的凡·高、贝多芬，等等。当我们再强调语言是多么重要的时候，不妨搬出语言大师林语堂的言论“语言不是一般的工具，使用起来不同于其他工具”。

6.借用上司的言论婉拒对方

很多时候我们不知道该如何拒绝，可以借助上司的言论进行拒绝，比如“前几天经理刚宣布过，不准任何顾客进仓库，我怎么能带你去呢”，或者说“这件事我做不了主，我会把你的要求向领导反映一下，好吗？”

总之，巧妙地运用权威效应，我们在说服的时候，对方会更易接受。

洛克菲勒的女婿和世界银行的副总裁：利用名人的影响力说服他人

生活中，我们可能都有过这样的经历：如果有一群人想要结识你，其中有一个人说他认识某某明星的经纪人；或者说他和某大企业的总经理一起吃过饭；或者说自己曾经有过一段不平凡的经历，你会不会对他格外注意或者寻常问短，希望得到这些人的一些“信息”？或许你对这些不感兴趣，但至少你会印象深刻，当下次他再找你说话时，你会毫不犹豫地叫出他的名字。

生活中，这样的现象实在太多了，在社交界流行一句话：“一个人能否成功，不在于你知道什么，而是在于你认识谁”。这里的“谁”，我们一看便知，就是人们常说的“名人”，名人因其有较高的知名度，人们对其语言的信服程度也会较高。因此，在劝服他人的过程中，如果我们也能利用名人效应，善于利用他们的影响力，那么，我们的话在对方的心中会有同样的“光辉”，那你就能轻而易举地打动他人。

在美国乡村，有个老头和他的儿子相依为命。

一天，一个人找到老头说要将他的儿子带去城里工作，老人愤怒地拒绝了这个人的要求。这个人又说：“如果你答应我带他走，我就能让洛克菲勒的女儿成为你的儿媳，你看怎么样？”老头想了又想，终于被儿子能当“洛克菲勒的女婿”这件事情打动了。这个人精心打扮后，找到了美

国首富、石油大王洛克菲勒，对他说：“尊敬的洛克菲勒先生，我想给你的女儿找个对象。”洛克菲勒说：“快滚出去吧！”这个人又说：“如果我给你女儿找的对象是世界银行的副总裁呢？”于是洛克菲勒就同意了。最后，这个人找到了世界银行总裁，对他说：“尊敬的总裁先生，你应该马上任命一个副总裁！”总裁先生摇着头说：“不可能，这里这么多副总裁，我为什么还要任命一个副总裁呢，而且必须马上？”这个人说：“如果你任命的这个副总裁是洛克菲勒的女婿呢？”总裁立刻答应了。

在这个人的努力下，那个乡下小子不但娶了洛克菲勒的女儿，也成了世界银行的副总裁。

这个财富故事，反映的就是借助名人影响力带来的好处。同样，如果你善于运用名人效应，你可以比别人更轻松地获到对方的认可，进而达到你的目的。

名人效应，是名人的出现所达成的引人注意、强化事物、扩大影响的效应，或人们模仿名人的心理现象的统称。名人效应已经在生活中的方方面面产生深远影响，比如名人代言广告能够刺激消费，名人出席慈善活动能够带动社会关怀弱者，等等。简单地说名人效应相当于一种品牌效应，它可以带动人群，它的效应可以如同疯狂的追星族那么强大。

当然，生活中，我们都是普通人，不可能结识那么多的名人，但我们同样可以运用这一效应帮助我们达到说服他人的目的。这就需要你掌握一些语言技巧，不动声色地以名人为话题，主要有以下几个途径：

1. 装作“无意识”地提及名人

在和别人谈话的过程中，我们要学会不露声色地将一些名人引进来，比如，当对方说了一个笑话时，你可以说“您真幽默，我曾以为×××是我见过的最幽默的人。”这时候，对方会立即产生兴趣，继而会问你：“是吗？你还认识他呀……”慢慢地，话题也就引开了。

2. 不露声色地表明自己和某名人的关系

假如你和名人有直接的关系，而你又想在交往时用这层关系拉近与对方的距离，从而打开交流的局面，你可以用这样的方式拉开对话：“××

先生您好，很高兴认识您，我经常听我叔叔（或者其他关系）提起您！”对方听你这么说，必然会问到你的叔叔是谁，这时候你就可以很自然很巧妙地达到目的了。

当然，巧妙地借助名人的影响力还有很多种方法，但总之，只要我们懂得借助这些人际资源，我们往往能少走弯路地达到自己的目的！同时，借助名人的影响力，并不是狐假虎威地向别人炫耀你的人脉，直言不讳地告诉别人你认识某某名人，或者某某名人很赏识你是件愚蠢的事情，这样做不但不能得到别人的认可和喜欢，更可能让对方讨厌你，因为这意味着一种轻蔑和不屑。因此，你在借助别人影响力的同时注意语言技巧。

羊群效应：通过暗示某个中心人物也这样做来说服他人

心理学上有个名词叫作“羊群效应”，也叫“从众效应”。人们会追随大众所同意的，自己并不会思考事件的意义。实际上，我们的生活中，有很多人是有跟风心理的。在日常的消费中，从众效应也表现得尤为明显。许多人，特别是女性喜欢与同性朋友一起结伴购物，因为同性朋友之间的眼光更接近，购物也更加有乐趣。

当然，“羊群效应”对于不同的人群的影响是不同的，我们在说服他人的过程中，可以利用人们的这种从众心理，通过暗示某个“领头羊”也这样做来说服他人，甚至还可以影响一批人。

李明是一家投资银行的客服经理，在他的带领和经营下，银行的业务出现前所未有的良好局面。

在他刚开始任职时，银行还是生意冷清，因为随着一些大客户的流失，那些中小层次的客户也随之“改嫁”，把业务转到了其他银行。原

本，他还准备开发一些新客户，但看到这种状况，他发现问题就在于这些有头有脸的“大客户”身上，把他们重新挖回来，不仅能挽救现状，还可能带来新的生意。

为此，他召开了一个会议，提议对银行的服务进行一些改革。他这样说道：“我发现，我们银行之所以会生意冷淡，主要是因为流失了一些重大的客户。所以，以后我们的服务工作一定要加强，尤其是对于那些关键客户，要让他们真真正正地感受到贵宾级待遇，才能挽回生意。”于是，李明准备实施“点线面”的服务方式，来保证关键客户每一瞬间的满意，每一服务领域的满意，从而形成对整个银行的满意。

果然，第二天，银行“改头换面”了：走进营业厅，门口摆放着鲜花。胸前挂着工作证的工作人员走过来，热情地询问客户。然后，你在号码机上拿一个号码，然后在沙发上休息等着喊号。无聊的话，顺便翻翻沙发旁边的报刊架。还有水和咖啡供你享用。当客户走到柜台前，服务人员会微笑着站立为客户服务。

而对于关键客户，银行设立了贵宾室，除了享受以上的待遇外，每次来银行办理业务的关键客户，都会免费收到银行寄出的年画、海报或者记事本等；另外，针对贵宾，银行还开通了24小时的热线电话，无论有什么问题，银行都会在最短的时间内加以解决。

果然，不到两个月的时间，银行的业务就火起来了，那些大客户们再也没有和其他银行有业务往来了，更可喜的是，这些大客户也号召自己的很多朋友来这家银行办业务，从而为银行带来了大批新的业务。

事实证明，案例中的客服经理李明的做法是正确的，在银行业务下滑的情况下，他找到了问题的症结所在，他在提高银行整体服务水平的同时，加大力度提高关键客户的服务质量：设立贵宾室和贵宾专线，令其真正享受到VIP待遇，进而形成忠诚度，于是，新客户便在这些大客户的号召下，滚滚而来，可谓一举两得。

基于人的跟风心理，我们在说服他人时，也可以利用对方的从众心理来营造氛围，通过影响人群中的部分人，从而达到影响这个人群的目的。

1. 用影响力较大的人物或事件说明

我们可以借助那些影响力较大的人物或事件来加以说明，以此来加深对方对我们所叙述的主题的印象。例如：

“某某明星从××年开始就一直使用我们公司的产品，到现在为止，她已经和我们公司建立了5年零6个月的良好合作关系。”

“这是某次奥运会的指定产品，仅那次奥运会就使用了68720箱这种产品。”

2. 找出一个有影响力的“中心人物”进行说明

虽然人们有很强的从众心里，但是我们所找的这个“人物”必须是一些有影响力的人物。如果只是一些普通的人，是起不到影响对方的作用的。

所以我们在寻找这些中心人物前，一定要先做好资料收集工作，这一定要选择那些影响大的、对方熟悉的、比较具有权威性的人，要不然，对方的从众心理很难被激发出来。

当然，我们所说的任何一句话必须是真实的，因为一旦对方发现你所陈述的内容并非事实，就会对你所说的任何一句话乃至你自身的诚信问题产生质疑，那么，你所做的所有努力也就前功尽弃了。

你就是权威：用掌控者的姿态交谈

生活中，我们发现有这样一些人，他们是天生的领导者，无论置身何处，他们都具备强有力的领导风范，一言一行都能让他人感到信服；而相反，那些真正为人领导者却感叹自己没有领导威信。其实，人际交往中，我们每个人若希望自己的话、自己的言行有分量，希望能成功说服他人，就要学会以领导者和掌控者的姿态与人交谈，这样，你说的话就更有威信，也就更容易获得他人的支持。

下面我们以明朝的开国之君朱元璋为例，来看看什么是语言中的王者之气。

朱元璋当上皇帝后，经常微服出巡。

一次，他和一行人马来到一个渡口，正好，有一些正要上京赶考的举人们也在此等船。这些文人们到了一起，自然少不了要吟诗作对。朱元璋对于舞文弄墨的事虽然不是很擅长，但对于此类文人切磋之事倒也十分感兴趣，于是，他便静静地站在一边，听他们作诗。

当日江边风景十分壮丽，江水滚滚东流，群山环绕。文人们也都有一番感慨。一个年轻举子凝视着眼前的壮美河山，吟道：“采石矶兮一秤砣。”举子们听了都一致称赞道：“这个比喻很是大气。”

朱元璋听了，也走过来评价一番：“此句子的气魄如此之大，恐后难以为继啊！”大家听完后，也觉得有道理，把这么大的一座采石矶仅仅比作一个秤砣，那秤杆、秤钩可得是什么呀？即使勉强凑出这么大的秤，又去秤什么呢？大家面面相觑，不知如何作答。朱元璋见状大笑，说道：“我来试一下。”说完，便高声朗诵起来：

采石矶兮一秤砣，长虹作杆又如何？

天边弯月为勾挂，秤我江山有几多。

举子们一听，能作出如此气吞山河之气势的只可能是当今万岁，于是，举子们纷纷高呼万岁，下跪拜见皇上。

这个故事中，我们可以看出一个领导很容易用语言表现出自己应有的气势来，而且这种表现在很多时候还是无意的。只要你有领导的威信，就会在语言中自然流露出领导者的气势。但要记住，有霸气并不是代表高高在上、盛气凌人。如果是那样的话很容易失去人心。

可见，无论是何种形式的说服目的，我们若想在对方心中树立自己的威信，就要懂得制造权威，懂得运用心理策略，让对方信服，这样他们就会自然而然地去支持你，这就是威信。具体来说，我们可以运用的心理策略有：

1. 在语言间展现自己的领袖气质

英国前首相撒切尔夫人是20世纪后期世界上最具魅力的政治人物之

一，她具有令世人称道的仪表和风度。而最感染人的，还是她的演讲风格。她在上任后的第一次讲话中这样说道：

“我是继伟人之后担任保守党领袖的。这使我感到很荣幸，但却也使自己感到很渺小，因为在我之前的领袖，都是赫赫有名的伟人。如我们的领袖温斯顿·丘吉尔把英国的名字推上了自由世界历史的顶峰；安东尼·伊登为我们确立了可以建立起极大财富和民主的目标；哈罗德·麦克米伦使很多凌云壮志变成了每个公民伸手可及的现实；亚历克·道格拉斯·霍姆赢得了我们大家的爱戴和敬佩；爱德华·希思成功地为我们赢得了1970年大选的胜利，并于1973年英明地使我们加入了欧洲经济共同体。”

在这段讲话中，撒切尔夫人列举了现代史上英国历任首相的功绩，以此来表明自己的任重道远和豪情壮志。1979年撒切尔夫人在大选中获胜，成为英国第一任女首相。

2. 沟通中适度拉开距离树立威信

要说服他人就免不了沟通，可能你会认为，多沟通、保持亲密的距离，自然会拉近双方的心理距离，这必当有利于沟通目的的实现，而事实上并非如此。

举个很简单的例子，如果你原本是个很让下属敬重的领导，因为和下属打得太火热，而使得自己的一些缺点暴露无遗，结果失去了一个领导者应有的威严，让下属在无形中改变了对你的印象，甚至让下属觉得领导令人失望、讨厌。另外，和下属走得太近，也容易将工作和生活混为一谈，也容易丧失原则，在工作中出现失误。因此，企业管理心理学专家的研究认为：企业领导要搞好工作，应该与下属保持亲密关系，但这是“亲密有间”的关系。雾里看花，水中望月，往往给人“距离美”的感觉。实际上，与人沟通也是如此，尤其是那些希望树立威信以让他人信服的人，更应该与他人保持一定的距离。

3. 关心他人

与他人保持距离，并不是要我们矫揉造作、刻意与他人拉开距离。相

反，我们更应该关心他人，无论是对方自己还是他关心的人，你都应该关心。比如，当对方家中有事，你可以出面帮忙；当对方遇到了不幸的事，你一定要第一时间出现，帮助他渡过难关，甚至还要发动大家给予帮助，解除对方的后顾之忧。这样，无形中，对方必能感受到你的领导风范，进而信服于你。

总之，无论是谁，要想成功攻破他人的心防，使之信服于我们，就要在说话、做事时体现领导风范，真正做到有高度、有深度！

第15章

对症下药：面对不同人选择不同说服技巧

生活中，稍微留心的我们就可以发现，不同的人，有不同的性格，也就有不同的处事方式，有些人大大咧咧，做事马虎；有些人事无巨细，做事严谨；有些人为人谦和，工作负责。而正是因为我们所交谈对象的个性不同，需要我们采用不同的沟通方式，采用不同的应对策略，而这，就需要我们懂得“到什么山上唱什么山歌”“入乡随俗”的道理，懂得学会调整状态，适宜改变交流方式，才能扫除沟通中的障碍，从而起到有效的沟通效果，达到我们最终的说服目的。

给出中肯建议，让他人愿意接纳你

生活中，我们发现，有这样一类人，他们总是被一大帮人围着，他说话总是有很强的说服力，让人觉得既亲切又值得信赖。和他们做朋友，你总能收获不少。因为他们总是能给周围的人提出中肯、全面的意见，当我们感到迷茫、不知所措、伤心欲绝时，他们会给我们指出一条明路，对于这样的人，我们不免心生敬重。因此，反过来看，在说服他人的过程中，如果我们能以诚待人，当他人遇到困惑时，给出中肯的建议，那么，你就能成为一个受人敬重和有威信的人，他人也会愿意接纳你的建议。

春秋时期，有一次宋、齐、晋、卫等十二国联合出兵攻打郑国。郑国国君慌了，急忙向十二国中最大的晋国求和，得到了晋国的同意，其余十一国也就停止了进攻。郑国为了表示感谢，给晋国送去了大批礼物，其中有著名乐师三人、配齐甲兵的成套兵车共一百辆、歌女十六人，还有许多钟磬之类的乐器。

晋国的国君晋悼公见了这么多的礼物，非常高兴，将八个歌女分赠给他的功臣魏绛，说："你这几年为我出谋划策，事情办得都很顺利，我们好比奏乐一样地和谐合拍，真是太好了。现在让咱俩一同来享受吧！"可是，魏绛谢绝了晋悼公的分赠，并且劝告晋悼公说："咱们国家的事情之所以办得顺利，首先应归功于您的才能，其次是靠同僚们齐心协力，我个人有什么贡献可言呢？但愿您在享受安乐的同时，能想到国家还有许多事情要办。《书经》上有句话说得好：'居安思危，思则有备，有备无患。'现谨以此话规劝主公！"

魏绛这番远见卓识而又语重心长的话，使晋悼公听了很受感动，高兴地接受了魏绛的意见，从此对他更加敬重。

这个故事中，魏绛就是个有远见卓识的人。正是因为他懂得从全局考

虑，为晋悼公说了一番忠言，才让晋悼公接受了他的意见。

的确，那些说话有说服力的恶人总是贴心的、知冷知热的，同时也是眼光长远的、智慧的，当他们发现他人出现行为上或者观念上的失误时，他们总是能从对方角度出发，用最动人心的话帮其指出不足，这样的人是有人格魅力的，也是有力量的、刚正不阿的，与他们交往，人们总是觉得获益匪浅。当然，即使为他人提供中肯的意见，也是需要注意一定的策略的，具体说来，我们需要注意的是：

1.用心倾听，重视对方的想法

在我们身边，每个人都是一个独特的世界，都是一道美丽的风景，要想真正了解他人的想法，只有先用心倾听。倾听别人，不是用耳朵，而是用心。心若不到，满耳都会是噪声。所以，我们在倾听他人想法是否正确时，一定要用心，这样，你才能获取更多的信息。同时，这也是对对方想法的一种重视，更有利于对方接受你的建议。

比如，在倾听过程中，你可以适当重复对方的意见，“你刚才的意思或理解是……”等等，这样会激励对方继续说下去。

当然，你还可以采取一些非语言反馈的形式，包括点头、微笑，在倾听过程中，适时地微笑与点头，会让对方感到你对他的谈话很有兴趣，就会愿意与你交谈并对你留下很好的印象。

2.及时查证自己是否了解对方

在谈话过程中，你可以说“不知我是否了解你的话，你的意思是……”一旦确定了自己对他的了解，就需要给予积极实际的帮助和建议。

3. 要真正站在对方的角度给出建议

你只有让对方感受到你是为他好，他才可能接受你的建议，并感念你的恩惠。

总之，说服他人的过程中，无论我们说服的对象是谁，只要我们以诚待人，真正为他人考虑，当他人遇到困惑时，你若能给出一个中肯的建议，必能真正让他人敬重你！

“吃软”的人，多说点软话俘虏他

前面，我们已经阐述，说服他人必须巧妙攻心，的确，只有把说服的话说到对方心坎上，才是真的说服。然而，攻心也必须做到到什么山，唱什么歌，我们要针对沟通对象的年龄、性别、职位等的不同，采取不同的沟通策略。我们发现，有这样一类人，他们看上去比较“强”，但很多时候是因为过度自卑，与这种人交往，你若“以硬对硬”，对方往往会觉得自己没面子。其实，在这种人面前，不如“示弱”，反倒能一举拿下。

亨利·福特是汽车界的巨头，他经营着一家贸易公司，这家公司的业务太忙了，以至于福特的办工桌上每天都堆满了各种催款账单，通常，福特看见这些账单，一般都会丢给经理，让经理自己处理，但有一天，福特却一改这样的工作习惯。

这天，福特看到一张催款账单，他二话没说，就对经理说：“马上付给他。”

经理觉得很奇怪，就看了下这张账单，乍一看，这张账单和其他的并没有多少区别，都有标价、金额、货物明细等，但最后，却还画着一张头像，头像正在流泪。

其实，谁都知道，这个亏款人并非已经到了因为急需用钱而流泪的地步，这只不过是他的小计谋而已，为的是引起对方的重视，或者博得对方的同情，但事实证明，他的方法奏效了。

同情弱者是人性天生的弱点，再铁石心肠的人，内心也有颗同情的种子，而对于那些“吃软”的人，这招更是有效。在与他们沟通时，我们不妨抓住他们的这一心理，在言语上适当示弱，在对方放松警惕心理时，再提出我们的要求，完成我们的目的也就容易得多。

生活中，我们常常会听老人们这样说：“软刀子更扎人！”其实，这

就是说软话的好处，当然，这并不是真的要我们做到装可怜，而是一种说话的技巧。我们在谈话过程中，要硬话软说，同时，我们的态度要不卑不亢。

那么，具体来说，我们该怎样向这类吃软的人服软呢？

1.扬人之长，揭己所短

使用这一说服术的重点在于不着痕迹地不卑不亢地把心理优势让给对方，从而潜移默化地达到我们的目的。

从前，有个做皮革生意的精明的商人，他尤其擅长卖皮鞋，同一时间内，若别人买一双，那他一定能卖好几双，同行的人都感到很诧异，想跟他学点经验，没想到他只说了五个字："要善于示弱。"

这五个字让大家丈二和尚摸不着头脑，于是，他解释说："你们发现没，有时候一些顾客来店里买鞋子，他们刚开始并不会找合适的鞋子上脚试，而是先东挑西拣，先对我们的鞋子评价一番，而这些评价多半都是不好的，好像他们才是设计师、专家，其实我们自己也清楚，他们只不过是希望在看到合适的鞋子的时候有利于他们讨价还价，最终以便宜的价格买到产品。那么，我们就不能扫顾客的兴，而应该学会顺应他们的思路、多恭维他们，说他们很会选鞋挑鞋，自己的皮鞋确实有不足之处等，比如，款式不够新颖，但绝对是经典款，鞋子底不能踩出响声，但却很软和、很舒服等。也就是说，不能将自己的产品说得一无是处，找几点你认为的这双鞋子所具备的优点，也许这正是他们瞧中的地方，可以使他们动心。他们花这么多心思、费这么多唇舌不就证明他很喜欢这双鞋吗？善于示弱，满足了对方的挑剔心理，一笔生意很快就成功。"这就是他卖鞋的妙招。

这里，这位商人之所以能生意兴隆，主要就是他抓住客户爱挑剔的心理，懂得示弱。

客户挑剔鞋子，实际上是满意鞋子存在的某些优点，如果我们面对客户的挑剔采取反驳的态度以证明产品的可靠，此时，可能我们是保住了产品的名誉，但却失去了一个客户。

同样，在说服中，如果我们死守自己的立场，不肯示弱的话，估计迎来的不是说服的僵局就是以失败告终。

2. 硬话软说，不卑不亢

其实，在这里，我们所说的示弱并不是真的在示弱，也并不是非得以眼泪才能博得对方的同情，只不过是一种说话的技巧，以达到你的说服判目的。

有位教师，工作一直很努力，自身素质也很高，各项指标都很突出，他原以为自己完全能评上职称，但却不知道为什么，他总是评不上，最终，他想，可能是因为与校领导关系搞得不好。于是，他准备去上级领导那儿求求情。

但令他感到意外的是，这位领导表现得很冷漠，他是这样回答这位教师的："评职称是你们学校的事情，这个我可帮不上忙。"其实，这位教师早已想到这一点，于是，他立即说："我之所以来麻烦您，不就是因为学校解决不了吗？对于这个问题，我是逐级反映的，您是这方面的领导，我相信，学校领导还是会听您的建议的，另外，如果下面真的在这方面有问题，您肯定要过问的，不然问题大了，就更不好解决了，您说是吗？"这番话很奏效，这位领导很快改变了态度，事情最终得以解决。

这里，虽说这位教师是在向上级领导求情，不如说是在谈判。很明显，他的话里还有其他一层含义："您是负责这方面工作的，下面出现问题，您有责任处理，不过问就是失职，您要是不处理好，我就还会向上级反映。"虽然是示弱，但却显得不卑不亢，让对方不得不处理此事。

总之，如果我们所说服的对象是服软的人，那么，我们说话不可太强硬，要想让交谈结果朝着我们希望的方向发展，就需要学会适当示弱，激发起对方内心的同情心，令其放松警惕的心理，此时，我们就掌握了交谈的主动权，从而成功达到我们的说服目的。

沉默性格的人，巧设悬念打开他的口

在我们说服他人的过程中，总是会对这样一类人感到苦恼：无论我们说什么，他似乎总是把自己和我们隔离开，对我们的热情视而不见，无论何时总是保持沉默，让我们找不到交谈的突破口，更别说说服他们了。然而，人都是有好奇天性的，一旦有了疑虑，非得探个究竟不可。即便对于那些沉默型的人也是如此，为此，我们在与这一类型的人沟通时，也可以适当激发其强烈兴趣和好奇心，在适当的时候解开悬念，使对方的好奇心得到满足。

小军是一家水果店的老板，因为头脑灵活、为人实诚，他在这条街上的生意一直不错，但最近却出了这么一档子事：住在他隔壁的邻居家着火了，小军家的好几千斤苹果也跟着遭殃了，看到黑乎乎的苹果，连续好几天，小军没有卖出去一斤。

这天早上，刚摆上摊，小军就扯开嗓子吆喝起来："各位，早上好，我最近刚从古巴引进了一种新的水果品种，大家要不要看看？"小军在吆喝的时候，并没有把苹果摆出来，因为他知道，一定要吊足这些顾客的胃口。很快，小军的摊位前聚集了很多的客户。但是，这些顾客都没有说话，好像都不相信小军说的话，只是看着。

接下来小军说："这样，大家先闭上眼睛，我再把苹果发到大家手中，一定会给你们一个惊喜的。"

出于好奇，这些顾客居然真的按照小军的话做了。

接着，小军把苹果放到大家手中，让大家尝尝，这些顾客吃完后，闭上眼睛说："这是苹果，只不过好像比我们吃的苹果都熟些。"

这时候，小军已经让大家睁开眼睛。当他们睁开眼睛，看到这种丑陋不堪的“古巴”苹果，有些犹豫。

“这是我刚从古巴进的一种苹果，味道非常独特，就此一家，大家快来买啊。”这时候，小军对站在摊位前的一个男生说：“小伙子，你以前吃过古巴的苹果吗？”

“没有，我可没有吃过那里的苹果。只是这种古巴苹果与我们平时吃的苹果似乎有些不一样。”

“当然不一样了，这是古巴的苹果，想想那儿多热啊，苹果自然黑色素多一些了。来，吃一个，看看味道怎么样。”

小伙子接过苹果尝了一口说：“味道确实有些与众不同，这样吧，给我称3斤。”

于是很快大家都争先购买。几千斤的烤焦苹果很快就被抢购一空。

故事中的小军为什么能将那些黑乎乎的苹果卖出去？面对这些淡漠、没有一言一语的客户，小军是怎么做的？聪明的小军利用了人都有一种猎奇的心理，而且他知道，这种心理在没有满足前，就都会对产品保持着高度的热忱。

在我们与沉默型的对象进行交流时，因为对方始终不肯打开话匣子，我们的说服难度难免加大，然而此时，如果我们能利用人们的猎奇心理的话，对方是愿意打开心扉的，具体来说，我们需要做到：

1.先从情感上关心对方，打消他的抵触心理

我们在和对方交谈时，先不要提及我们想要说服的目的，而应先与其寻找共同感兴趣的话题，这样，在只是聊天的情况下，能取得和对方的心灵共通，博得相互之间的认同，只要对方认可你，自然就愿意听你诉说了。

日本著名的保险销售能人山田正皓在接受一家杂志的采访时曾说：“与客户接触时，一走进门，要让客户感觉舒服，而不要让其感觉到压力，他们就会和你建立长期的业务关系，并且逐渐喜欢上你、信任你……”山田正皓在销售过程中总是竭尽全力地鼓励和关心客户，使客户感到温暖，把他当成知心的朋友，这对他的销售工作发挥了积极的作用。

二十几年来，他因业务关系结识的朋友超过数千人，而且大部分都保持着联系，这又为他的销售工作产生了不可估量的推动作用。

2. 认真倾听，鼓励对方多说

要想让沉默性格的人对我们掏心掏肺确实难度很大，但是我们依然可以鼓励其多说，进而从其零星的话语中找到其心理诉求，这就需要我们懂得如何倾听：倾听时绝不可左顾右盼、心不在焉；倾听时要懂得反馈，向对方表明你对其情感的理解；可以适当地重复对方的话，以表明你正在认真听。

3. 制造悬念

一般情况下，生活中的很多事情、很多现象已经是司空见惯了，但如果有一天你被告知完全不是如此的时候，你会不会感到好奇呢？当然会，你一定想知道问题出在哪里。比如赵本山的小品《卖拐》，就是一句你的腿有问题，吸引了范伟的好奇心，结果被忽悠了。当别人的注意力集中在你的身上的时候，只要你自圆其说，找一套“歪理邪说”安在对方的身上就可以了，当然这样做的目的是要对方对你的话产生兴趣，所以，无论怎么说，最终要和你要说服的主题联系到一起。

4. 只提供部分的信息，吊足对方的胃口

往往有时候，别人对你说了上半句话，就像知道了下半句。但是你突然停住不说了，那么对方就会有很强的好奇心，想知道后半句到底是什么。这就是一种好奇心理。我们在与沉默性格的人交谈时，也可以留一部分，激发对方想要了解的好奇心。当这种好奇心在对方的心里不断翻涌的时候，对方也许就会接纳你的建议，或许这样做只是为了知道后边的详细消息。

可见，对于那些总是不言不语的沉默型的人，如果我们能巧设悬念，利用对方的好奇心理，是能让对方开口的，并且，成功说服对方也不在话下！

冲动好胜型的人，激将法助你降服他

说服他人的过程中，我们会遇到这样一类人，他们性格外向、好胜冲动，但是对于我们的话，他们总是摇摆不定，甚至总是问周围其他人的意见，对于这样的人，只要我们能采取一个小小的“手段”——激将法，就能轻松搞定他们。

丽丽是一家商场女鞋某专柜的销售人员，一天，有位年轻时尚的小姐一边打电话一边走过来，丽丽细心听了下：“怎么可能，以我赵倩在公司的地位，就这点小事我办不到？你就等着看吧。”根据丽丽多年的看人经验，她判断出这位女顾客应该是个冲动好胜型的人。

过了一会儿，这位女顾客结束了电话，把手机放到包里，目光停在了货柜上的一款新式皮鞋上。但她只是站在柜台前反反复复地看，问一些无关紧要的问题。很明显，她很喜欢这款新式皮鞋，但又因为价格太贵而犹豫不决。

丽丽当然捕捉到了她的这种心理，于是上前问道：“如果这双鞋的价格不能令您满意的话，您是否愿意再看看别的？”

没想到，听了售货员的话后，这位女顾客却表情坚定地买下了这双皮鞋。

案例中的丽丽是个聪明的销售人员，她的问话看似很简单，但其中却藏有很深的奥妙，从女顾客的电话中，他判断出女顾客应该是个好胜冲动的人，所以，当她发现女顾客因为价格的问题而犹豫不决时，便采用了激将法激发了这位女顾客的好胜心，继此而成功地售出了这双皮鞋。

那么，激将法有哪些方式方法呢？

第一，明激法。

明激意在直截了当、充分利用对方的逆反心理，通过一阵“猛雷”使

对方当头一棒，从而达到你的目的。比如，你可以这样说："我明白，您老不帮忙，可能也是心有余而力不足吧？"这句话在他心里的分量是很重的，因为每个人都不愿意被人看扁。

第二，暗激法。

暗激法就是借赞扬他人来贬损对方，达到激将的目的。

勾践出兵伐吴，半路上遇见一只眼睛瞪得大大的，肚子鼓得圆圆的，好像在发怒的大青蛙，勾践于是手扶车木，向青蛙标示敬意，手下人不解，问其缘故，勾践说："青蛙瞪眼鼓肚，怒气冲天，就像一位渴望战斗的勇士，因此我对它敬重。"全军将士都觉得受大王恩惠多年，难道不如一只青蛙？于是相互劝勉，抱着坚定的信念，驰骋疆场，为国立下了战功。

除此之外，我们在运用激将法的同时，还得了解对方，因人而用。要对对方的心理承受能力有所了解，如果激而无效，那么也是白费力气。同时，我们还时要掌握分寸和火候，语言不能"过"。如果说话平淡，就不能产生激励效果，如果言语过于尖刻，就会让对方反感；语言不能过急，也不能过缓。过急，欲速则不达；过缓，对方无动于衷，无法激起对方的好胜心，也就达不到目的。

为此，我们需要注意几点：

1. 大庭广众下，对方更容易束手就擒

这类性格的人都爱面子，在人多的时候体现得尤为明显。谁也不想让自己在众目睽睽之下丢了面子。因此，在人多的场合用激将法来"对付"这类人更有效。

2. 尊重对方，不能伤害到对方的感情

如果在上例中，售货员对那位犹豫不决的小姐说："要买就买，买不起就别看了，看你这身穿着也不像能买得起的人。"那么，恐怕那位小姐不仅不会购买，还会与销售员理论一番，因为这位销售员这样说，明显伤害了客户的自尊心，这与激发客户的好胜心的效果完全相反。

3.激将法的目的是让客户摆脱犹豫，但要注意陷阱

曾经有位推销员去一家纺织厂推销名牌毛衣，这家纺织厂基本上都

是女工，女人都比较爱美，于是，一群工人围过来看，其中有个很爱说话的女孩子一摸这毛衣，就说质量很差，并且价格太贵了。没想到这位推销员好像不怎么会说话，挖苦那个女孩说："看您穿这身衣服，就知道是买地摊货的人，恐怕一件卖给你10块，你都买不起！"这个女孩平时大大咧咧，但这时，自尊心确实被伤到了，于是，她对周围的姐妹们说："你们作证，他卖我10块一件，我全包了！"销售员一听，只好灰溜溜地跑了。

销售员挖苦客户，结果"搬起石头砸了自己的脚"，让自己下不来台，恐怕这位销售员在那个工厂再也没有市场了，他的这种做法实在没有考虑后果，"杀鸡取卵"，把他以后的推销之路全部堵死了。

总之，在说服那些冲动好胜型的人的时候，如果对方不买你的账，你不妨利用他的好胜心，但我们在使用激将法时要看环境及条件，不能滥用。

对待专制挑刺的人，我们要顺从忍耐

在与人沟通的过程中，我们会遇到这样一类人，无论我们提出什么论据，对方总是能挑出毛病和漏洞，似乎总是与我们对着干，也总是想压制我们的意见。其实，此时，我们要明白一点，与对方争论谁对谁错没有意义，我们的目的是说服对方接受我们的意见，所以，只要我们达到自己的目的，我们就是赢家，在这样的心态的指引下，其实我们是可以让一步的。因为面对这类专制挑刺的人，最好的办法就是忍耐和顺从。

一家大型的服装商场正在举办一次大酬宾活动，一位女顾客在销售员盈盈手上买了两件衣服，一件衬衣折后50元，T恤折后45元。但这些衣服是特价商品，所以不能调换和退货，女顾客也答应了。

但没过一个小时，这位顾客又找上门来了，她怒气冲冲地找到盈盈：

“这件衬衣上少了个纽扣，你让我怎么穿，就是地摊货，最起码也是物件齐全呀，你现在给我换一件，要不，我就退货。”这位顾客一副绝不妥协的气势。

销售员：“对不起，小姐，您先别着急，这也是我的疏忽，您看我们品牌的衣服是很少打折的，更别说这么优惠的价格，而衣服上或多或少会有些小问题，这也是特价的原因之一，但这些小缺点完全不影响穿着的。”

客户：“你说这衣服怎么穿出门啊，别人会笑话的。”

销售员：“您放心，衣服的档次和质地绝对是很好的，您只要钉上一颗纽扣，是完全和正价的衣服一样的。花3折的价钱买到这样一件衣服，真的可以说是物超所值啊。”

客户：“但是你也没有告诉我啊，如果是那样我就不买了。”

销售员：“这件衣服穿着真的很舒服，我自己也挑了一件。我也看出来您很喜欢。如果您仅仅因为一颗纽扣就损失一件喜欢的商品，那就太不划算了。您说是吗？您看这样行吗？我让店里的师傅再给您钉上一颗完全一样的纽扣，保证看不出任何痕迹。”

客户：“好吧，那就这样吧。”

这则案例中，销售员盈盈已经事先提醒顾客产品不能调换和退货，但顾客还是为一颗小小的纽扣来挑刺儿。面对这样的顾客，盈盈并没有正面还击：“我不是已经告诉你了，这衣服是特价商品，是不能调换和退货的。”而是先稳定顾客的情绪，然后再耐心地劝说顾客，并答应为其解决问题，这样，顾客也就欣然答应了。

那么，在说服过程中，我们到底该怎样与这类挑剔专制的人交谈呢？

1. 保持良好的态度，不与之争论

无论对方提出多少反对意见，我们都要保持良好的态度，不必与之争吵，因为一旦彼此产生冲突，我们的说服工作就只能中断。

2. 找准对方挑剔的原因

对于这类本身个性就是爱挑刺的人，我们要有良好的分析能力，能够从对方的反对意见中找出关键问题加以重点解决。关键问题，也就是那些对对方来说最重要的、本身最关心、与其关系最密切的问题。当你真正弄清了对方担心的问题，并采取有效的方法加以解决，就真正打破了阻碍交谈的障碍。如此一来，说服对方也就更加容易了。

3. 先肯定后否定

对于对方的挑刺行为，我们要礼貌应对，但这并不意味着我们要一味地顺从对方，此时，我们不妨用婉转或者采用先肯定后否定的方式，例如，如果你想说服一位客户，而对方对你的服务或是产品产生误解时，你可以说：“您说得没错，不过……”这样一来，既表达了自己的意见，又维护了相对良好的谈话氛围，最重要的是，没有和对方产生语言上的冲突。

总之，对于那些爱“挑刺儿”的人，我们在与之交谈的时候，营造良好的沟通氛围是非常重要的。在此基础上，我们还需要想方设法解决对方提出的问题，只有消除了对方的疑虑，说服工作才能真正顺利地进行下去。

用真诚平息性格暴躁者的怒气

人际交往中，我们总会接触不同性格的人，当然，也有些人性格急躁、脾气火暴，在与他们沟通的过程中，他们总是显示出不耐烦、不够配合，很容易造成沟通时气氛紧张，与这样的人沟通，常常令我们感到头疼，毕竟脾气暴躁的人不易相处，但如果我们善用说服术，具备巧妙的沟通技巧，懂得选择适当的方式来平息对方的怒气，即便是脾气再差的人，我们也能应付自如。我们先来看看下面的场景：

一位先生气冲冲地找到销售员小李，说起了前一天在小李这里购买的录音机：

客户："你昨天卖给我的是什么录音机，我才用了一次就不能录音了。你们卖的这是什么产品？质量也太差了。"

销售员（连忙放下手头的工作）："真是太抱歉了，本来买东西是一件很高兴的事情，没想到却给您的生活添了麻烦，真是对不起。请问产品哪里出现了问题？我可以帮您进一步地解决。"

客户（态度稍有缓和）："我放了空白磁带，可就是没法录音。"

销售员："是吗？那我们来现场操作一遍看看，和您一起找找原因。"

小李让顾客在现场操作了一遍，结果他发现了问题，原来顾客只按了录音键，却忘记按播放键。

客户（一脸歉意）："这，真是不好意思。"

销售员："不，是我昨天没为您讲解清楚，责任在我。如果您在使用过程中发现有什么不懂的地方或是什么问题，尽管来找我。"

第二天，这位顾客又来找小李，不是为了别的，而是又买走了一台录音机。

场景中的销售员小李是聪明的，面对性格急躁的客户，他拿出了足够的耐心，的确，即便顾客表现得再不耐烦，我们也不能为了图一时之快对顾客出言不逊。因为一个销售员的态度不仅关系到销售业绩，同时也代表着产品形象。对顾客时刻保持良好的态度，是一个销售员需要具备的基本素质。

生活中，可能我们有时候会刻意避开脾气急躁的人，或者看他快要发作时及时刹车，但是我们能完全避开和这样的人打交道吗？当然不可能，我们生活在这个社会中，就是要和各种各样的人打交道，并且要学会说服各种各样的人，那么，我们该怎样说服性格暴躁的人呢？

1. 用真诚换取真诚

要想表达真诚，最主要的还是在言辞上，要诚恳一些、热烈一些，用你内心迸发的热情来感染对方。其实，从心理学角度，真正有效的沟通必须是潜意识层面的，因为它在沟通中所占的分量是很大的，也就是说，只有真诚地与其沟通，才能换取他的信任和支持。

2. 双向交流

脾气暴躁型的人虽然喜欢操控，但他们并不是不讲理，因此，与他们交流，你应该做到“坚持”，在听取对方的意见后，你应该表示感谢，对与你不同的意见，你应该有理有据地进行反驳。如果你真的驳倒了对方，那么，他一般都会对你刮目相看。

3. 避免争吵

任何交流，一旦转化为争吵，就会影响双方情绪，最终导致“双输”，另外，脾气急躁的人，一般自尊心都会比较强，他们不会承认自己是错误的，因此，你不妨大度一些，避免争吵。

4. 注意聆听

与人沟通，不能一味地“说”，还要“听”，尤其是这类脾气急躁的人，他们更喜欢倾诉，当然，我们“听”，也不只是简单地带着耳朵听，还需要把对方沟通的内容、意思把握全面，这样，当你回应对方的时候，才能与其想法一致，否则，如果你因为没有听清而急于表达自己的观点，结果很有可能无法达到深层次的共情。

5. 肯定对方

性格急躁的人更希望自己被认同，当然，我们在肯定他们的同时，也不是简单地对对方说“是的”“对”这些话，而是有技巧可言的，你可以通过重复对方话中的关键词来表达认同，甚至也可以重复对方说过的话，这就表示你曾认真听对方说话，是一种尊重和重视的表现，相信对方会对你产生好感。

总之，我们要想说服那些性格暴躁的人，一定要保持良好的态度，不要总是将问题归结都对方身上，即便对方的做法欠妥，我们也要用始终如一的态度打动对方。

性格拘谨者，主动说点“秘密”获取对方的信任

生活中，我们会遇到这样一类说服对象，他们性格内向、行为拘谨，因为交情不深，不愿与我们沟通，更别说接受我们的说服意见了。其实此时，我们可以主动泄露自己的一些私密小事儿，这样，当对方觉得我们对其掏心掏肺之后，也就愿意向我们透露心事了。那么，彼此间的亲密关系也就建立起来了。不难理解，我们每个人都会跟与自己拥有共同秘密的死党更亲近，也更信任他们，用这样的方法打开性格拘谨者的内心、消除他们的防备之心，不失为一种好方法。

老陈从单位退休后，一直闲来无事，就把眼光盯着女儿菲菲，不过话说回来，菲菲已经二十八了，是到了谈婚论嫁的年纪了。于是，在老父的逼迫下，菲菲只得把自己交了半年多的男朋友带回家。

这天，老陈忙一上午，好好备了一桌子菜。菲菲的男朋友是个很害羞的小伙子，在饭桌上，只顾自己吃饭，甚至不敢抬头看未来的岳父。看到年轻人这么拘谨，老陈决定好好和这个小伙子谈谈，于是，他对菲菲和菲菲妈说：“厨房还炖着鸡汤呢，你们再去看看，别熬煳了。”

等二人离去后，老陈对小伙子说：“小王啊，你别紧张，就把这当自己的家。你现在的心情我也理解，当年，我认识菲菲妈的时候，也去见了老丈人，当时心里也是七上八下的，生怕表现不好，惹了老丈人生气……”老陈说到这里停住了。

小伙子接着问下去：“那后来呢？”

“后来，菲菲他外公也说了同样的一番话给我听，我就不紧张了。因为这证明他老人家还是蛮喜欢我的。”老陈说完这番话，小伙子和老陈一起笑了起来。笑声引来了菲菲和菲菲妈，母女俩不知道发生了什么事，问他们也不肯说。

令人高兴的是，老陈这一番话后，小伙子明显放松了，还主动向老陈敬酒。一顿饭吃下来，老陈笑呵呵地同意了两人的交往。

案例中的老陈是个很懂得与人拉近心理距离的人，面对拘谨的小伙子，他主动吐露了自己过去见未来岳父的经历，一番话消除了对方心里的紧张感，双方自然亲密起来。

那么，具体来说，我们该怎样通过透露秘密来让性格拘谨者敞开心扉与我们沟通呢?

1. 先多强调你们之间的共同爱好和兴趣，以拉近距离

这里，你首先要了解对方的兴趣爱好，然后，你可以故作不知地提及自己的兴趣爱好，当双方在这一方面存在共同点之后，那么，你们便轻而易举地拉近了彼此间的距离。

的确，若与对方有共同点，就算再细微的也要强调，人与人之间一旦有了共同点，就可以很快地消除彼此间的陌生感，产生亲近的感觉。这样不但可以使对方感到轻松，同时也具有使对方说出真心话的作用。

2. 在获得一定的认同感之后，再主动吐露自己曾经那些无伤大雅的“糗事儿”

比如，当彼此聊及过去的事时，你可以一反常态，主动聊聊曾经失败的事，这比谈自己成功的事，更易拉近彼此间的距离。

因为老是炫耀自己成功的光荣事件，容易让人产生反感，而留下不好的印象。这样，我们首先在态度上已经示弱并表示了友好，对方没有不接受的道理。

3. 掌握一些语言上的技巧

使用“请教”“帮我”等语气，较易获得对方的好感；常用“我们”这两个字可以拉近彼此间的距离。因为善于用“我们”来制造彼此间的共同意识，对促进我们的人际关系将会有很大的帮助。

其实，不只是与此类性格拘谨者沟通需要消除陌生感，在说服过程中，无论与我们交谈的人个性如何，都需要我们炒热气氛，这样，可以消除你与他人之间的陌生感。能不能找到话题比会不会讲话更重要。而这话

题，也就是交谈双方共同感兴趣的人和事。对此，我们可以主动地表露自己的一些小秘密，这样可以让对方感觉到你的主动、大方、友好亲切，当对方对你的兴趣产生心理认同感后，就会与你一拍即合、达到情感上的共鸣，最终接纳你的建议。

第16章

有备无患：多方准备让说服拥有无限可能

现代社会，每时每刻我们都在与人沟通，都希望通过说服他人达到我们的社交目的，然而，很多人为此感到苦恼：口才不佳如何说服他人？劝服他人总是无效怎么办？总是无法消除对方的顾虑如何是好？其实，一个人的说服能力不能自行获得，说服他人也不是毫无章法的，它需要我们在与人沟通前先做好充足的准备工作，多一手准备，就多一分成功说服的可能，然后恰当地与对方交流，并在沟通中灵活应对，适时调整我们的说服策略，只有这样，无论我们在沟通中处于什么位置，都能让成功说服成为一种可能。

多备几套方案，你一定能说服对方

现实生活中，我们似乎总是羡慕那些口才好的人，似乎他们总能在三言两语间就能影响他人的看法和意见，能让对方听命于他。诚然，我们不能否认这类人的语言表达能力，但我们还必须要懂得，任何人都不可能随随便便获得一种本领，即便能说服他人，他们也是做足了准备工作。为此，不少说服力强的人在透露自己的心得时都会说："多一手准备，就多一分成功的把握。"同样，我们在说服他人前，也要多备几套方案，这样，此路不通，还有其他的说服方法。我们先来看下面一个故事：

业务员小李是一名企业培训课程推销员，一直以来，他的业绩都是出奇的好，这是因为他很机灵，总是能把话说到客户心坎上。

这天，他又来到一家公司推销。

小李："董事长啊，您是不是正为了职员缺乏干劲而困扰呢？"

董事长："就是说啊，最近无论是职员还是管理干部都很松懈，害得我没办法处理其他工作呢。"

小李（点头）："果然是这样。刚好我手边有一项研习活动，可以提高管理干部的干劲，您要不要听听看呢？"

董事长："是吗？这倒很有意思。"

接下来，不到三分钟的工夫，小李就成功推销了这项活动。

可能你会猜想，万一小李没猜中呢？其实，没猜中的话，他也有一套自己的应对策略。

小李："刘总，您现在最困扰的是不是员工缺乏积极性的问题呢？"

刘总："我现在真是管不上他们的积极性问题了，现在是人手不够。"

小李（点头）："原来真的是这样啊，看来我没将我的想法表达

清楚。贵公司的员工其实一直都是比较努力的，但如果人手不够，他们花在工作上的时间和精力太多，时间长了大家也会泄气的。现在，我们公司正好有个人才招聘项目是针对您这种情况的，让我简单为您说明一下吧？”

以上案例中，业务员小李就是个聪明的人，似乎他怎样表达都能说中对方心思。这不但因为他有着出色的应变能力，更因为他事先做足了工作，针对可能出现的情况进行了方案备份，在谈话中，他随时都能抓住对方说话的契机，顺着他的意思往下说，如果猜中了，对话就可以继续下去，即使没猜中，也可以立即转变说话的势头，继续交谈。

其实，这一策略不仅可以运用于销售活动，还可以应用到生活中与各类人交往的活动中，尤其是说服他人的活动中，它的好处在于帮助我们操控他人的内心世界，进而进入他人的潜意识，最终实现我们的说服目的。

当然，要想真正达到我们的说读目的，我们必须掌握几点小技巧：

1. 事先了解，不打无准备的仗

事先多了解情况，能帮助我们顺利做好接下来的沟通工作。拿销售工作来说，我们并不是让客户看了我们的方案就能将产品或者服务推销出去，我们还需要解决更多的问题，让客户从头到尾都满意，销售工作才能有效果。

2. 多备几套方案

以故事中的情况为例，如果没猜中客户的苦恼，那么，你就要思考好会出现另外一种什么情况，然后，针对这种情况提供新的方案，如果客户存在的问题你并不能解决，那么，你们的沟通就是无效的。这一点，还是要回归到第一点，对客户乃至我们的交往对象多做了解，才能解决好问题。

3. 预测各种方案的说服结果

如果你制定了三份预案，那么，你就要对这三份预案的结果进行预期，这样做的好处在于能减少失误。因为很多时候，即使你准备了多套方案，但在具体执行的过程中，也会因为各种因素而出现我们无法驾驭的意外情况。

4. 尽量完善你的方案

没有谁能保证交往的绝对顺利，你的方案越是完备，胜算的把握就会多一分。例如，在考虑具体的交谈场景时，你不仅需要知道对方喜欢什么样的场所，还要知道对方喜欢什么口味的酒水、饮料、点心等。这都是一些细节性问题，当然，要了解这些，你就要做足工作。

5. 别忽视自己

在整个预案的准备过程中，我们也需要考虑自身的情况，你需要让对方知道的是，你能为对方做什么、能给其带来什么利益，你该怎样才能给对方留下好印象、谈吐举止上需要注意些什么，对方更喜欢与什么性格的人交往……

6. 反应敏捷，以最快的速度回答对方

你回答的速度越是敏捷，越是显示出你对其真的了解，越是能迅速把你带到对方希望呈现的语言环境中。

总之，让自己的语言真正深入人心，以达到说服对方的目的，并非易事，我们还需要多做几手准备，要综合考虑、观察各方面的因素，方能减少失误，达成目的。

“单打独斗”无效，就找个好帮手

我们都知道，要想说服他人，必须有一副好口才，然而，有时候当我们已经苦口婆心地劝说，甚至已经筋疲力尽时，对方依然不为所动。这时候，我们单凭自己的力量是说服不了对方的，即使口才再好，也很难应对种种挑剔、要求等，然而，如果我们能找个帮手，也许就能找到新的方法。我们来看下面的销售故事：

销售员：“你觉得这鞋价格贵吗？这可是我们这半年来卖出的最低价

格了。”

客户：“是很贵，这远远超出我的预算；另外，我觉得你这产品也不值这个价。”

销售员：“我看您可能对我们公司的产品不太了解，我们采用的是最好的原材料，价格也是合理的。”

客户：“王婆卖瓜，自卖自夸，谁不说自己的产品好啊。”

这时，店里来了另外一个客户。

“这双鞋多少钱？”这位客户问。

销售员：“399元。”

“真不贵，上次我朋友在对面那家商场买的一模一样的，牌子也一样，那双鞋要499，这样吧，你给我包一下，这双我要了。”

见这位客户已经毫不犹豫地买下了那双鞋，刚开始和销售人员在价格上没达成统一意见的那位客户二话不说也买下了。

这次销售之所以能成功，主要因素在于另外一位客户的出现，让客户消除了对价格的异议，完成了销售活动。

同样，我们也从这一销售故事中获得一个说服他人的启示，有时候不妨利用外界的力量，找个帮手与自己一起说服对方。

对此，你没有必要选择口才最好的，而是要选择最适合你，对眼下的情况最有帮助的人。

那么如何才能找到一个好帮手呢？

这需要你遵循以下原则：

1. 帮手必须能弥补自身的不足

每个人都有自己的不足，比如性格缺陷，在我们说服他人的过程中，我们在口才或者其他方面的一些不足很多时候就会阻挡说服活动的进行。此时，我们可以找个好帮手帮自己说服，这样，就能弥补自己的不足。

比如，如果你是一位销售人员，但有性格急躁的缺点，容易发火，那么就可以找一个性格稳重、经验丰富的人做帮手；如果客户对产品的技术或研发方面存在异议，而销售员不能很好地解决，就可以找一个能提供技术支持的帮手；如果客户对产品质量不放心，而销售员又无法充分说服对方时，就可以找一个产品检疫方面的负责人进行解说。

2. 帮手必须能增强对方的信心

很多商家之所以重金聘请权威人士，是因为权威人士的言语能给对方信心，他们的一句话往往比我们费尽口舌的游说更加有效果。当然，邀请到这样一位以第三方身份出现的权威人士并非易事，而且他们在整个说服过程中也不会参与太多的谈判话题，但是他们的作用不能忽视。这些人的身份、地位和声誉等方面的影响会让对方更有信心，他们的意见能对交易产生积极的推动作用。所以，我们可以邀请一些社会上的权威人士参与谈判，如某方面的专家，某领域的知名人物等。

3. 有充分决策权的人也是好帮手

很多时候，也许我们只是一名说服人员，并没有充分的决策权，那么在说服过程中，就需要这样一个有充分决策权的帮手，可以是上司领导等有决策权的人。一方面，这些人的出现，会体现出对对方的重视和尊重以及我们的诚意；另一方面，在说服进行得如火如荼的时候，这些有充分决策权的人也能拍案决定，不至于让我们陷入被动，也避免了我们费时费力地向上级请示，有利于提高说服的效率。

总之，在说服过程中寻找一个帮手，会对你的说服工作起到事半功倍的作用。当然接下来仍然需要你的努力。如果你与帮手在接下来的说服中不得要领，也同样难以成功。所以在此之后，你还要确定一个明确的目标，以及你和帮手在说服中各自的任务，这样明确分工、目的明确，才不至于在说服过程中乱了阵脚，从而更容易赢得对方的信赖和赏识。

但是你一定不要忘记，自己才是沟通中的主角，千万不可因为有了帮手就想着自己可以退而求其次了，因为你已经做足了准备工作，比帮手更加了解这次沟通，整个沟通的局面也要始终掌控在你手里。所以你应该始终掌握沟通的主动性，充分调动帮手的积极性，为实现共同目的而努力。

直接说服对方无效，就从其关心的人入手

生活中，我们每个人都有自己关心的人，要么是子女，要么是父母，要么是自己的爱人，在说服他人的过程中，在我们直接说服对方无效的情况下，如果我们能从其身边关心的人入手，多谈谈我们关心的人并表达我们的关系，那么，我们肯定会觉得他是一个贴心的人。

某天，某健康推广员来到某小区，根据资料，他准备敲开一位客户的门，开门的是个阿姨。开门时，阿姨手上还在择菜，这位推销员就顺口问："阿姨，今儿这芹菜是什么价儿啊？"

"都××元一斤了，又涨价了，一到冬天就这样，你说我这点退休工资，都不够养活我自己了。"

"是啊，我们这些年轻人不爱自己做饭，所以这菜价儿还真不知道，不过，自己做饭比在外面吃健康多了。您听说过'地沟油'这词儿吧？想想就胆战心惊啊！"

"听过啊，我这老婆子做的饭虽然没有饭店的饭好吃，但至少干净卫生啊。我也经常跟我儿子媳妇说回家来吃饭，他们不愿意回来，说是耽误时间……"

"阿姨，这墙上那照片是您儿子吧，看上去真英俊，一定是个知识分子，相信阿姨一定是个教育有方的好妈妈。"

"我儿子在××大学当教授，他从小都爱学习，到现在也还是不忘读书，平时都在学校，只是周末才回来……"

就这样，这位推销员和顾客关于教育孩子的一些问题谈了很长时间。

过了会，推销员说："阿姨，您看，和你聊这么久，我居然忘了今天来这儿的目的了，不知道您还记不记得，上周六在中山公园，您填了一张健康卡？"

“对呀。”“您真是很幸运，几百人中抽中了您，所以您将免费获得一张价值100元的健康检测卡，您好像在卡片上填了您有高血压，我们的仪器也主要是检测心脑血管情况的。常检查，作好预防，不但可以省去很多的治疗费用，更可以给您的儿子省去很多麻烦。您要是有时间的话，这几天就去我们公司看看，检测一下您的身体状况，您看怎么样？”

“嗯，你说得对，我一定要注意健康啊，不然我儿子在外面工作也不省心啊，我这周末就去。”

这则故事中，我们发现，这位推销员很懂得见机行事，当他敲开门后，发现开门的是一位正在择菜的阿姨时，他就从菜价入手，与顾客进行适当寒暄，然后便对社会上的一些健康问题提出自己的一些建议，肯定了阿姨所说的“在家里吃饭卫生”的这一观点，并随机把话题转到顾客最关心的问题——教育子女上。因为他明白，对于这样一位阿姨来说，她最关心的人莫过于自己的子女。于是，就这一话题聊天，他很快与阿姨建立了一定的感情。

在说服他人的过程中，这种方法我们称之为关系营造法，也就是说，当我们在对方身上无法达到共同意见，从而达成一致意见的话，我们可以转移一下目光，试着从客户的家人、朋友、同事身上花心思，通过营造与这些人的良好关系来影响客户，这种方式常常被使用在公关营销上。

通常情况下，人们对家人的重视程度是比较大的，他们是能影响对方的最重要因素。比如，在商业活动中，我们可以给客户的孩子送礼物，给客户的妻子送化妆品，给客户的父母送保健品等，当然，具体的能影响到对方的因素还是根据对方的具体情况而定的。在具体的说服过程中，我们可以这样做：

1. 了解对方最关心的人是谁

你必须先对你的交往对象有一定了解，比如，如果他是个孝顺的人，那么，他最关心的人应该是父母，而假如他是由母亲带大的，那么，他可能对母亲的感情更深；而假如他刚结婚，那么，他现在最关心的人应该是自己的爱人；而假若他的孩子刚出生，那么，对方最关心的人应该是孩

子……总之，你对他的了解不要停留在姓名、职业、电话这些表层上。

当然，关于这些，你都不应该直接询问对方，而应该间接打听，要知道，通过其他途径得到这些消息，更能体现你的用心。

2. 从小事上关心

越是小事，越能体现我们的细心，比如我们可以说："这几天热得出奇，一定要注意给宝宝防暑啊。"而气温降低后，你也可以提醒对方："小孩子抵抗力不如我们，别忘了给孩子多穿点。"

3. 从侧面赞美对方关心的人

比如，我们可以不赞美顾客本人，而去赞美他身边的人，如果顾客是个年轻女士，你直接赞美对方，不如赞美她身边的孩子："好可爱的女孩啊，将来肯定是个大美人！"你会发现，这比赞美她自己还要令她高兴。

另外，我们一定要把话说得亲切、和蔼，这样才能使对方感到愉快，从而对我们产生信任。

总是，我们与他人沟通应从情的角度出发，不但应关心对方，还应关心对方关心之人，这比关心对方本人更能产生"以情动人"的效果。

正面劝服无效，不如侧面适度"提醒"

现代社会，我们要参与职场工作、商业竞争和人际交往，很多时候，我们需要说服对方，为了达到我们的说服目的，我们可能会使出浑身解数，却毫无效果，其实如果我们能主动出击，可能会节省很多精力。古人云："不战而屈人之兵"，这乃战争取胜的最高境界。因此，在言语交谈中，你也可以适度强硬一点，适度说些"威胁"对方的话，让对方畏惧，当对方乱了方寸后，你再进一步采取措施，便能很容易地达到说服的目的。

其实，历史上，很多人都知道用威胁的方法可以增强说服力，而且还不时地加以运用，我国历史上著名的"唐雎不辱使命""完璧归赵"等故事便是使用威胁来达到说服目的的。现实生活中，这一心理方法的运用也并不少见。

刘鑫是某保健器材的销售人员，他有一名潜在客户杨总。刘鑫对这个杨总进行了一番了解。原来，杨总是一个很孝顺的儿子，对母亲的健康很在意，而且只要认准了产品就不会在价格上斤斤计较。

在见到杨总并与之进行一番交谈后，刘鑫向杨总介绍了这种保健器材的一些功能和特点。杨总说他目前没有这方面的需要，如果有需要的话，他一定会与刘鑫联系的。刘鑫听出杨总是在下逐客令，可是他并没有放弃，他又说："听说您的母亲就要过七十大寿了，人生七十古来稀呀，不过以您母亲的身体状况就是再活七十年也没问题呀！"

杨总听了慨叹道："唉，虽然我母亲保养得一直很好，可是毕竟年龄大了，身体一日不如一日了呀，最近就时常闹些小毛病。"

刘鑫说："其实老年人身体状况不好光靠吃药是没用的，关键要经常做些有益的活动，这样一来可以增加身体的抵抗力，二来还可以使他们在运动的过程中保持一个良好的心情。"

杨总仍然神色严肃地说："以前我母亲也出外参加一些活动，可是最近她自己总觉得太累，再说我也怕她到外边活动出现什么问题不好及时处理。这个问题愁坏我了。"

刘鑫接着说："我们公司的产品正好可以帮您解决这个难题……"

在说明了使用这种保健器材的一系列好处之后，刘鑫看到杨总已经有了点购买产品的意思，他想现在应该是趁热打铁的时机了，于是他又说："如果您不能在母亲七十大寿的时候送给他一件有意义的礼物，那她一定会很失望的。而这种保健器材不仅可以让她老人家感受到您的孝心，而且每次看到它时，老人家都会想起自己这个值得纪念的生日的。这种保健器材我们销售部只剩下三台了，如果您现在不买下的话，等到您想买的时候恐怕就要卖完了，到时候只能等公司总部发货过来。如果那样的话，那您一定会感到遗憾的。"

"好吧，我现在就要货，你先把它送到我的办公室吧，我想等母亲生

日那一天给她一个惊喜。”显而易见，杨总已经迫不及待了。

案例中，销售员刘鑫就是运用提醒的方法直接让对方注意：如果你不购买产品会怎样。他的聪明之处还在于，他做了准备工作，在推销前先对客户进行了一番了解，这样，劝服的时候，成功的概率就大了很多。

“威胁”的方法可以增强说服力。在说服的过程中我们首先要摸清对方的底牌，一旦摸清了底牌，就掌握了沟通的主动权。在说服过程中，当你有十分把握的时候，不妨“威胁”一下对方。这一攻心之术经常被运用到销售中，比如，很多商家开展的“限期促销活动”等，除了可以创造一种热烈的销售气氛外，所谓的“限期”其实都是要客户注意：超过期限就不能享受如此优惠！而消费者也对商家有意无意传递的这种意义心知肚明，所以很多消费者都会选择在节假日或企业推出的促销活动期间进行“疯狂购物”，即使需要排队等待也乐此不疲。

“威胁”策略应该与正面说服方法相互结合，否则的话，就会引起对方的不安，从而造成沟通中出现不愉快的局面。因此，我们可以这样“威胁”对方：

1. 正面“提醒”

让对方接受我们的想法或者达到某种目的，并不一定要反复提醒他“如若不……会怎样”，你可以直接告诉他：“如果你怎样……你会有什么益处”。但前提是，你必须对对方有很深刻的了解，知其所好，这样，才能把“提醒”说到对方的心坎上，同时，要让对方理解我们的出发点是善意的，不然只会适得其反，引起对方的怀疑。

2. 反面“提醒”

这种提醒的方式，一般是针对对手而言。也就是说，如果我们希望不去做什么，我们可以利用与之对立的关系，尽量建议他去做。左右思量后，对方势必会中我们的“圈套”。

另外，在具体运用“威胁”时你要注意以下几点：

第一，态度要友善。

没有人喜欢被真正威胁，因此，我们的出发点应该是善意的，态度也应该是友好的，应该是本着为对方着想的原则去说服，才能真正起到说服目的。

第二，讲清后果，说明道理。

只要你“威胁”的论据充足，让对方看到各种利害关系，那么，他是会束手就擒的。

第三，威胁程度不能过分，否则反会弄巧成拙。

制造情境氛围，让对方不得不屈服

中国人常说：“箭在弦上，不得不发”，“覆水难收”，这就是一种情境，如果我们能让别人身临其境，很多事情就顺理成章了。同样，人际交往中，我们若想说服他人、接受我们的批评、观点等，我们也可以先“造势”、制造某种情境和氛围，那么，对方自然也会很轻易地接受。

我们来看看下面这两个擦鞋童的叫卖语言：

一到周末，我们常看到许多青年男女伫立街头，他们中间有不少人是等待与恋人相会的。到傍晚时分，有两个擦鞋童，正高声叫喊着以招徕顾客。

其中一个说：“你看你的鞋子多脏，我为您擦擦皮鞋吧，又光又亮。”

另一个却说：“约会前，请先擦一下皮鞋吧！”

结果，前一个擦鞋童摊前的顾客寥寥无几，而后一个擦鞋童的喊声却收到了意想不到的效果，一个个青年男女纷纷要他擦鞋。

那么，为什么会出现这两种不同的结果呢？我们来分析一下：

第一个擦鞋童是这样劝说顾客的：“你看你的鞋子多脏，我为您擦擦皮鞋吧，又光又亮。”我们不得不承认，这句话充满了对顾客的人情和礼貌，并且，他还为顾客保证自己擦出来的鞋会“又光又亮”，但一般来

说，那些即将约会的青年男女们是不会在意的，他们也不会接受的，因为傍晚时分，夜幕即将降临，谁会在意自己的鞋子“亮不亮”。而同时，“你看你的鞋子多脏”这句话很明显地激起了人们心中的不快情绪，那么，即使对方的鞋子真的需要擦，人们恐怕也不会光顾他。人们从这儿听出的印象是“为擦鞋而擦鞋”的意思。

而第二个擦鞋童的话就与此刻男女青年们的心理非常吻合。黄昏之时，那些约会的青年男女们，都希望自己以一副清爽的形象去面对自己的恋人，一句“约会前，请先擦一下皮鞋吧！”真是说到了青年男女的心坎上。可见，这位聪明的擦鞋童，正是在自己的话题里放入了“为约会而擦鞋”的温情爱意。一句“为约会而擦鞋”一下子就抓住了顾客的心，因而大获成功。

而通常，人们都没有意识到自己说话用词给人以形象的极端重要性。实际上，聊天讲话如果能让对方眼前浮现出各种各样的形象，听众就会感到轻松、惬意，并愿意继续听下去。而如果话题含混笼统，语言无色无彩，恐怕只会让对方昏昏欲睡，打不起聊天的兴趣，甚至对你产生厌倦的情绪。

可见，说服对方，我们也要懂得制造情境，具体说来，我们需要做到：

1. 淡化消极因素法

事实上，人们只有在积极的情绪下才会做出一些正面的决定，如果我们要让对方接受自己，就要尽量为对方排除一些消极因素。

所谓淡化消极因素，就是设法缩小消极面。在实际生活中，有许多人被不安和自卑情绪困扰得痛苦不堪，但稍加分析，就会发现他们将极小部分的失败或恐惧扩大化了，那我们要做的就是尽量将这种消极因素缩小。比如，当你的同事因为一些工作原因被领导训斥了，心情很差时，你可以旁敲侧击，吐露一点自己曾经同样的经历，让他明白：当领导的，不可能样样事情都处理得很好。再说，领导是站在全局角度看问题的，也许是自己的看法不够全面。他想到这一点，心情就舒畅多了，怒气也就没有了，消极因素也就消失了，而你们之间的友谊也增强了不少。

2. 不说消极语言法

消极语言，是一种消极暗示，这种话说多了，对方就会产生一些消极心理，无论我们出于什么目的暗示，都要在积极的场景中进行，因为人们一般都喜欢积极的情绪体验。

有些人常说："反正""毕竟"或"总之"一类的话，这都是消极语言，这类话对方听多了，会产生自我否定的想法，本来彼此间可以友好合作，却因为担心后果而放弃；本来情绪激昂地说帮你忙，也因为你的消极暗示而放弃。

因此，我们在说服他人的时候，要尽量不说消极语言。

3. 赞美法

赞美他人，是一种积极的暗示，而且不仅给他人积极的暗示，同时也给了自己积极的暗示。因为，在赞美他人时，你看到了他人的长处，发现了他人的优点，说明他人的长处、优点也进入了你的心灵，这本身就是一种积极的暗示。

总之，我们可以说服的技巧有很多，而制造情境氛围就是一种说服技巧，把握运用好这一技巧，能帮助我们顺利达到说服目的。

曲径通幽，"第三者干预"更能赢得信任

在与人沟通尤其是希望说服他人的沟通中，我们都希望获得对方的认同，事实上，出于任何目的的沟通都是在建立互信的基础上的，否则交流就无法进行下去。然而，现实的沟通中，不少人却遇到了这样的困惑，怎样才能打消对方的疑虑呢？有时候，直接劝说未必有效果，甚至可能适得其反。此时，你可以通过第三者干预的方法说服对方，使其接受你的想法。

一般来说，人们都有这样的心理：对直接面对的交流者都怀戒备之心，聪明的人面对这种情况绝对不会继续苦口婆心地劝说，而是懂得曲径通幽，巧借他人之口来影响对方。那么，具体来说，我们该怎样使用这种方法呢？

1. 故意让对方听到你和第三者的悄悄话

最近，本来关系不错的小王和小李闹起了矛盾，小王总喜欢开玩笑，前些天，当着办公室所有同事的面，她玩笑开过火了，小李当场就红了脸，气冲冲地摔门而去。从这以后，两个人都没说话，即便擦肩而过，也都是视而不见。虽然，小王内心比较内疚，但她也拉不下脸主动与小李说话。

这天在办公室，小王在与同事聊天的时候，随意说了几句小李的好话："小李这个人真不错，是很仗义的姐妹儿，我来公司一年多了，她在各方面对我的帮助都挺大的，能够有这样的朋友，真是我的幸运。"没过多久，这几句话就传到了小李的耳朵里，令小李心中既欣慰又感动，就连那位同事在向小李传达这几句话的时候，都忍不住夸赞一番："小王这人真不错，心胸开阔，难得啊。"

这天下班小李在走廊上看见小王，竟意外地打招呼："下班了？有事吗？我们好久没一起去飙歌了。"就这样，两个姑娘又和好了。

有时候，在背后说人家的好话，赞美几句的功效比当面说似乎更有效果，小王那看似随意的几句话却是有意策划的，就这样轻松地化解了横隔在两人心中的障碍，自然也就冰释前嫌了。可能你会有疑问，间接赞美为什么会有那么大的效果呢？因为大多数人觉得，当面说的坏话不算坏话，背后说的好话才是好话，因此，人们更愿意相信背后所说的好话，会更欣赏那些在背后赞美自己的人。

2. 巧妙引用第三方的话

杰克是一家燃气公司的推销员。一天，他来到某小区，准备向准客户詹先生推销自己的产品。简单的介绍后，詹先生的回答很让人失望。

"我没用过你们公司的产品，不敢相信你们，万一有个好歹，后悔都来不及。”

“詹先生，您多虑了，如果我们公司的产品真的出过事故，那么，我还会站在这里与您交谈吗？而且，产品的质量是我们推销最有力的武器。”

“这倒也是，不过口说无凭，我还是不敢相信你。”

“詹先生，您看，这是上半年我们公司的销售情况表……”说着，杰克便把一本销售目录拿出来给客户看。

詹先生一看，他所在小区居然有一半以上的用户都是用的杰克推销的燃气。为了确定杰克的推销目录的正确性，詹先生还拨通了这些邻居的电话，证明了杰克所说属实。后来，詹先生二话不说，购买了杰克的燃气。

杰克之所以能打消詹先生对产品质量的疑虑，说服詹先生购买自己的燃气，就是因为他出示了最有力的证据——这张销售目录表，其他客户的购买就是产品质量的最好证明。从这则案例中，我们便可以发现巧借第三者干预在消除客户疑虑中的重要作用。

“王婆卖瓜，自卖自夸”，我们一味地正面陈述事实的时候，对方未必相信，此时，你不妨换一种方式来说这件事情，就可以大大消除对方的疑虑。巧妙引用第三方的话，向对方证明你的观点，这就是打消对方疑虑的好方法。比如，你可以这样说：“我的邻居已经用了三四年了，仍然好好的”，这句话暗示出产品质量绝对能过关，虽然邻居并不在旁边，但这已经有效地打消了对方心中的疑虑。

不得不说，有时候，我们把话说得再漂亮，也未必能让对方信服，而此时，“第三者干预法”能很有效地打消对方的顾虑，让我们节省很多力。

第17章

说服谈判对手的策略：在“你来我往”中争取最大利益

随着社会法制的建立与健全，谈判作为一种沟通思想、缓解矛盾、维持和创造社会平衡的手段，其存在越来越普遍，作用越来越大。无论是国家大事、外交事务，还是一般的商务活动，都免不了要谈判。谈判其实也是一种说服他人的活动，是通过各种方法说服谈判对手接受我们提出的条件并达成一致意见的过程，在谈判过程中，谁先掌握主动权，谁就取得了胜利的砝码。而如何获得这一先机，就需要我们掌握一定的技巧和策略，进而让谈判进程朝着有利于自己的方向发展！

时刻谨慎说话，冷静是应对谈判的上策

现代社会，在很多领域，人们都需要通过谈判来解决问题，因此，如何成功说服谈判对手成为很多人考虑的事，但成功谈判并不是一件易事，首先就要求我们在谈判中做到冷静处理、言谈谨慎，因为说错一句话，都可能带来巨大的损失。

谈判实质上就是打心理战，谁主动暴露自己，谁就先偃旗息鼓而败退，要想克敌制胜，就必须让对方摸不清虚实，但很多时候，对方会采取一些扰乱你思绪或者试探你“底牌”的方法。此时，你一定要小心谨慎，泰山崩于前而面不改色，在无法了解你的真实意向的情况下，他们往往不会轻举妄动，否则，你就被对方“算计”了。

刘先生自己经营一家工厂，最近，他的生意做得不错，在为自己购置了新房产的同时，他还准备买一台新车，于是，他就必须把自己那部旧的老爷车处理掉。他在心中打定主意，在出售这部旧车的时候，卖价一定不能低于三万元。之后，有一个买主前来看车，在双方谈判交易金额时，买主就这部旧车的各种问题，滔滔不绝地讲了很多，但是刘先生始终一言不发，任凭买家不停地发言。

结果到了最后，买主终于停止了批评，并且突然说了一句话：“这部旧车我最多只能出价五万元，再多的话，我就不要了。”于是，刘先生很幸运地多赚了二万元。

案例中，刘先生为什么能幸运地多赚取二万元？人们常说：“沉默是金”，谈判中，他保持沉默，始终一言不发，那么，无论买家怎么贬低这部车，也摸不着他的底细。可以说，他的冷静起到了决定性作用。

可见，在重大的谈判中，我们一定要言谈谨慎。如果缺少了冷静，就会被凝重的气氛和压力击垮，也就不可能赢得谈判。所以我们说，冷静是

应对谈判的上策。而为了达到这一目的，在谈判中，我们就必须做到具有健康稳定的心理，并且善于察言观色，以了解对方的心理。具体说来，谈判中，我们在说话时需要做到：

1. 冷静说服，别让情绪出卖你

很多时候，我们与谈判对手的较量，就是心理的较量，谁先缴械投降，谁就输了。任何人都是有情绪的，但你千万不能因为自己的情绪而暴露自己，让对手有机可乘。

比如，谈判中，当对方提出的某些条件让你觉得不可思议，甚至触犯了你的底线，你可能会愤怒，但此时，你要明白，在涉及利益的谈判中，愤怒只会泄露你的内心情况，为此一定要保持冷静。

2. 细心观察，洞察对方内心

与人谈判，必须具备一定的观察能力。只有这样，你才能发现对手是否在试探你，如果不注意观察，就是输给了别人你还蒙在鼓里。一般来说，具备敏锐的洞察能力的人，无论是处理日常工作，还是谈判，多半会轻松简便得多！当然，谈判过程中观察的，无外乎对方的眼神、动作以及语言！

3. 说话保持客观公正的态度，尽量隐藏好自己的目的和动机

一般来说，我们若想谈判成功，就必须要探知对手的内心世界，从而攻破对方心理堡垒，但无论使用什么方法，一定不要让他知道你的企图，为此，在说话时，你要保持公正客观的态度。如果对方发现你说话时带有某些情绪色彩，那么，就很容易被对方识破。因为一般来说，你探知对方的企图越明显，他越会觉得你“图谋不轨”，你要刻意影响他；相反，如果你无意中说一句话，假装不在意地提问，他反而会没有心理防备，他也不会认真地琢磨你说的话，因为他觉得你没有操纵他的意图，如果他的想法被你猜中，那么，他将会“中招”，将自己的真实意图脱口而出。

4. 找个借口巧妙避开难以回答的问题

谈判过程中，如果对方逼你表态，而你无法做出抉择，你就可以大胆坦言：“我还需要仔细考虑，请给我一点时间。”这样，不仅可以省去许

多麻烦，也是提高冷静应对能力的重要手段。

而从逻辑上讲，这也是谈判的战术之一。当然，你向对方表明此刻无法做出决定，需要附之以不能决定的理由。只要言之成理，大多会得到对方的谅解。即使当时没有得到对方的谅解，也向对方表明了自己不是一个态度暧昧、优柔寡断的人。这个时候，自己在谈判中就会处于相对主动的地位。

实际上，谈判实际上打的就是一场心理战，任何一方都希望成功窥探对方的心理，为此，若想谈判成功，你就必须控制好自己的情绪，制造神秘感，并在说话时保持谨慎，不让对方看出你的破绽。只有这样，才能保留自己的实力，让对方探不清你的虚实，待时而发，在关键时刻一举取得胜利！

以退一小步、进一大步的说服技巧取胜

聪明的博弈者都知道，从利益的角度看，双方都希望获得一种公平公正的协议方式。但事实上，在谈判桌上，面对一些棘手的利益冲突问题，双方常常会就某个问题争执不下，不肯妥协。例如，在国际贸易中的交货期长短问题；最终的价格条款的谈判问题等，此时，作为一方利益的代表者，如果你死守自己的立场，不肯退步的话，那么你迎来的不是谈判的僵局就是失败。

一般来说，参与谈判的人都身兼重任，因此，很多时候，他们不太敢用退出来要挟对方，生怕谈崩了弄得鸡飞蛋打。而谈判老手都会“不择手段”地揣摸对方的真实意图，摸清了对方底牌，就掌握了谈判的主动权，这时再以什么方式取胜，便是技术问题了。以退要挟达到进的目的，就是常用的一种策略。

小王是某建材公司的销售员。一次他同一个房地产公司的采购负责人

进行谈判商榷。

小王：您对于我们的产品还有什么想要了解的吗？

客户：大致情况我都知道了，你们的产品不错，但是我觉得你们的产品价格还是偏高，如果你能再降些价格，我们可能会认真考虑一下……

小王：我想对于我们产品的质量您是十分清楚的，您刚才也承认了，我们公司的建材产品之所以这么受欢迎，完全得益于产品良好的质量和信誉，我们的产品在业界的声誉已经是很多年了，可以说已经是老字号了，您完全不用担心质量问题，而且我们还会为你们的装修工程提供多种解决方案，从设计方案到材料的各项配置，我们都可以提供全程服务。您觉得这价位合理吗？

客户：你们的产品和服务的确不错，的确很吸引人，和你们合作自然放心，可实际上，相对于我们的预算，还是有点贵。如果能再优惠一些我会考虑的。

小王：如果能降，我当然会给您降的，但是，你知道目前各个行业的原材料都在涨价，我们这里自然也不例外，供货商纷纷涨价，我们的利润已经是非常小的了。

客户：但这价位还是贵。

小王：这样吧，我们都谈了那么久了，总不能让您白跑一趟。我们每件门窗的降价范围即使是老客户也不能超过50元，我给您降50元，怎么样？但是，我们必须先拿到70%的首付，三个月内还清，其他条件不变，你看怎么样？

客户：哦，行，那就这样吧。

从这个销售案例中，我们明白，在销售过程中，要善于变通，不要一条道走到底，这并不利于成交，我们不妨也退一步以缓解紧张的谈判氛围，减小损失，获得最大的利益。

一位营销专家曾经说过：“谈判并非是一条直线，而是一个圆，销售员处于这个圆上的某一点，我们的目标是到达圆内的另一点。当我们无法朝着一个方向直线前往的时候，我们完全可以转个身，退后几步，从另一个方向跨越障碍到达目的地。”一些销售工作之所以失败，也往往是由于销售员在销售时缺乏变通，不懂得“以进为退”，浪费了不少口舌却得不到客户的点头。因此，当销售员凭借单纯的产品介绍和热情无法赢得客户的青睐时，采用“以退为进”的谈判法往往能让销售工作快速取胜。

同样，谈判中，我们不要画地为牢，误以为因为是谈判，就非得谈不可。其实，离开谈判桌，并不是你不想做成这笔交易，有时候，这反倒是促进成交的有效手段。

说服对手的过程中，只要我们能掌握对方的底牌，懂得退一步的话，那么，必当能置之死地而后生，获得更大的进步。但在使用这一策略的时候，我们需要注意以下几条法则：

谈判法则一：一定要充分利用各种手段进行造势，在外部环境中给对方形成压力和动力。

谈判法则二：处在被动状态时，一定要想办法给自己一个调整的时间和空间。

当谈判处于僵局就需要一个退步，你可以先告诉对方，由于该项目比较重要，拍板权并不在你的手里，你做不了主。多数时候僵局不是因为根本性的原则问题，而是面子问题，你一软下来，给了对方面子，对方也就软了下来，再一起吃饭聊聊天，气氛一缓和，往往也差不多了。

谈判法则三：不能急于求成。

对于今天不谈下来明天就属于其他人的“项目”，谈之前一定要清楚自己的底线，在范围内妥协让步，如果超出了底线，干净利落放弃，不要纠缠；而如果“项目”是你眼中的璞玉、别人眼中的石头，就可以慢慢谈，计算得失优劣。

总之，在我们说服谈判对手的过程中，在利益冲突不能采取其他的方式协调时，聪明恰当地运用让步策略是非常有效的工具。但无论如何，千万不能顺着对方思路走，一定要有自己的主线，让对方跟着你的思维走。

在谈判中加点幽默，缓解双方的紧张与尴尬

我们在与谈判对手沟通的过程中，因谈判双方利益点冲撞严重等不可调和的矛盾，谈判陷入僵局是常有的事。谈判一旦陷入僵局，自然会影响到谈判效率。

谈判专家指出，谈判僵局一旦处理不好，就有可能把谈判推向死角；相反，如果能够恰当地应用策略和方法，还是可以“起死回生”的。面对谈判僵局，“只剩下一小部分，放弃了多可惜”“已经解决了这么问题，让我们再继续努力吧”这类说话技巧外并不一定能起到打破僵局的作用。此时，我们不如幽默以对。当谈判陷入僵局时，人们的心理是紧张的，谁也“不敢越雷池一步”，因为谁先表态，就可能意味着放弃谈判立场，而如果我们能加点幽默、让大家诙谐一笑的话，双方紧张与尴尬的氛围会立即消解很多。不拒绝任何渠道的快乐是人们普遍的心理。

幽默能减少人们之间的紧张对立。因为代表各自的利益，恐怕很难轻易地让步，谈判期间必有一番唇枪舌剑的苦斗，有时甚至到了剑拔弩张的地步。这时，如果某一方代表说句幽默的话，或讲个小笑话，大家一笑，紧张的气氛就可能化解，双方可以继续谈下去。

那么，我们在谈判中该怎样运用这一心理策略呢？

1. 兜兜圈子

谈判过程中，我们都有自己的立场，在运用兜圈子这一心理策略时，我们要记住，使谈判绕了一个圈子，多走了一些弯路无伤大雅，但一定要成功地到达终点，达成双方都能接受的协议。也就是说，兜圈子的话题主旨也不能变，虽然不涉及正题，但必须与正题有关，不管绕多少圈子，牛鼻子始终不能放，做到“形散神不散”。

2. 转移话题

转换话题也就是不谈和谈判议题有关的事，只谈一些毫不相关的东西，以使双方紧绷的神经得到暂时的放松。当然，聪明的谈判者还可以通过这些看似不相关的话题引起对方的兴趣和共鸣，以作为下一步双方谈判的主旋律，并且将话题逐渐引到正题上，使对手在不知不觉中就上了自己的当，从而为打破僵局、抢占谈判主动权赢得先机。

有一所大学，辩论社的指导教授有两位，一位是遗传学的教授，另一位是环境学的教授。一天，两位教授为了指导学生，于是以遗传学和环境学两门学科中哪一门学科对人类的贡献大为主题互相辩论。两人各据铿锵有力的论证，各自说明自己的立论最为正确，没想到在唇枪舌剑之下，两人越辩越激烈，最后，环境学教授赌气说了一句："哼！遗传学有什么了不起，我儿子跟我长得像，就是遗传学。"遗传学教授见到他动气了，于是幽了他一默，惹得所有学生大笑不止。你猜，他是怎么说的？遗传学教授说："是啊！你儿子像你是遗传学，若是像你的邻居，那可就是环境学了。"

遗传学教授的一句话幽默地回应了环境学教授赌气的话，既有力又不伤和气，可谓出奇制胜。

在社会生活中，类似的出奇制胜的例子还有很多，它们全都在意志、情感的接轨点上灵机启动，在笑语中成功地化解谈判僵局，达到说服人、征服人、感染人的目的。

另外，话题的转移有相当的难度存在，须有对语言驾轻就熟的技巧。话题转移得不好，有时虽然能暂时缓和一下紧张的气氛，但对于大局并没有什么益处。转移的话题必须视具体情况和对象因地制宜，就近转移，不能不着边际，随心所欲，风马牛不相及。

总之，恰到好处地使用幽默，有利于打破僵局，使冷场的窘境在笑声中得到化解，从而操纵谈判对方的心理，为我们说服谈判对手铺平道路。我们要学会理解幽默和善于运用幽默，还必须从两个方面加强修养：一方面要不断清除自身琐碎、渺小、卑微的缺点和陋习，陶冶自己的情操，提

升自己的人格；另一方面要努力学习，经受实际考验，使自己富于才华和机智，以便遇事时能显出敏捷的思维和机智的应变能力。

欲擒故纵，让对方自动上钩

在中国的历史上，有个“七擒孟获”的故事，讲的是诸葛亮七次生擒孟获并一次次释放，最终感动了孟获。孟获感激诸葛亮七次不杀之恩，表示不再造反。从此，蜀国西南安定，诸葛亮才得以举兵北伐。诸葛亮使用的就是心理学上的欲擒故纵术。欲擒故纵中的“擒”和“纵”，是一对矛盾。军事上，“擒”，是目的；“纵”，是方法。古人有“穷寇莫追”的说法。实际上，不是不追，而是看怎样去追。把敌人逼急了，它只得集中全力，拼命反扑。不如暂时放松一步，使敌人丧失警惕，斗志松懈，然后再伺机而动，歼灭敌人。这一心理操纵术不仅可以运用到军事上，同样可以运用到说服谈判对手的过程中，比如在讨价还价中，当对方不同意你提出的价格时，你就可以掌握时机，正确地发挥“谈不成就走”的优势，使对方不得不接受你的还价。接下来的谈判，对你就会更有力了。

美国的一家航空公司要在纽约建立一座规模庞大的航空站，他们找到实力强大的爱迪生电力公司，希望该公司能在电价方面给予优惠。由于是航空公司有求于电力公司，于是电力公司自以为掌握了谈判的主动权，所以态度非常强硬，他们推说如果给航空公司提供优惠电价，公共服务委员会将不予批准，所以他们不敢擅自做出降低电价的决定。

面对谈判中出现的这一难题，航空公司马上做出相应的反击，他们声称，如果电力公司不提供优惠电价，他们只得停止谈判，立即抽调一部分资金，自己建厂发电，这就意味着电力公司将失去一个最大的用户，其经济损失将是不可估量的。

航空公司此言一出，电力公司便慌了神，他们马上改变了原来的傲慢态度，找到公共服务委员会，请求委员会从中说情，表示愿意给予航空公司最大的优惠价格。于是两家公司顺利地达成了协议。

人都是这样，得不到的就是最好的，越显得弥足珍贵。航空公司在这次谈判中之所以能以优惠价格达成协议，就是因为他们抓住了电力公司害怕失去这单生意的心态，然后对其下了最后通牒，权衡之下，纵使无奈，电力公司只好答应航空公司的条件。

想要“擒住”他，不妨先“放纵”他，这就是欲擒故纵法，表面上用与目标相反的行为，却达到目标的心理效应。通过顺从被擒者的意愿的方式，让其遭受挫折、碰壁，纠正其认知，从而使其自觉接受自己的意图。我们常说的“欲将取之，必先予之”也有这层意思。

谈判中，可以运用这一方法进行谈判的案例有很多。比如，销售员可以告诉客户：“我看要不今天就到这儿吧，××公司的赵总也等着和我谈这事呢。”这是利用了客户害怕失去的心理，如果他不在一定的时间内做出决定，他将会失去产品。而聪明的客户权衡之后，一般会当机立断，达成交易。

当你以正面的、积极的方式去劝服对方向你所希望的方向谈判时，你越是劝服甚至采取激烈的言辞，谈判结果越是事与愿违，对方的对抗性会更加强烈地喷发出来。你越是遏制，他人就会越反抗，后果只会越严重。遏制绝不是解决问题的最好方法，如果换为欲擒故纵的方式，效果会更好。

当然，采取这一语言策略，你还需要注意：

1. 洞悉对方的底牌

以商业谈判为例，如果你是销售方，那么，要想让销售结果利于自己，就必须首先洞悉客户的底牌，只有这样，才能在与客户交谈的时候更好地把握“纵”与“退让”的“度”，当然，这并非易事，需要我们做足准备工作，通过各种途径来获知。

2. 制造假象

我们知道，欲擒故纵的根本目的在于擒，因此，在使用这一方法时，

一定要积极地“纵”，更要注意手法的巧妙运用，一旦让对方看出我们的真实意图，那么，这一方法就毫无作用了，甚至会弄巧成拙，为此，我们必须要注意以下两点：

首先，要注意自己的态度。

你最好保持不紧不慢、不温不火的态度，只有隐藏好自己的情绪，才能真正擒住对方。例如，在与对方交涉的日常安排上就不可急切。

其次，通过非正常渠道把信息透露给对方。

因为人们通常有一种心理：越是偷偷得来的信息，其真实性越不容置疑。借他人之口传达你要表达的信息对于对方来说，显得更真实。

3. 注意言谈与分寸

沟通中，讲话要掌握火候，在擒对方的时候，要注意态度，不可伤害和羞辱，否则，会转移谈判焦点，使其失控，甚至会引起争论。

可见，我们在说服谈判对手的过程中，要想让对方尽快接受我们的条件、答应成交，有时也需要动一番脑筋，在快达成协议时，不应该一味地去迁就对方，使自己处于一种心理上的弱势地位。而应主动采取点措施，对其欲擒故纵，从而使对手示弱屈服，从而控制局面，以让局面对自己有利。当然，运用这一策略，一定要注意：要了解对方的性格，如果对方是个急性子并大大咧咧，你可以对其“愚弄”一番；而如果对方心思细腻的话，你就要慎用这一方法，以免因小失大，失去谈判机会！

遇到对手攻击时，巧把问题重新“踢”给对方

我们在参加某些重大谈判的活动中，双方为了达到自己的目的，往往都会使出浑身解数、想尽办法。有时，我们会遇到谈判对手对我们百般刁难，肆意制造各种难题来向我们施加压力，意在置我们于弱势地位，让我们接受其提出的条件，其实，这个时候，我们完全有办法可以“以其人

之道，还治其人之身”，即所谓的“踢皮球法”，把问题重新“踢”给对方。当然，这需要我们巧妙运用语言的艺术。

在某次国际会议谈判期间，一位西方外交人员对我方代表进行挑衅说：“如果你们不向美国保证不用武力解决台湾问题，那么显然就是没有和平解决的诚意。”我方代表针锋相对地反驳说“台湾问题是中国内政，采取什么方式解决，是中国人民自己的事，无须向别的国家做什么保证。请问，难道你们竞选总统也需要向我们中国做出什么保证吗？”

这里，我方代表便是抓住了对方鼓吹霸权主义、干涉其他国家内政这一要害，进行“反问”，一句“难道你们竞选总统也需要向我们中国做出什么保证吗？”让对方哑口无言，毫无招架之力，取得了很好的回击效果。

的确，我们发现，那些谈判高手，不管在何种场合，遇到什么样的对手，都能唇枪舌剑，以超人的智慧，应对自如，无论对手使出什么样的招数，他们都能巧妙应付，这是因为他们总是能洞察对手的心机，即使对方采取恶意的攻击，也能适时采取各种语言策略加以反击，而“踢皮球”法就是他们常用的手法之一。

因此，在各种谈判中，我们若想让对手屈服，也可以学习这一心理策略，但要巧妙地将这一语言策略加以运用，同样考验你的语言智慧。对此，你需要做到：

1. 保持警觉，察觉出对方的攻击意味

这里，需要提醒你的是，一个猎手如果只知道带枪，而不知道如何瞄准、等待时机扣动扳机，那么，他永远也捕捉不到猎物。同样，谈判过程中在反击之前，一定先要把对方的话语听明白，以便把握目标，瞄准靶子再放箭，这样才能既不滥杀无辜，也不放过小人。

这种应变对策还贵在谈判者预先发现谈判对手的攻击倾向，这就要求谈判者机变睿智，能够及时判断出谈判对手下一步所要玩弄的手段，抢先给对手设置拦路板，使他所要施展的手段失去用武之地。

一旦听懂了对方的用意。发现对方有明显的攻击意味，你就要提高

警觉，及时作出判断：一是具有反击的针对性，如果对方发动的是侮辱性攻击，那么反击也是侮辱性的；如果对方发动的是讽刺性攻击，那么反击也是讽刺性的。二是后发制人，迅速而巧妙地把耻辱的标签贴到挑衅者的脸上，正如圣经上所说：“把上帝的还给上帝。”三是在方法上，他们往往捡起对方扔过来的石头，扔回对方，或顺水推舟巧妙地将矛头转向对方。

2. 把问题再“踢”给对方

当然，你不可能对任何谈判对手所玩弄的花招都防患于未然，反问的应变对策也适用于事后补救。如果谈判对手提出的要求极不合理，你也可以以极苛刻或不切实际的提法要求对方，如此一来，对方不得不收敛起他那盛气凌人的态度。

3. 答非所问，避开雷区

谈判中，在遇到对方的语言雷区时，我们一定要沉着冷静，应用迂回的策略，保护自己的利益，取得谈判的胜利，如果正面回答，那么，很可能就撞在对手的枪口上。

1983年，我国某法学家在联邦德国举办的国际刑法研讨会上，应邀作了关于当前中国 刑法发展的报告。结束后，有人提出：“人民在行为当时，怎样能够顶见自己的行为是犯罪的呢？假如一个人在马路上踢足球，在踢的时候并不犯罪，但后来踢碎了附近的门窗玻璃，因而可能事后判了罪，对这一点行为人怎能预先知道呢？”报告人面对这个难题半开玩笑地说：“世界各国人民都爱踢足球，我们也在提倡，所以你可以放心，不至于因踢足球而被判刑。”

很明显，报告人的回答是答非所问的，然而全场立即响起了一阵爽朗的笑声。可见答非所问在特定的场合中也是一种非常必要的答话技巧。

采用“踢皮球”这一语言策略，不仅可以在谈判中适时施展以克敌制胜，还可以识破对方伎俩不至于处于被动，这便是谈判策略的意义之所在。而这一策略在实际谈判中应用较为复杂，谈判时，谈判者也要根据实际情况因人而异、因时而异，灵活变动。

借力打力，巧用话语调转势头

中国有句俗语："最后的赢家才是真正的赢家，要笑就要笑到最后。"这句话一点也不假。谈判中，我们在说服对手的过程中会发现，真正的谈判往往不是在和平的语言环境下进行的，甚至可以说，双方为了掌握谈判主动权，多半会唇枪舌剑。因此，出于利益的对立，当你提出自己的看法和观点后，对方多半会采取否决的态度。面对这种情况，我们可以借力打力，调转势头，并乘胜追击，赢取胜利。

我们先来看下面这样一个案例：

陈颖是某大型卫浴公司的销售部经理，她经常需要参加一些涉外商务谈判。她经常开玩笑地说："我虽然是一个弱女子，但在和这帮老外谈判的时候，我可从来没有吃过亏。其实，谈判过程中，一定要保持冷静，摸清楚对方的心理再说话是很有必要的。"

陈颖是这么说的，也是这么做的。一次，有一个客户，给她下了100多万美元的单子，但对方却一直迟迟不肯签约，陈颖明白，对方是想杀价。关键不在于价格，而是对方的态度和气势，对方话里的意思很明白，他们认为中国的卫浴产品完全不值这个价。面对态度高高在上的对方，陈颖采取的态度反而很委婉，"不好意思，这个价格我还要考虑一下，但估计情况不会太乐观，因为我们卖的是品质。"最后这个客户一拍桌子站起身走了。

两天后，这位客户从欧洲飞回来，说一定要马上见陈颖，而陈颖给他的回复是："抱歉，过两天我才有时间。"后来，这笔生意以双赢的结果成交。

在这场谈判中，谈判对手本想以气势压倒陈颖，但陈颖并没有受

到对方的影响，而是始终保持冷静，以从容委婉的态度去应对，简短的几句表达态度的话就扳回了谈判的主动权，最终实现了谈判结果的双赢。

综观古今中外，几乎所有的战争都是在两条战线上进行的，一条是血与火战场上的拼杀，另一条则是心理战场上的较量。心理战可以说是“战争之外的战争，战争之上的战争”。将错就错、让对方自乱阵脚这一攻心术在中国的战争中表现得尤为明显。任何一位谈判高手都知道在对方心理弱势时乘胜追击，一举获得胜利。

谈判中，我们在说服对手的时候，一旦发现对方语言的漏洞，就要及时抓住时机，具体说来，你需要做到：

1.反客为主

我们若发现自己在谈判中属于实力较弱的一方，那么，你要做的一项重要工作就是尽力消耗对方的优势，变被动为主动。对此，你不妨使用以下方法：

①拖延术。

通常来说，谈判结束的时间被称为“死线”，在一般情况下，谈判者都要保密自己的最后期限和“死线”，因此在谈判中，往往会出现这种情况，双方都希望摸到对方在谈判中的“死线”，以争取主动；与此同时，都对自己“死线”进行严格保密。

在针对谈判的“死线”的时候，我们可以采用欲擒故纵的拖延技巧，但在运用这种技巧的时候，要注意以下几点：

保留余地，不可拖死对方。例如，在改变与对方的谈判日程时可说，“还有别的重要会见。”在神秘中仍给对方一个延后的机会，待到对方等到这个机会时，会产生一种珍惜感。

保证自己手头有“筹码”可以再次吸引对方谈判，不能使自己的地位僵化，否则，一“拖”即逝，无力再拉回对方。

在采取拖延技巧的时候，一定要注意自己的言论，说话要委婉，避免从情感上伤害对方造成矛盾焦点的转移。

②补救术。

这一语言策略多用于我们已经陷入到对方设置的陷阱后的补救，比如，对方已经诱导我们答应了他们的报价，而此时如果你恰巧发现，那么你可以马上补救："当然，刚才说的价格还没计入关税税额"，而如果你发现已经迟了，则可以求助于旁边的助手，让助手来补充，"不过，刚才我们王总所说的价格是在去年不变的前提下，我们还没有计算今年涨价的比率。"听到你如此天衣无缝的话语补救，对方很可能会立即乱了方寸，此时，你便能立即展开进攻了。

2. 疲劳轰炸

对此，你可以尝试：

①多给对方谈判代表安排一些场外活动，如热情招待、提供娱乐休闲活动等。

②延谈判时间。

③持冷漠，对对方立场、观点无动于衷。

④种种理由和借口把问题推向自己上一级。

⑤用慢节奏，同时进行友好招待，使其不能发泄不满。

⑥安排不同的人来谈判不同或相同议题，让对方疲惫不堪。

3. 走马换将

也称车轮战术策略，利用各种机会，调换主谈人，依次参战。我们采取这种谈判方式的好处在于：

①遇到某些问题需要时间思虑或无法抉择时采用。

②补自己在谈判中已经犯下的错误。

③对方付出多倍的精力，消耗其体力。

④胜追击，连续作战，不给对方喘息之机会。

当然，在运用以上几种策略时，还需要注意以下几点。

第一，态度要友善。

第二，讲清后果，说明道理。

第三，不能过分，否则反会弄巧成拙。

总之，在谈判过程中，谁先掌握主动权，谁就取得了胜利的砝码。我们必须保持高强度的警惕，一旦抓住时机，就要调转势头，巧用话语乘胜追击！

第18章

说服上司的策略：话要巧说，助你职场一路畅通

一个人来到一个企业，很重要的一件事就是要学会和周围的人相处，而这中间，建立并保持良好上下级关系，对自己以后的成长很有帮助，更具有重要意义。事实上，我们几乎每天都要和上级领导沟通，很多时候的沟通也是为了让领导接受我们的意见，这也是个说服的过程。那些在职场上如鱼得水的人，在说话时往往都不会意气用事、违逆领导的意思，因为他们懂得揣摩领导的心思，随时为领导鞍前马后，维护其面子，表达忠心，说“顺耳”的忠言，而如果你也能深谙说服领导的艺术，自然能获得领导的接纳和支持，从而顺利推展工作大计！

“曲线救国”，与上司意见不同时委婉指出

在工作中，由于受到一些认识方面的局限等其他原因，即使是领导，也未必能做出正确的决策，这些决策有些是不切实际的，有些对公司整体的利益发展并无益处，有些甚至是完全错误的。因此，作为下属的我们为了避免一些不正确的决策的产生，关键时刻不可唯唯诺诺，你有责任也有义务对领导提出意见。然而，可能很多人会产生疑问，我做了很多前期工作，花费了很多时间和精力，但在真正劝谏的时候，却发现领导并没有听进去，更别说采纳我的意见了。

其实，这主要在于方法和技巧，只有采取正确的、领导可以接受的方式和技巧，你的言语才会奏效。因为中国人素来很爱面子，尤其是做领导的，掌管了一定的权力，自然有一定的权威和尊严，古人有“君无戏言”的说法，古今君王明知犯错却不知悔改的，大有人在，其实也就是这个道理，承认自己的错误也就是失了权威和面子。因此，作为下属的你，在谏言的时候，如果能够委婉一点，采取“曲线救国”的方法，那么，不仅能防止领导做出错误的决策，还能体现出你的工作能力，更能因为保住了领导的面子，而获得领导的赏识。

针对同一件事，两种不同的说话方式，导致了不同的结果和职业命运。有时候，说话不能太直就是这个道理。面对领导的错误决定，梁静开门见山地提出了反对意见，让领导在众人面前下不来台，一个领导的尊严受到了损害，领导自然很生气。而相反，刘颖的做法明显好得多，先赞美领导，肯定了领导果断的行事作风，这至少让领导觉得自己的能力是被肯定的，这样，在听取意见的时候，也自然容易接受多了。

我们在向领导谏言的时候，一定要明白彼此的身份，委婉表达，照顾到领导的面子，“曲线救国”更易达到目的。

对此，在进谏的时候，你应该掌握以下技巧：

1. 知己知彼，方能百战百胜

在说服领导前，对于领导的脾气、性格和处事方式等，你都要做全方位的了解，如果领导是个开明的人，你就不必浪费时间、大费周章，你大可以直接说明，这样的领导一般都对直言进谏的下属有好感。而如果领导比较固执，你最好准备几套方案，此套不行施彼套，同时，一定切记，不能与之正面对决，迂回处理，他更能接受。

2. 注意说话态度，要注意分寸

与领导沟通，你需要注意说话的态度和敬语的运用，恰到好处地表达出你的意思，由于你的坦率和诚意，即使对方不完全赞同你的观点，也不会影响到他对你个人的看法。

3. 领导需要的是建议而不是意见

你在对领导提建议的时候，不要只说“不行”，要多少“怎么做”。对领导提出更好的解决方案，他才会放弃自己原有的想法。

4. 不要否定你的领导

很多领导不愿意接受下属的意见，是因为他觉得一旦接受，就意味着自己的智慧不如下属，抓住领导的这一心理，你在提出意见前，一定要肯定领导，这样，他接受起来也就容易多了。

总之，向领导谏言能体现下属对领导的忠心，但并不是所有领导都愿意听下属的直言进谏，直接的反对言辞会让他感受到自己的威严受到了威胁和质疑，因此，聪明的下属在向领导表达不同意见时，会采取“曲线救国”的方法，这样，不仅能让领导更易接受，还能让领导看到自己的能力与忠心。

有技巧地汇报工作，让领导放宽心

身处职场，我们都明白一个道理，任何一个领导，都不喜欢下属跳出自己的视线，更不希望下属玩小动作。他们都希望全程掌握下属的工作状况，但“日理万机”的他们不可能做到事无巨细，此时，哪个下属能主动做到向领导汇报工作，谁就会与领导混个面熟。另外，经常性地向老板汇报工作，还可以表现出自己对工作的责任心、工作的努力程度，并可以获得领导的指正，不断修正方向，减少失误。

因此，作为一个下属，你若想赢得上司的信任，就必须学会主动、巧妙地汇报工作，以此给上司吃一颗定心丸。

小何毕业后就在一家外贸公司工作，如今的她已经是这家公司的部门经理了，她之所以升职如此快，是因为她一直很懂得与领导沟通工作，而最近，由于事情多、很忙，她就忘记了对领导汇报工作。

有一天，她在开会时批评下属说：“你们现在好像一天天都很忙啊，都不汇报工作了。”可是，会后她听见员工们说：“何总光会说我们，她自己好像也有十天半个月没有去总经理办公室了吧。”这话倒提醒了小何，她想，这段时间工作是很忙。但是也没有忙到没有时间去向上司汇报工作情况的程度，怪不得总经理这些天好像都对自己有意见似的。如果每天或者每两天抽出一个小时的时间走进上司的办公室，向他汇报自己的工作，可能就不会是这样的情形了！

想到这里，小何立即安排秘书为自己做工作详细记录，第二天她走进上司的办公室，对老总说：“总经理，这是我近来的工作进度，请您审查。”上司对她露出微笑：“有进步啊！”小何也报以微笑。

从案例中，我们发现，在与领导沟通时，主动的态度十分重要。主动汇报工作，与领导及时交流，不仅能及时更正错误或不当的工作方法，还

能让领导放心。

然而，我们也可以看到，一些职场人士要么害怕见到领导，不敢主动汇报工作，要么在汇报时不得要领，也失去了展示才华的机会，更重要的是，也失去了上司的信任。

可见，向领导汇报工作一定要对味，对于不同的领导，汇报的详尽程度是不同的：对那些只重结果的上司，只强调工作成果，切忌喋喋不休地详述过程；而对那些看操作细节的领导，你则最好事无巨细都报告清楚，就能精准得分。

那么，在向领导汇报工作的时候，该注意些什么呢？

1. 表达服从

古往今来，上下级之间，下级服从下级，这是天经地义的事，虽然也有很多下级冲撞上级，但他们都为此付出了代价，当今职场，这一规则更是不可动摇。因此，在汇报工作的时候，我们一定要注意这一点，就是要尽量把焦点放在“汇报”上，而不能越权，更不能说越位话。

2. 汇报要有重点

工作中，你可能会遇到多件事需要一起汇报的情况，此时，你对每件事都应考虑周全，突出重点，在表达时不可啰唆絮叨，要力求简洁，毕竟领导的时间是宝贵的，另外，简洁有力的表达会让领导对你产生好感。

3. 条理要清晰

给领导汇报前，不妨先做个文字整理工作，用一、二、三、四、五来列点，言简意赅，层次分明，用最精练的语言，较准确地表达自己的汇报意图。

4. 了解领导的想法

我们在汇报工作前懂得揣摩领导意图，领悟到领导更倾向于哪种解决方案。因此，你也可以把某一种方法放在前面先说，然后再把其他建议也一并给领导汇报，供领导决策参考。

5. 多提解决的方法

在汇报工作中，最重要的部分是提出问题的解决方法，而不是单纯提出问题。

作为下属，我们的工作不是问询领导该如何解决问题，而是要提出方案并获得领导批准。如果什么都让领导来处理，就不需要下属了。

当然，在我们准备工作解决方案时，要多预留几套方案，这样，即使领导否定了其中一种，我们还有其他备用。

6. 关键地方多请示

我们还要善于在关键处多向领导请示，征求他的意见和看法，把领导的意志融入正专注的事情。

总之，任何一个职场人士，都应该学会揣摩领导的心思，主动向上司汇报工作，并掌握一定的汇报技巧，这样便能让上司满意你的表现。

巧妙表露成绩，升职加薪也是争取来的

生活中，我们常听到这样一句话："会哭的孩子有奶吃"，这句话是告诉我们要懂得表现自己。同样，身处职场也是如此，如果你是个平淡的人，你可能认为只要埋头苦干，做好自己的分内工作，你就是"先进工作者"了。实际上，这种想法是错误的，你这样做，只会给人留下老实、踏实的印象，一旦时间久了，你就会被领导忽略，职场如升职、加薪等好事自然也与你无关。任何一个领导，都喜欢充满激情，富有创新，敢说敢想的员工，而这样的员工通常都会得到重用。

安娜是某知名公关公司市场部的职员，她是典型的慢热型的人，她在这家公司已经做了整整三年，生意成交通常是靠经年累月与顾客建立的良好关系。几个月谈一个单，但业绩也还算不错。她每个月拿着不高不低的薪水，人际关系不好也不坏，只是每年考核结果每况愈下，第一年得了个"良"，接下来每年考核都是不好不坏的"中"。也许是不在总部工作的原因吧，平时和上司、同事都是电话或MSN联络。

一次，她去公司总部办事，在电梯里偶遇公司经理，经理居然叫不上她的名字。其实，安娜虽然不经常与经理接触。但三年来，一起参加过的大大小小的会议也不少，并且，有几次还一起出差。安娜反思了半天，问题还是出在自己身上。

后来，总公司的一位同事告诉她，他们有可能要开始放两周的无薪假了。这位同事还提醒她，别只顾埋头干活，也要学会适当“邀功”，提高自己的能见度。

于是，她尝试着做一些改变，比如每周开例会时，也主动发言，以前她在人多场合说话都容易脸红，后来次数多了这毛病也扳过来了。

一次，经理要来旁听分公司的策划会，安娜便提前做了精心准备，结果她的提案顺利通过。这次，终于让老板记住了自己。安娜还决定，光让经理记住自己还不行，还必须要让经理认可自己的工作。

以往，她经常会工作到半夜，也不会让上司知道，但现在，她会在半夜给经理发工作邮件。

可能很多人会很困惑，工作业绩不就说明了一切吗，难道还需要“自吹自擂”吗？其实，自我表扬并不是一种自吹自擂，更不是办公室政治游戏，而是一种提高能见度的方式。事实上，老板最容易患“近视”。让上司了解到你的努力才是最重要的。故事中的安娜自我宣传的方式就是在半夜给上司发邮件，让领导知道自己工作的努力，既然你真的为工作忙到深更半夜，告诉老板又有什么不妥呢？这再次让我们体会到埋头苦干再也不是现代职场雷打不动的晋升之道。了解这一点，估计有很多职场人士明白为什么自己“俯首甘为孺子牛”，做足了那10%的功课，却不及那些高曝光度的同事动那60%的脑筋，来得讨巧了吧？

当然，怎样表露成绩也考验到我们的口才，选择合适的时机、用巧妙的方法才能让领导接受，具体来说，我们可以这样做：

1. 选择合适的时机

对于大多数上司来说，他们都是忙碌的，而且还有很多烦心事。当他心情愉悦的时候，你提出建议，尽管并不中听，他也会接受；而假如他遇到了什么不快的事，此时正一肚子火没处发泄的时候，这时候你提建议，即便你的建议很有用，在他听来都十分刺耳，自然会朝你发火。

2. 学会争功

在功劳面前，不要逆来顺受，也不要过分谦让，应大胆地向领导要求自己应该得到的。“丑话说在前头”，在接受任务时谈好报酬更易让领导接受。争利要把握好度，既不争小利，不计较小得失，又不过分争利。当然，折扣的方法有时也很奏效。

向领导要求利益大有学问，关键要把握好火候和技巧。

第一，执行重大任务以前，争取领导的承诺。

第二，要求利益要把握好“度”，见机行事。

每当做完自认为圆满的工作，要记得向上司、同事报告，别怕人看见你的光亮；当有人来抢夺属于你的功劳时，也要坚决捍卫。

总之，我们应该学会巧妙地将自己的成绩传达给领导。毕竟，当今社会已经是一个信息化时代，光会做事不够，还要说出来，更重要的是要掌握好方法，才能得到认可，一味地工作，并不能让上司看到，即使你累得半死，也与升职、加薪无缘！

如何“招架”吹毛求疵的女领导

现代社会，女性早已和男性一样驰骋职场，甚至有些女性在工作能力上远远强于男性而成为领导者。而受“管理者男性为多”的传统思想影响，人们对女上司比较苛刻，认为理想的女上司“既要工作独立，表现优秀，还要容貌姣好，善解人意”。而调查发现，超过一半的人认为，跟女上司相处需要花费更多的心思和更好的沟通技巧。的确，相对于男性来说，女性更细腻、敏感，在工作上也就更追求完美，于是，很多下属面对那些爱挑刺儿的女领导，感到束手无策。曾经有一名网友在网上求助，希

望其他网友能为他支招：

“我是一名男文秘，原本，男性做这行就不怎么吃香。但自从进入这家公司以来，我一直告诫自己要勤勤恳恳工作，最起码要对得起这份工资，实际上，我的工资并不高，才一千多块钱，另外，公司基本没什么福利，我这个文秘还干了所有杂活，这倒还好，最关键的是，我也不知道为什么，我好像得罪了我的女上司，她总是没事找事，一天不说我她都难受，上班就是煎熬啊，以前单位的规定，到我这全改了，不管事情大小，责任全都赖我头上。记得有一次，头一天她明明告诉我周二的会议是上午九点的，让我第二天提醒她，我给她发了短信，也发了邮件，但后来，她迟到了，就把责任推在我身上，说我通知错了时间，虽然我有证据，但我知道，和上司斗是没有好结果的，我知道那样我会死得更惨的。说真的，我自己觉得也没招她惹她啊？我现在真的很烦恼啊……遇到这种极品的女上司应该怎么办啊？”

估计有很多人都遇到过如案例中所说的情况，当你的领导是位吹毛求疵的女性时，你的工作难度似乎大很多，她似乎总是看不惯你的行为，对你的工作指指点点，即使你已经做得足够完美，但在她眼里，你还是必须再重新做一遍，面对这样的女领导，你必定感到很恼火，但无论如何请记住，她毕竟是领导，千万不可与之动气，更不可顶撞她。

实际上，我们深知说服领导需要一定的胆量和技巧，而其实，要向女领导表达观点更是难上加难，那么，我们有何应对方法呢？以下是几点建议：

1. 真心实意地尊重女领导

的确，在商场，女性要成功，肯定比男性难，她们要付出更多，这一点更值得我们尊重，所以你不能对她不满，更不要将她的工作和她的性别联系起来。要知道，企业在招聘人才的时候，看重的是能力而不是性别。所以，不管你的女上司是何种类型的性格，你只需要做好分内事，只需要配合她安排好工作等。

另外，作为女性，在职场担任领导，工作压力更大，作为下属的你，也应该适时关心她，比如当她感冒生病了，可以陪她去医院，或者在她疲惫的时候送上一杯咖啡；在她过生日的时候精心准备一份礼物，这都能加深和女领导之间的感情。

2. 理解女性的情绪

一位女性，无论怎样坚强，在工作中呈现出多么强势的一面，但她的感情或者婚姻、家庭或者身体出现了异常之后，总是会流露出他脆弱的一面，也会在工作中表现出来，具体的表现是：她很有可能无端地发脾气、情绪低落等，尤其是更年期的职场女性，更是情绪易变。对此，作为男下属的你，一定心胸宽阔，不能计较和耿耿于怀，要包容女上司的情绪。

3. 做事小心谨慎

凡事都要掂量，从领导的角度考虑考虑，是否有破绽或漏洞，是否有引起领导不放心的地方。小心谨慎没有为过的地方，多疑的领导看到你谨小慎微，事事处处都为了让她放心的样子，女领导挑刺儿的行为自然会消除不少。

4. 争取其明确承诺

有时候，领导之所以爱挑刺儿，是因为我们的工作成效与其期望值有一定的差距，而造成这一结果的原因是我们没有正确领悟领导的承诺，争取领导的承诺不但有助于坚定领导的信任，也堵住了她的口，防止领导出尔反尔。

说话始终要维护领导的面子，体现你的贴心

身处职场，我们每天都要与周围的同事、领导沟通，学会如何说话很重要。而作为领导，也必须面对各种人际关系。他们处理各种人际关系的时候，也会因经验或能力的不足而面临尴尬的局面，或与客户争执，或被他的上司批评，或被同级嘲笑……上司都是爱面子的，很多时候，他们即

使遇到一些自己无法控制的局面，也不会向下属开口，此时，聪明的你应该自觉地帮领导寻找一个台阶，帮领导“打圆场”，以尽快让领导摆脱尴尬的局面。这样，你的领导一定会心存感激，与领导站在了同一条战线，你也就成了领导的心腹。相反，如果领导遇到困境而你熟视无睹，一副与己无关的样子，那么他自然会找借口发泄对你的怨气。

秦海是个聪明的小伙子，他在办公室人缘不错，领导也喜欢。这主要是因为他有一张特别会说的嘴。

有一次中午休息时，办公室的同事不知怎么就谈起了“存在方式”的话题，聊得不亦乐乎。而在办公室的主管也很想参与下属们的讨论，但却因为怕其他人说闲话，而不敢加入。于是，他只好借故去饮水机接水，听听下属们聊的什么。这时，他听得入神，一不小心打破了一个茶杯，“咣”的一声，办公室一下子便安静了下来。主管顿时很尴尬，不知道说什么好。这时候，秦海只是耸了耸肩，说：“这个茶杯想改变自己的存在方式。”大家便都轻松欢快地笑了起来。主管也松了口气。于是，秦海就这个问题问主管：“主管，我们也想听听您关于‘存在方式’有什么观点呢？”

这下子，正中了主管的下怀，听到秦海的邀请，他向秦海投去了感谢的眼神。于是，整个办公室就“存在方式”这一问题，上下级之间热火朝天地聊了起来。

自打那次以后，主管与秦海之间走动得似乎勤多了，私下里，二人居然成为了铁哥们。

案例中，下属秦海为什么和领导私下里能成为好朋友？因为他在领导处于尴尬境地时，帮领导打了“圆场”，领导对其甚为感激，自然就视之为心腹，彼此间的关系也就更深一层。的确，在职场中，做事能力差不多的两个人，语言表达能力不好的那一位升迁机会往往要比那个既会办事又会说话的人少得多。那些善于说话，并能在关键时刻懂得“为领导说话”的人，往往更得领导倾心。

的确，作为下属，辅助领导完成工作任务是天经地义的事，但要想让工作开展得更顺利和愉快，我们还要学会和领导搞好关系，当领导陷入尴尬境地的时候，我们要帮领导寻找台阶，不仅能让领导平静正常地继续工作，让其尽快恢复正常工作的状态，而且还能缓和气氛，最重要的是，领导会因此感激你，把你视为贴心的工作搭档。

我们也发现，不少职场人士总是那么细心周到，无论什么场合，他们都做好了随时为领导补台的准备，当领导做了不该做的事、说了不该说的话而陷入尴尬境地时，他们也总能巧妙地为领导找到台阶，让领导对他们心生感激。的确，又有哪个领导不喜欢这样的下属呢？

当然，学会帮领导找台阶、维护其面子，你需要做到以下几点：

1. 揣摩领导的心思，了解领导的意图

很多时候，即使领导需要帮助，但不会直白地表达出来，需要下属细心揣摩。原因有很多，但最普遍的情况是，领导碍于面子，不便随意表态，但倾向性意见不难猜测，这时你应该揣摩，不能强迫领导明确表态；与领导相处，最为重要的是那份“心领神会”，形成默契。有些事领导还没说，你就已经做好了，领导当然会对你赞赏有加。凡事等领导发话你才做，便为时已晚，他在心里已经给你打了低分。

2. 审时度势，学会打圆场

工作中，如果你在领导身边工作，更要学会见机行事，当领导陷入尴尬境地需要有人圆场时，切不可置之不理，毕竟很多场合，领导不方便开口求助。

3. 给领导台阶，切记要保住领导面子

对于领导来说，面子是最重要的，给领导找台阶，也就是为了此目的，切不可本末倒置。

参考文献

［1］［美］罗伯特·迈耶.优势说服力［M］. 蒲雯玥，译. 广州：新世纪出版社，2014.

［2］张浩强 .说服力扭转影响力［M］.北京：人民邮电出版社，2013.

［3］［美］吉姆·兰德尔.说服力——如何让他人改变想法［M］.上海：上海交通大学出版社，2012.

［4］杜梅.说服力：怎样有逻辑地说服他人［M］.北京：中国华侨出版社，2015.

［5］［美］谢尔，穆萨.［M］. 吴丹苹，等，译.北京：中国人民大学出版社，2009.